大陸對臺研究精粹：
兩岸篇

李非 主編

目錄

前言
總序

第一篇　海峽兩岸關係的定位與走向

試論兩岸關係的張力與極限
　　一、制約兩岸關係的文化邏輯
　　二、制約兩岸關係的經濟邏輯
　　三、制約兩岸關係的政治邏輯

一個中國原則與兩岸關係的定位
　　一、台灣當局對於兩岸關係的政治定位：「特殊國與國關係」
　　二、台灣當局對於兩岸關係的法律定位：「一個中國、兩個地區」
　　三、台灣當局對於兩岸關係定位的雙重性與矛盾性
　　四、一個中國原則是兩岸關係政治與法律定位的基礎

從本土化或全球化看兩岸關係：兩種不同的政治思維
　　一、本土化與全球化問題的提出
　　二、本土化與兩岸關係
　　三、全球化與兩岸關係
　　四、台灣建構全球化的困境

兩岸政治僵局的概念性解析
　　一、一個中國原則「明晰化」
　　二、兩岸定位「結構功能化」

三、交流交往制度「系統化」
　　四、外交空間安排「一體化」
　　五、和平統一模式「台灣化」

海峽兩岸的利益衝突及對共同利益的尋求
　　一、理論與分析架構
　　二、兩岸的利益衝突與協調
　　三、共同利益與兩岸和平合作

2004年台灣大選之後兩岸關係的走向
　　一、陳水扁執政四年推行「台獨」分裂路線，持續衝擊兩岸關係
　　二、2004年大選的過程和結果加劇兩岸關係的危機
　　三、「5·20」之後兩岸關係進入僵持狀態，危機尚未消除
　　四、今後一個時期兩岸關係危機仍然時起時伏，
　　　　反「台獨」、反分裂乃是重要任務

第二篇　海峽兩岸關係中的國際因素

國際關係理論運用於兩岸關係研究中的侷限——以張亞中的「兩岸治理」、「兩岸共同體」和「兩岸三席」理論為例
　　一、國際關係理論的性質與運用
　　二、國際關係和兩岸關係的理論分離與契合
　　三、國際關係理論與兩岸關係的現實聯繫
　　四、結語

兩岸互動中的美國因素
　　一、美國因素重要性再解讀
　　二、「中美台」三邊關係再評估

三、中美關係大局再思考

四、美國對台政策及其底線再認識

五、「中美台」三邊關係的前景

美國全球軍事戰略調整動向及對台灣問題的影響

一、美國調整軍事戰略的背景

二、美國軍事戰略調整的動向與特點

三、美國軍事戰略調整

對台灣問題的影響

（一）中美在反恐怖和反擴散領域的共同利益與合作，
以及美國對中國戰略需求的增加可能給中美緩和
在台灣問題上的矛盾和分歧帶來某些機會

（二）美國將亞太地區軍事部署重心從東北亞轉向其他地區，
表明台海安全在美國全球戰略地位中的緊迫性有所下降，
短時期內有利於台海緊張局勢的緩解

（三）美國將中國視為亞太地區的「軍事競爭者」，
會繼續將台灣問題作為遏制和圍堵中國的　張牌，
繼續加強美台關係和軍事合作，
從而加大中國實現和平統一的難度

（四）美國的干涉政策和在世界各地軍事干涉的成功
會使美國軍隊高估自己的在「維護台海安全」中的
作用和能力，可能助長島內「台獨」勢力「以武拒統」的決心，
在某種程度上增加了今後引發台海軍事衝突的潛在危險

第三篇 海峽兩岸關係中的法律問題

加入 WTO 對兩岸經貿立法的影響

　　一
　　　　（一）貨物貿易領域
　　　　（二）服務貿易領域
　　　　（三）知識產權領域
　　二
　　三
　　　　（一）貨物貿易領域
　　　　（二）服務貿易領域
　　　　（三）知識產權領域
　　　　（四）投資領域
　　四
　　五

WTO 架構下大陸涉台經貿立法的調整
——兼談入世後福建再創涉台經貿立法新優勢問題
　　一、大陸涉台經貿立法體系及特點
　　二、入世對大陸涉台經貿立法的衝擊及其因應之道
　　三、入世後福建再創涉台經貿立法新優勢淺

TRIPS 對兩岸商標法的影響及兩岸合作保護商標權的探討
　　一、TRIPS 有關商標權的規定
　　二、TRIPS 對台灣商標法的影響
　　三、TRIPS 對大陸商標法的影響
　　四、入世後兩岸相互合作保護商標權的探討

第四篇 海峽兩岸經貿交流問題研究

關於「兩岸更緊密經貿關係安排」的構想
  一、「兩岸更緊密經貿關係安排」的經濟背景
  二、「兩岸更緊密經貿關係安排」的初步設想
  三、「兩岸更緊密經貿關係安排」的區位選擇
  四、「兩岸更緊密經貿關係安排」的政策機制

台灣區域經濟轉型的兩岸視角
  一、戰後台灣區域經濟地位演變「三階段」
  二、台灣區域經濟轉型目標新定位
  三、「中心」還是「飛地」
    ——最終取決於兩岸經貿關係的發展走勢

21世紀以來兩岸貿易關係的新發展
  一、兩岸貿易關係的新發展
  二、兩岸貿易的新發展對台灣經濟的影響
  三、兩岸貿易關係發展存在的問題
  四、結語

海峽兩岸直航問題
  一、當前海峽兩岸通航形勢
  二、兩岸直航是客觀形勢發展的必然要求
  三、兩岸對直航問題的政策方案

兩岸入世後金融交流與合作問題
  一、入世後兩岸金融關係正常化的必要性與緊迫性
  二、現階段兩岸金融關係主要問題分析

三、創造入世後兩岸金融合作的新局面

加入 WTO 後兩岸農業合作展望
　　一、兩岸農業合作的發展趨勢
　　二、進一步加強兩岸農業合作的對策

第五篇　台商在大陸投資問題研究

兩岸加入世界貿易組織對台商投資的影響
　　一、加入世界貿易組織進一步擴大台商投資的發展空間
　　二、加入世界貿易組織逐步清除台商投資的政策障礙
　　三、加入世界貿易組織後台商投資大陸的新趨勢

台商投資大陸區位選擇分析
　　一、台商投資區位條件的理論分析
　　二、台商投資區位因素的變量假設、數據來源及計量模型

大陸台商的現狀、特點及作用
　　一、大陸台商的現狀
　　二、大陸台商的特點
　　三、大陸台商的作用

大陸台資企業本土化經營的動因、方式與影響
　　一、台資企業本土化的動因
　　二、台資企業本土化的方式
　　三、台資企業本土化的影響

第六篇 閩台關係與海峽西岸經濟區建設

在閩台經濟互動中推進海峽西岸經濟區的建設
  一、閩台經濟合作與海峽西岸經濟區
  二、閩台經濟合作面臨的挑戰與機遇
  三、加快閩台經濟合作發展的對策思路

入世後閩台農業面臨的挑戰和對策
  一、台灣農業應對入世的承諾和對策
  二、入世後福建在對台農業合作中面臨的挑戰
  三、加強閩台農業合作的對策建議

廈台農業交流的可行性與合作領域探討
  一、廈台農業合作現狀及存在問題
  二、進一步拓展廈台農業
  交流的可行性分析
   （一）廈門具有明顯的對台優勢
   （二）對外開放在廈門現代農業發展中具有重要的地位和作用
   （三）福建省建設海峽西岸經濟區和廈門建設東南沿海
     中心城市給廈門發展對台農業交流與合作提供了契機
   （四）入世後與大陸農業開展合作與交流
     仍然是台灣農業持續發展的選擇
  三、未來廈台農業合作的方向和領域探討

從試點直航看廈台經貿合作的前景
  一、廈台試點直航的現狀
  二、現階段廈門對台經貿合作的優勢和劣勢
  三、廈台經貿關係發展前景

前 言

　　自1979年元旦大陸人大常委會發表《告台灣同胞書》後，兩岸關係的發展就一直引起海內外各界的深切關注。從1981年葉劍英提出「關於國共合作的九條建議」，到1984年鄧小平提出「和平統一、一國兩制」政策，從1987年台灣當局宣布解除「戒嚴」，開放台灣民眾赴大陸探親，到1990年11月台灣成立「海峽交流基金會」，從1991年12月大陸方面成立「海峽兩岸關係協會」，到1993年「海協會」會長汪道涵與「海基會」董事長辜振甫在新加坡舉行歷史性會談，從1994年的「千島湖事件」，到1995年春江澤民提出《為促進祖國統一大業的完成而繼續奮鬥》的「八點講話」，從1995年夏至1996年春的「台海危機」，到1996年秋李登輝拋出「戒急用忍」政策，從1999年李登輝提出「兩國論」，到2000年3月18日民進黨在台灣的總統選舉中獲勝，從2004年3月陳水扁繼續執政，再到2005年3月全國人大通過《反分裂國家法》，兩岸關係風風雨雨走過了27個年頭。兩岸關係的每一次緩和與進展，都給兩岸人民帶來發自內心的欣慰；兩岸關係的每一次挫折與倒退，都給兩岸乃至國際社會帶來不安的氣氛，從而出現緊張和對立的局面。對於如此變動不居、起伏不定的兩岸關係，需要人們，尤其是研究兩岸關係的學者，從歷史的、辯證的、發展的眼光來觀察與分析。如果堅持從實事求是的立場出發，客觀地、全面地分析兩岸政治、經濟、歷史、社會的相互關係，就能準確把握兩岸關係互動過程中出現的各種現象與未來走向。

　　大陸有關兩岸關係的研究成果十分豐碩，論文和著作數以萬計，涉及內容也較為全面，且具有一定的深度。本論文集彙集了廈門大學台灣研究院兩岸關係研究所、政治研究所、經濟研究所的研究人員近

年的部分研究力作，大致從一個側面反映了有關兩岸關係方面的最新研究成果。兩岸關係研究應堅持理論與實踐相結合的原則，不能滿足於提出理論框架和對各種現象的簡單分析，而應及時將理論運用於實踐，積極為實際工作部門獻計獻策，為促進兩岸交流服務。因此，有必要把對兩岸關係的研究提高到預測未來走向、揭示發展規律的更高層次，探索實現兩岸互動和區域經濟整合的可能模式，促進兩岸交流朝有利於祖國和平統一和區域經濟繁榮的方向發展。因此，在新的形勢下，加速推動兩岸關係，密切經濟聯繫，增強大陸對台灣的吸引力，進而形成「你中有我，我中有你」的合作格局，不僅對中國大陸的經濟建設和區域繁榮具有重要的經濟意義，而且對實現祖國和平統一大業具有深遠的政治意義。據此，本論文集彙集的論文透過有關專題性研究，總結兩岸關係的發展模式和特徵，探索實現兩岸互動的可能性，為政府有關部門掌握兩岸關係發展脈絡，制定有關對台法規和政策，提供參考數據和可操作性的對策建議。

本書是一部系統闡述兩岸關係發展進程及其模式特徵的學術文集。它在論述兩岸關係定位與走向的基礎上，進一步闡明兩岸關係中的國際因素與法律問題，詳細分析兩岸經貿關係的發展與走向，深入考察台商在大陸的投資動向，並對福建建設海峽西岸經濟區與閩台經貿關係進行實證研究。本書共分6篇，收錄了26篇論文。

第一篇收錄了劉國深的《試論兩岸關係的張力與極限》，張文生的《一個中國原則與兩岸關係的定位》、《從本土化或全球化看兩岸關係：兩種不同的政治思維》，劉國深的《兩岸政治僵局的概念性解析》，李鵬的《海峽兩岸的利益衝突及對共同利益的尋求》、林勁的《2004年台灣大選之後兩岸關係的走向》等6篇論文，大致從一個側面反映了海峽兩岸關係的基本架構，闡明了兩岸關係的定位，並分析了其未來走向。

第二篇收錄了李鵬的《國際關係理論運用於兩岸關係研究中的侷限——以張亞中的「兩岸治理」、「兩岸共同體」和「兩岸三席」理論為例》，劉國深的《兩岸互動中的美國因素》，李鵬的《美國全球軍事戰略調整動向及對台灣問題的影響》等3篇論文，大致從一個側面反映了在台灣問題與兩岸關係中國際因素的重要性與複雜性。

　　第三篇收錄了彭莉的《加入WTO對兩岸經貿立法的影響》、《WTO架構下大陸涉台經貿立法的調整——兼談入世後福建再創涉台經貿立法新優勢問題》和《TRIPS對兩岸商標法的影響及兩岸合作保護商標權的探討》等3篇論文，大致從一個側面反映了兩岸經濟關係中的一些法律問題。

　　第四篇收錄了李非的《關於「兩岸更緊密經貿關係安排」的構想》，石正方的《台灣區域經濟轉型的兩岸視角》，張傳國的《21世紀以來兩岸貿易關係的新發展》，李非的《海峽兩岸直航問題》，鄧利娟的《兩岸入世後金融交流與合作問題》，趙玉榕的《加入WTO後兩岸農業合作展望》等6篇論文，從一個側面反映了本院對兩岸經貿交流的基本構想、兩岸貿易關係、通航、金融交流和農業合作等問題的研究情況。

　　第五篇收錄了李非的《兩岸加入世界貿易組織對台商投資的影響》、《台商投資大陸區位選擇分析》、《大陸台商的現狀、特點及作用》，張傳國的《大陸台資企業本土化經營的動因、方式與影響》等4篇論文，從一個側面反映了兩岸入世後台商在大陸投資的現狀、特點、作用和發展趨勢以及大陸台資企業投資的區位選擇、本土化和研發等問題。

　　第六篇收錄了鄧利娟的《在閩台經濟互動中推進海峽西岸經濟區的建設》，趙玉榕的《入世後閩台農業面臨的挑戰和對策》、《廈台農業交流的可行性與合作領域探討》和《從試點直航看廈台經貿合作

的前景》等4篇文章，從一個側面可以瞭解福建發展對台經貿與建設海峽西岸經濟區的關係。

兩岸關係研究包含著豐富複雜的內容體系，文集所錄論文僅是滄海一粟，許多方面還有待進一步深入的研究，不足之處敬祈廣大讀者和有關專家賜教。

李非

總序

　　25年前的7月9日，廈門大學台灣研究院的前身廈門大學台灣研究所成立，這是大陸方面提出「尊重台灣的現狀和台灣各界人士的意見，採取合情合理的方法，不使台灣人民蒙受損失」的對台政策新主張後，海峽兩岸第一家公開成立的台灣問題綜合研究學術機構。從那時起，以專業的學術眼光和深厚的人文關懷觀察和研究台灣問題，就成為一代又一代廈大台灣研究學者的神聖使命。

　　在過去的25年當中，廈門大學台灣研究團隊湧現出陳碧笙、朱天順、陳在正、陳孔立、范希周、黃重添、翁成受、韓清海、李強、林長華、林仁川等一大批知名學者，沒有這些曾經為廈大台灣研究嘔心瀝血的學者專家不懈的努力，就不會有廈門大學台灣研究院今天的格局。在此，我們要特別紀念陳碧笙教授、朱天順教授、范希周教授、黃重添教授等故去的學者，他們為廈大台灣研究做出的重大貢獻，早已鐫刻在海內外台灣研究界不朽的豐碑中。

　　廈門大學的台灣研究最早可以溯及1960年代的「鄭成功研究」。台灣研究所成立後，研究觸角迅速擴展到台灣的歷史、經濟、政治、社會和文化研究各個領域，最近由陳孔立教授撰寫的《台灣學導論》公開出版，標誌著廈門大學的台灣研究開始朝嚴謹的學科體系建設方向發展。毋庸諱言，廈門大學的台灣研究與海內外許多成熟的研究機構一樣，有自己的風格特色，因此也得到社會各界的普遍讚譽。但在眾多「溢美」之詞中，我們始終對各種以「某某派」相稱的戲謔之言敬謝不敏，因為廈大台灣研究的特色遠非這些簡約的語彙所能準確描述。首先，廈大台灣研究團隊有一個比較寬鬆自由的學術環境，團隊內部向來「百花齊放、百家爭鳴」，如果有誰要以「某某派」自稱，

在研究院內部就會立刻招致非議;其次,廈大台灣研究團隊一直注意吸收海內外台灣研究學者不同的思想精華,廈大台灣研究學術生命的延續離不開海內外同行的「知識加持」。個人認為,廈門大學台灣研究的最大特色,就在於有完整的學科體系為依託,注重基礎研究,特別注意研究的學術規範性。廈門大學的台灣研究還得益於多學科綜合研究優勢,政治學、經濟學、歷史學和文學等不同學科之間的交叉滲透,打造了廈大台灣研究最堅實的知識基礎。

劉國深

第一篇　海峽兩岸關係的定位與走向

試論兩岸關係的張力與極限

劉國深

　　台灣問題何時可以解決？如何解決？這是一個長期困擾兩岸政界與民間社會、卻又很難回答的問題。1979年元旦大陸方面發表《告台灣同胞書》、1984年鄧小平提出「和平統一，一國兩制」政策、1987年台灣方面宣布解除「戒嚴」，開放台灣民眾赴大陸探親、1990年11月台灣方面成立「海峽交流基金會」、1991年12月大陸方面成立「海峽兩岸關係協會」、1993年「海協會」會長汪道涵與「海基會」董事長辜振甫在新加坡舉行歷史性會談……兩岸關係的每一次重大進展都帶給兩岸人民帶來發乎內心的喜悅之情。但是，人們的喜悅總是那麼的短暫，甚至來不及仔細品味就被新的不安氣氛所替代——「千島湖事件」後的兩岸爭論、李登輝與司馬遼太郎的談話、1995年夏至1996年春的「台海危機」、1999年「兩國論」的出籠、2000年3月18日民進黨人在台灣的「總統選舉」中獲勝……兩岸關係一而再，再而三地出現緊張乃至對立的局面，使不少台灣民眾因為信心喪失而移民海外。

　　對於如此變動不居、起伏不定的兩岸關係，如果人們不能從歷史的、辯證地、發展的眼光來觀察，產生悲觀情緒或誤判在所難免。筆者的觀點是：只要我們從實事求是的立場出發，客觀地瞭解兩岸政治、經濟、歷史、社會的共性與個性，就可以理解兩岸關係互動過程中出現的波折起落都是正常的現象，在利益與價值的折衝過程中，兩

岸關係有時就會出現劇烈的震盪。但是，從理性的角度出發，在可以預見的未來，兩岸關係的發展仍將保持總體的動態平衡，這種動態平衡是建構在兩岸社會共同的文化背景、剪不斷理還亂的政治關係以及相利共榮的經濟關係基礎之上。換言之，共同的文化背景、割不斷的政治關係以及走向一體化的經濟關係成了動態發展中的兩岸關係難以踰越的內在的邏輯極限。事實上，從1990年到2000年，這三股內在的邏輯力量已經多次在關鍵的時刻扮演了「平衡者」的角色：無論是「兩國論」還是「台灣獨立」訴求，都沒有任何實踐的環境與條件。

一、制約兩岸關係的文化邏輯

從廣義上說，文化是指「人類社會歷史實踐過程中所創造的物質財富和精神財富的總和」①。文化的內涵不僅體現在人們的衣食住行、生活習慣中，體現在歷史文物和典章制度中，更體現在人們內化了的認知、情感和價值觀念上。對於特定的民族或群體來說，其文化形式與內涵的形成是長期歷史實踐積澱的結果，一旦形成就很難在短時期內改變。而且，通常人們對自己固有文化的堅持是不容置疑的，外人很難用外在的「理性」來衡量。在共同的文化識別系統之下，具有相同文化的人們結成為一個相互認同、信任的整體，一些共同的符號逐漸成為集體安全、尊嚴和利益的凝結與象徵。在缺乏其他參照系統的情況下，這些共同的符號，成為人們相互間判定遠近親疏、內外敵我的依據，也成為指導人們行為的準則之一。當然，在同一文化體系之下，往往還存在多個亞文化體系，不同的亞文化體系之間存在著一定的差異性，但由於共性大於個性，亞文化群體之間往往可以彼此相容。

台灣文化與大陸文化都是中國文化的重要組成部分。兩岸文化關係的共性形成了中國文化體系與其他文化體系之間的界限，同時也構

成了賴以生存和發展的潛力龐大的「公共財」。與經濟的或政治的因素相比較，文化的因素往往不太容易引進人們的重視，但它卻是任何民族與國家維繫與發展最具生命力的因素。歷史的經驗已經證明，文化的因素是維繫兩岸關係最穩定的基礎，共通的語言、文字、習俗、符號認同、歷史記憶、喜怒哀樂、情感傾向、價值取向，使兩岸形成了一個完整的文化體系，這是所有中國人的心靈歸宿，也是台灣文化「脫中國化」暗流難以踰越的極限。日據台灣50年，殖民當局在「皇民化」政策上作出相當大的努力，但是，那些被迫成為「二等皇民」的台灣人並沒有忘卻自己的文化根基，日本戰敗後，他們歡欣鼓舞地投入祖國的懷抱。翻閱1949年至1979年的國共關係史，人們也有理由相信，對峙中的兩岸雙方之所以長期共存，原因之一就是中共領導人認為台灣仍在中國人控制之下，沒有迫在眉睫必須立即解決的急迫性。事實上蔣氏父子時代國民黨政權在強化台灣文化的中國性方面也做了大量的工作。近20年來，兩岸民間關係快速熱絡起來、大批台商湧入中國大陸，主要的原因還是基於共同文化背景下的便利性。

然而，在強調兩岸文化共性的同時，不可否認地，大陸文化與台灣文化也存在著許多差異性，這些差異尤其表現在政治文化層面，正是這種差異性使兩岸互動關係存在極大的紓張力。作為中國文化的次體系，台灣的主流文化成分與大陸的主流文化成分基本相同，而民間文化則有其獨特的形式與內涵，除了閩南方言文化之外，還有客家方言文化、台灣原住民族文化，此外，或多或少地還有一些美國文化、日本文化、荷蘭文化等外來文化的因子。戰後50多年台灣內部政治上的資源再分配問題處置嚴重失當，台灣本省人因此產生強烈的相對被剝奪感，地域及亞文化的歧異性成為最便利的動員渠道。最典型的就是外省籍民意代表與本省籍民意代表圍繞是否可以在「立法院」使用閩南方言進行質詢的爭論。台灣本省籍「立委」「吃了40年台灣蓬萊米，喝了40年的台灣水，卻聽不懂台灣話」的詰問，使本省籍政治人

物與外省籍政治人物之間的在「民意正當性」的競爭中占有絕大的優勢，在當年扭曲的政治社會結構下，台灣鄉土語言被人為地、工具性地異化為「國語」的對立面，這樣的爭論最終又投射到兩岸之間的亞文化磨擦。從史明的《台灣人400年史》出版到「台灣民族論」的提出，從漢語拼音方案爭論到歷史教科書的修訂，一定程度上確實反映了台灣文化次體系中一股對中國文化的疏離力量在掙扎。

台灣亞文化的個性是在特殊的歷史條件自然形成的，台灣人與大陸人在部分認知、情感和價值方面的差異性也是一種客觀存在。在人為的隔絕之下，雙方民眾所受的教育內容差異很大，雙方民眾的生活感受也不盡相同，這些差異使得兩岸雙方在許多問題上產生認知、情感與價值的歧異，如台灣人對某些政治符號的堅持，大陸人卻對某些特定的政治符號產生強烈的逆反，反之亦然。然而，筆者要強調的是，雙方除了差異的部分外，還有更多的共性，只要不刻意挑戰兩岸中國人共同的符號、情況和價值，任何一方的亞文化都可以成為中國多元文化體系下的有效成分，各自的價值完全可以相互包容並得到應有的尊重。以台灣亞文化為例，在兩岸雙方對於台灣文化是中國文化重要組成部分這一共識之下，無論是閩南文化、客家文化還是原住民文化，任何保護和發揚這些文化的努力都是弘揚中國文化具體表現。至於少數人推動「文化台獨」的努力只是台灣亞文化多元形式與內涵中的一種支流，雖然可能在短期內影響到兩岸關係的和諧穩定，但它改變不了台灣文化的中國屬性。當然，如果台灣當局也有意推動「文化台獨」，割裂台灣文化與中國文化的臍帶關係，其結果必將首先導致島內次文化間的激烈對抗與衝突，對於島內族群間的和諧沒有任何幫助。

筆者曾多次走訪台灣民間社會，在田間地頭、在街坊廟口、在村民家中、在運動中的交通工具和熱鬧的夜市，沒有任何人有任何理由說台灣社會不是一個典型的中國人社會。為了證實這一點，筆者曾於

不久前隨同某「立委」候選人下鄉「綁樁」，一天跑了四個鄉，與數十人會面，共同討論、共同用餐，卻沒有任何人察覺出我這個大陸人與台灣人有何區別。事實上，台灣民間社會的風俗習慣、人情世故與福建省閩南地區大同小異。有一天，一個祖輩就移民台灣的老先生似乎有些「不可思議」地告訴我：今天的閩南許多地方和20年前的台灣很像，甚至還保留著他兒時所看到、現在已絕跡的一些生活物件和地方小吃。說這些話時，他的表情相當激動，眼中噙滿了淚水，手勢微微有些發顫。另外一個例子是，筆者在高雄縣曾經訪問一些自稱是「台獨基本教義派」的人士，當我們深入交談以後，他們開始對大陸方面的對台政策立場有了一定的瞭解。最後，他們主動表示，「台獨」只是島內政治鬥爭的一種現象，我們都是中國人，不要打來打去，時間長了，交往多了，問題自然就會解決。

　　基於對台灣文化中國性的肯定與信心，筆者堅信：中國文化對兩岸關係的張力具有強大的平衡力量。就文化的角度來看，任何對兩岸亞文化的過度壓抑或者是對中國文化的人為否定都是不足取和，也必將受到相應的反制。

二、制約兩岸關係的經濟邏輯

　　馬克思在論及經濟基礎與上層建築的相互關係時指出，「物質生活的生產方式制約著整個社會生活、政治生活和精神生活的過程」。②在強調經濟基礎的決定性作用的同時，馬克思主義者也不否認上層建築的相對獨立性及其對經濟的反作用。恩格斯在談到國家時說：「這新的獨立的力量總的說來固然應當尾隨生產的運動，然而它由於本來具有的、即它一經獲得使逐漸向前發展了的相對獨立性，又反過來對生產的條件和進程發展影響。」③馬克思主義的這些觀點在兩岸關係互動過程中已經得到很好的印證——經濟的邏輯將成為推動和制

約兩岸關係發展進程與方向最直接、最強有力的力量。

由於兩岸長期敵對，雙方的經濟關係被人為阻絕，上層建築將兩岸經濟區隔成兩個完全脫離的體系，以各自的「小邏輯」條件在運作，相互間偶有的經貿活動往往被等同於「通敵」與「通匪」。直到1980年代末，台灣當局領導人還公開表示「我們不可能主動以經濟資源供應給中共」。但是，經濟的力量無遠弗屆，人為的壓抑只能作用於一時。早在台灣當局開放與大陸間接貿易之前，就有不少台灣商人在巨大的經濟利益驅動下私下展開與大陸間的貿易往來，因此出現了台灣當局的相關政策法律的制定一直跟在民間經濟交往的事實之後的窘境。隨著世界經濟一體化的發展，兩岸經貿相互依存度大幅提高，經濟因素對兩岸關係發展進程與方向的影響力日益提高，經過不到20年的發展，兩岸經濟關係就發展已到了兩岸任何一方都不敢輕言中斷的地步。

長期以來中國大陸的經濟發展相對滯後，與資本主義經濟體系的隔絕更使中國大陸成為當今世界最龐大最具發展潛力的經濟體。而台灣經濟早已被整合到美國和日本經濟體系之中，成為世界資本主義經濟的邊陲地帶。由於經濟開發的成熟度遠高於中國大陸，這就使兩岸經濟存在明顯的互補關係。而地理和文化的便利，使台灣成為西方企業進軍大陸市場最佳的跳板之一，如果善加利用，即便在世界性經濟衰退的情況下台灣仍可獲得良好的發展機會。只是由於意識形態的框限，台灣當局對兩岸經貿關係的發展抱持懷疑和觀望的態度，不僅沒有抓住時機積極進取，而且從1996年起實施所謂的「戒急用忍」政策，一大批資本密集、高技術的產業看著大好商機的流失只好「望海興嘆」。到如今台灣經濟徹底陷入困境時，工商界已經忍無可忍，當局再也抵擋不住經濟力量的擴張要求，已開始考慮檢討「戒急用忍」政策的問題。可以預見的是，就像當年許信良所倡言的那樣，會越來越多的台灣工商界將跨海「經略中國」。

上層建築的相對獨立性使兩岸經濟可以階段性的被分割開來，這是兩岸關係張力的最大極限，但這並不代表政治的力量可以決定經濟；經濟基礎的柔性力量在暫時的退卻之後往往會產生更大的反彈。當90年代初中國大陸的對外貿易總額還不如台灣時，台灣當局可以無視兩岸經濟關係，對台商採取「管、卡、壓」的政策，但是，當大陸的對外貿易額超出台灣2000億美元、當大陸成為台灣最主要的外貿順差來源地以後，台商再也難以自絕於大陸經濟，台灣當局所面臨的不再是檢討別人，而是檢討自己的時候了。台灣當局在制定阻止兩岸經貿往來政策時，往往會振振有詞地指控大陸方面企圖「以商圍政」、「以商促政」、「以經濟促政治」，其實這樣的觀點並不新奇。馬克思認為，「隨著經濟基礎的變更，全部龐大的上層建築也或快或慢地發生變革。」④政治的原始目標就是「管理眾人之事」，如果台灣當局真正是為了維護民眾的利益，又何懼中共「以商逼政」呢？經濟的力量是一把雙刃劍，大陸的政治上層建築已經早先一步被「逼、圍、促」了。用制度經濟學的觀點來說，「一定的制度和規則必須提高經濟效率，否則就會被新制度所取代」⑤，台灣當局實在不必過慮。由於兩岸無法「三通」的原因，台商的生產和交易成本過高，當局不思協助解決的辦法，反而額外加諸種種增加台商成本的限制規定，這樣的政策終將使台灣的政府公權力失去起碼的正當性基礎。

三、制約兩岸關係的政治邏輯

　　除了文化和經濟的邏輯框限外，兩岸關係的張力還受到政治邏輯的支配。「人是天生的政治動物，必須過城邦生活」。亞里士多德的名言在今天依然言之成理。90年代初以來，台灣方面有些人刻意迴避兩岸間的政治關係，將兩岸間的一個中國涵義解釋成：歷史的、地理的、文化的、血緣上的中國，刻意迴避政治上的一個中國問題。這樣

的「鴕鳥心態」對於兩岸關係的發展沒有任何幫助，兩岸之間除了歷史的、地理的、文化的、血緣的、經濟的關係之外，更關鍵的核心問題還是兩岸關係的政治定位問題。

在兩岸衝突性的政治關係中，作為弱勢的一方，台灣方面在兩岸政治定位問題上時常駐採取「台獨邊緣政策」或分裂邊緣政策。就台灣島內的「小邏輯」來看，似乎也不無道理。例如：「中華民國自1912年成立以來就是一個主權獨立國家」、「1949年以後，傳統意義上的中國分裂成為中華民國和中華人民共和國兩個國家」、「中華民國在台灣，中華人民共和國在大陸」，等等。實際上，這些說詞內含許多邏輯上的矛盾和錯誤，一是偷換概念，將政府等同於國家；二是名實混淆，將兩個敵對政權的政治符號與客觀存在的政治上的中國國家概念混淆起來。他們的說辭不僅掩蓋了1949年「中華民國政府」在內戰中失敗的事實，掩蓋了兩岸法理上的主權領土一體性事實，而且掩蓋了國際政治上的主權不可分割原則下兩岸雙方排他性的代表權之爭。當他們振振有詞地論述「中華民國的獨立自主性」的同時，卻在領土、人民、主權、政府的切實指涉意涵上含糊其詞。跳脫台灣方面的邏輯陷阱，支配兩岸關係的政治「大邏輯」對「台獨邊緣政策」及「分裂邊緣政策」還是形成了無法踰越的極限。

首先，兩岸關係雖然不是敵對中的任一方內部關係，但也絕非兩個主權國家間的關係。當前的兩岸關係政治現實是：在中國領土主權範圍內，因內戰遺留問題形成的兩個尚未結束敵對關係的政權。其實，從法理的角度來看，雙方對於兩岸政治關係的定位已經明載於各自政權的法理文件中。無論是《中華人民共和國憲法》還是「中華民國憲法」，均明確規定海峽兩岸同屬中國的領土主權範圍，也就是說，雙方法理上的領土主權指涉範圍是完全重疊的，未經兩岸人民的同意，任何一方都無權單方面宣布任何一塊中國領土的去留。在兩岸政權最終達成統一之前，只要雙方恪守這樣的「一個中國」認知，兩

岸政權之間就不會發生分裂與反分裂戰爭的問題，也就是說，雙方用和平的方式解決兩岸內戰遺留問題的機會很大。

其次，受到島內代議政治規則的框限，任何政黨企圖從法理上改變兩岸主權領土關係的主張都是相當困難的。即使某些政黨強行推動旨在分裂兩岸領土主權關係的程序，相關制度的高門檻規定也難以跨過，其結果也必然引發島內政局的劇烈動盪，未必大陸方面採取反分裂行動，台灣內部就已經四分五裂。對於這樣的可能結果，一位不願透露姓名的民進黨「立委」坦承，只要有百分之十的民眾誓死反對「台灣獨立」，台灣社會就會立即癱瘓。從1990年代中後期民進黨的路線調整大趨勢來看，島內最主要的「台獨運動」政治載體也已經在行動上接受了「中華民國憲法」，雖然該黨內部還有不同聲音存在，但卻改變不了民進黨走向世俗化的大趨勢⑥。

第三，從國際政治的角度來看，台灣與大陸同時以「主權獨立國家」身分出現在國際社會的前提是：海峽兩岸同時接受。否則任何國家只能在兩者之間擇一建交。以多年來國際間的「一個中國原則」實踐為例，無論是國家間的外交承認還是進入以主權國家為單位的國際組織，只要兩岸雙方其中任何一方堅持一個中國原則立場，「兩個中國」的主張就是不切實際的幻想。對於台灣方面來說，無論是以「中華民國」還是「台灣共和國」名義進入國際組織，都只能是與大陸之間進行同一領土主權範圍上零和的代表權之爭。實距已經證明，兩岸雙方從來也沒有以兩個主權國家的身分同時並存於國際社會，以「台灣」名義進入國際社會的企圖更是徒勞。

筆者認為，在今後若干年內，兩岸關係出現震盪仍然不可避免。但是經過全方位的「嘗試錯誤」，這種震盪的張力將逐漸減低，最終起決定性作用的還是兩岸文化、經濟和政治邏輯的交互作用。只要不發生外力介入的情況，這三種內在的邏輯力量將持續產生強有力的平

衡作用，使兩岸關係不致出現重大的、根本性的變化。而國際政治現實中的理性與現實主義力量也對台海相關國家的行為取向具有強大的約束力，任何企圖強力介入台海問題的國家都將為此付出得不償失的沉重代價。因此，台灣問題由兩岸中國人以和平的方式解決的前景是可以期待的。

（原載《台灣研究》）

註釋：

①《辭海》第533頁，上海辭書出版社1980年版。

②《馬克思恩格斯選集》第2卷，人民出版社1972年版，第82頁。

③《馬克思恩格斯選集》第4卷，人民出版社1972年版，第482頁。

④《馬克思恩格斯選集》第2卷，人民出版社1972年版，第83頁。

⑤傅殷才：《制度經濟學派》，武漢出版社1995年版，第166頁。

⑥參見拙文：《民進黨的世俗化趨勢及其困境》，《台灣研究集刊》1998年第2期，第14頁。

一個中國原則與兩岸關係的定位

張文生

一個中國原則是兩岸關係定位的政治與法律基礎，堅持一個中國原則，兩岸關係就能得到穩定與順利的發展；偏離、拋棄和否定一個中國原則，兩岸關係的發展就會受到阻礙。台灣當局以「特殊的國與國關係」定位兩岸關係，否定一個中國原則，使兩岸關係的發展面臨更大的困境。

一、台灣當局對於兩岸關係的政治定位：「特殊國與國關係」

　　1999年7月9日，李登輝在接受「德國之聲」的專訪時，單方面而且明確地拋出了對於兩岸關係的重新定位，提出「1991年修憲以來，已將兩岸關係定位在國家與國家，至少是特殊的國與國的關係，而非一合法政府、一叛亂團體，或一中央政府、一地方政府的『一個中國』的內部關係」①。「兩國論」直接否定了「一個中國」原則，違背了兩岸關係發展的基本共識，在分裂中國的道路上走出了危險的一大步，遭到海內外中國人的強烈反對與譴責。

　　李登輝拋出「兩國論」是台灣當局長期以來推行分裂主義路線發展的產物。90年代以來，隨著島內外政治環境的改變，李登輝的分裂主義路線逐步暴露，台灣當局在大陸政策上力圖重新定位兩岸關係，先後提出了「一國兩府」、「一個中國、兩個對等政治實體」、「以一個中國為指向的階段性兩個中國」、「一個分治的中國」等主張，要求確認「分裂分治」現實，企圖確立「兩岸對等」、「台灣主權獨立」的政治地位，在國際社會謀求「雙重承認」、「平行代表權」，其目的就是否定「一個中國」原則，造成在國際社會的「兩個中國」、「一中一台」的政治與法律局面。

　　「兩國論」的提出也是島內政黨政治演變與權力鬥爭的後果。早在1996年12月，台灣當局為準備第四次「修憲」召集「國家發展會議」，台灣各黨派針對兩岸關係的定位就提出了五種觀點，其中包括「大陸關係」、「國際關係」、「大陸關係中的特別關係」、「國際關係中的特別關係」及「準國際關係」五大類②。民進黨及建國黨等主張「台灣是台灣，中國是中國」，兩岸關係是「國際關係」；新黨傾向於把兩岸關係定位在「大陸關係中的特別關係」；而「準國際關係」的觀點是由李登輝的女婿、時任新聞評議會祕書長的賴國洲所提

出的對於兩岸關係的定位。由於島內各黨派的統獨立場不同，1996年底「國發會」並未就兩岸關係的定位達成共識和結論。

1997年台灣當局完成第四次「修憲」後，國民黨因「凍省」的推行導致黨內分裂，衝擊了2000年「總統」選舉的選情，從而引發執政危機。1997年底的縣市長選舉中，民進黨得票率（43.32%）第一次超過國民黨得票率（42.12%），民進黨執政縣市的數目和人口都超過了國民黨。島內國民黨和民進黨處於政權爭奪戰的關鍵時期，國、民兩黨為了吸引並穩定中間票源，從政黨理念、政黨體制到政黨行為都進行了轉型，國、民兩黨爭相走一條中間路線。1999年5月民進黨的全代會通過《台灣前途決議文》，公開承認「中華民國」的「國號」，提出：「台灣，固然依目前憲法稱為中華民國，但與中華人民共和國互不隸屬」③。8月29日，國民黨的黨代會也把李登輝提出的「兩國論」寫入政治決議文，決議文中提出「以特殊的國與國關係明確定位兩岸關係」④。國民黨與民進黨的國家認同即統獨立場本質上已經合流，在兩岸關係政治定位的立場上取得一致，國民黨和民進黨有目的、有計劃地在島內為「兩國論」培植政治與社會基礎。

二、台灣當局對於兩岸關係的法律定位：「一個中國、兩個地區」

雖然李登輝對兩岸關係重新作出了「特殊的國與國關係」的政治定位，但是台灣現行「憲法」、法律、法規仍然把兩岸關係定位在「一個中國、兩個地區」之間的關係，即「一個中國」的內部關係。依據1947年1月1日南京國民政府公布、同年12月25日施行的「中華民國憲法」第四條的規定：「中華民國領土，依其固有之疆域，非經國民大會之決議，不得變更之」。台灣現有的「修憲權」由「國民大會」行使，只有「國民大會」才有權決議改變「國土範圍」。90年代

以來，台灣經歷五次「修憲」，通過了11條「憲法增修條文」，把「國代」、「總統、副總統」、「立法委員」改為由台灣人民直接選舉產生，但這並不表示從法律上改變了大陸和台灣為「一個中國」內部關係的性質。依「憲法增修條文」前言的解釋，該條文僅僅是「為因應國家統一前之需要」，更何況「憲法增修條文」仍然明確地把兩岸關係定位在「一國兩區」之間的關係，只不過把台灣稱作「自由地區」而已。「憲法增修條文」第十一條規定：「自由地區與大陸地區間人民權利義務關係及其他事務之處理，得以法律為特別之規定」⑤。該條所確立的「一個中國」的內部關係的原則作為台灣當局定位兩岸關係的法律依據，是台灣當局「立法」規範兩岸關係的基本法源。

1991年2、3月份，台灣「國家統一委員會」和「行政院」會議通過的《國家統一綱領》主張「海峽兩岸應在理性、和平、對等、互惠的前提下」開展交流、合作、協商，並且要求「不否定對方為政治實體」。《國家統一綱領》顯然以「對等政治實體」來定位兩岸關係，該定位形式上仍保留在「一個中國」的架構內，因為《國家統一綱領》在強調「對等」的同時，也提出「大陸與台灣均是中國的領土，促成國家的統一，應是中國人共同的責任」，「在一個中國的原則下，以和平方式解決一切爭端」。《國家統一綱領》把兩岸關係定位為「一個中國」下的「兩個對等政治實體」的關係，由於政治實體概念的模糊性，可以彈性解釋，一方面避免了與「中華民國憲法」的定位相互矛盾；另一方面在兩岸關係的政治定位上悄悄地跨出了邁向分裂的危險步伐。「一個中國、兩個地區」的兩岸關係法律定位也是1992年7月台灣立法院通過的《台灣地區與大陸地區人民關係條例》的原則和基礎。該條例第二條並對「台灣地區」與「大陸地區」的定義進行了規範，「台灣地區指台灣、澎湖、金門、馬祖及政府統治權所及之其他地區」，「大陸地區指台灣地區以外之中華民國領土」。

可見，從台灣現行「憲法」、法律、法規來看，都是把兩岸關係定位在「一個中國的內部關係」的範疇，而不是「1991年修憲以來，已將兩岸關係定位在國家與國家，至少是特殊的國與國的關係」；更不是所謂「歷史與法律的事實」。雖然國民黨中央政策會執行長洪玉欽宣布了「不修憲、不修法、不收回」（「兩國論」）的「新三不政策」⑥，但是「以特殊的國與國關係明確定位兩岸關係」已經成為國民黨大陸政策的指導方針，在國民黨、民進黨立場一致的推動下，圖謀以「兩國論」作為「修憲、修法」的現實基礎在台灣社會已經形成。

三、台灣當局對於兩岸關係定位的雙重性與矛盾性

台灣當局提出「兩國論」後，不僅遭到大陸的譴責和批判，也沒有得到國際社會的支持。美國政府不僅重申堅持「一個中國的立場」，而且在聯合國大會總務委員會發言表示不支持台灣加入聯合國。台灣當局受到大陸方面的壓力，也受到美國的壓力，不得不表示「不修憲、不修法」的立場，使台灣當局對兩岸關係的定位呈現出政治與法律相異的雙重性。在政治上，台灣當局一方面找理由解釋，另一方面又不斷繼續放話，堅持不收回「兩國論」的立場。

1.認為「特殊國與國關係」是為了兩岸談判作準備，是要求「對等」，是要維護「中華民國的國家主權地位」，並非「台灣共和國」，與「台獨」不同，不是要搞「台獨」⑦。

2.7月27日，李登輝辯解說：從來沒有說過「兩國論」，所謂「兩國論」是被炒出來的，認為「特殊的國與國關係」不是「兩國論」，「追求兩岸統一仍是我們未來的目標」⑧。

3.7月30日，台灣當局發表「辜振甫談話稿」，對「特殊國與國關

係」強調「特殊」，並從三個方面著重解釋「特殊兩國論」的「特殊」：第一，兩岸具有特殊的感情；第二，兩岸往來密切；第三，雙方都追求中國未來的統一⑨。

4.強調「一個中國、各自表述」，並把「一個中國」的概念與「特殊的國與國關係」混合在一起。1999年8月1日，台灣當局的「陸委會」發表說帖：主張兩岸應回到「一個中國、各自表述」的共識⑩。9月10日，「陸委會」主委蘇起把「一個中國」解釋成「三段論」，即：「一個中國，各自表述；一個中國是未來的；現階段是特殊的國與國關係」[11]。台灣「總統府」副祕書長林碧炤甚至還認為，「特殊的國與國關係」主張「基本上是和過去『一個中國、各自表述』的意思一樣」[12]。可見，台灣當局企圖透過「各自表述」，把「一個中國」解釋為「兩個中國」。

5.認為「特殊兩國論」陳述現狀，反映民意。據說台灣民意調查顯示，有50%以上的台灣民眾贊成李登輝的「特殊兩國論」[13]。

台灣當局一方面提出各種解釋，另一方面又堅持不收回「兩國論」。7月20日李登輝在接見國際扶輪社某個地區的代表時，一字不漏地重申了「兩國論」。8月初李登輝又說提出「兩國論」是出自「道德勇氣」，是反映了人民的心聲，「也為繼任者奠定了長遠發展的基礎」；後來還說「兩國論」「越鬧越好」，鬧得「越大越好」。8月17日台灣「行政院長」蕭萬長也說「兩國論沒有必要收回」。8月29日國民黨「十五全」大會把「兩國論」寫入黨的政治決議文，提出要「以特殊的國與國關係明確定位兩岸關係，迎接兩岸互動的新頁」[14]。10月10日李登輝在「中華民國」的「雙十國慶祝詞」中再次提出：「兩岸為特殊的國與國關係，乃是歷史與法律的事實」，並且說要「以此為基礎，推動建設性對話」[15]。可見，台灣當局受到島內外政治局勢的制約，對於發展兩岸關係和推動兩岸對話、交流、談判處於矛盾立

場之中，一方面不得不表達追求統一的立場，另一方面絲毫沒有收回「兩國論」的意思。李登輝不僅給國民黨和台灣社會背上了沉重的包袱，而且也給繼任者背上了沉重的包袱。

四、一個中國原則是兩岸關係政治與法律定位的基礎

台灣當局拋出「兩國論」後，遭到海內外中國人的堅決反對和批判。海內外的輿論認為：「兩國論」目的就是要否定一個中國原則，公開搞「兩個中國」，搞「事實獨立」，是在分裂國家的道路上走出的十分危險的一步。一個中國原則是海峽兩岸中國人的基本共識，也是國際社會公認的政治現實。「兩國論」的提出，不僅破壞了兩岸關係發展的政治基礎，而且是對國際社會公認的一個中國原則的挑戰，也是對亞太地區和平與安全的嚴重挑釁。

（一）台灣問題是中國的內政問題，堅持一個中國原則就是要求以大陸關係定位兩岸關係

台灣問題是國、共兩黨內戰所遺留下來的歷史問題。40年代末國共兩黨經歷三年內戰之後，國民黨執政的「中華民國政府」被推翻。1949年10月1日中華人民共和國政府成立，成為中國的唯一合法政府。國民黨政權的一部分軍政人員退據中國領土範圍內的台灣省。由於外國勢力的介入，致使海峽兩岸處於長期的分離狀態，海峽兩岸的敵對情緒沒有完全化解，兩岸仍然處於時緊時鬆的軍事對峙狀態。1979年1月1日，中華人民共和國全國人民代表大會常務委員會發表了《告台灣同胞書》，宣告中國政府和平解決台灣問題的大政方針。1991年4月底，台灣當局宣布終止「動員戡亂時期」，正式承認「中共政權控制

大陸」的事實，承認「中共政權」是「政治實體」，改變了「叛亂團體」的定位。雖然海峽兩岸各自單方面採取了停止戰爭行動、緩和敵對狀態的措施，但是絕不應被誤解為承認台灣的「主權獨立」地位和「分裂分治」狀態。基於歷史與法律的事實，海峽兩岸的敵對狀態是內戰的延續，兩岸政權均應堅持一個中國原則，以大陸關係或特殊大陸關係定位兩岸關係。從領土主權的範疇看，大陸和台灣是中國領土範圍內的兩個地區；從社會制度的角度看，大陸和台灣是一國之內兩個制度不同的社會。維護領土主權的完整性是國際法賦予每個主權國家的基本權利，一個中國原則是兩岸關係定位的基礎，透過政治談判使兩岸關係是大陸關係的定位更加明確化、具體化和法制化，為兩岸關係的發展奠定良好的政治與法律基礎。至於台灣當局的政治地位，應當在一個中國的原則下，透過兩岸政治談判加以合理的安排。

（二）回到一個中國原則的共識，堅決反對台灣當局以「兩國論」作為「修憲」、「修法」的基礎

現階段台灣當局對於兩岸關係的定位呈現出政治定位與法律定位的雙重性，以及政治定位的矛盾性的特點。一方面台灣當局表示不收回甚至繼續鼓吹以「特殊的國與國關係」定位兩岸關係，另一方面又表示「不修憲、不修法」，保持了「憲法」、法律以及《國統綱領》對於兩岸關係的「一個中國」的定位。但是在政治上，台灣當局把「一個中國」的概念和「兩國論」混淆在一起，既表示追求兩岸統一，又堅持以「特殊的國與國關係」定位現階段兩岸關係，把確立和保障台灣「主權獨立國家」地位作為兩岸政治談判標的。台灣當局在兩岸關係定位問題上的雙重性與矛盾性的立場，理所當然受到海內外中國人的質疑和批判。

台灣當局雖然表達了「不修憲、不修法」的立場，但是由於國民

黨和民進黨在國家認同的政治立場上的合流，同時台灣社會受到「兩國論」的誤導，在台灣已經形成了通過「國民大會」或「公民投票」的方式「修憲」、「修法」的政治和社會基礎。因此必須堅決反對台灣當局公開或幕後操縱以「兩國論」為基礎進行「修憲、修法」的分裂行徑，同時台灣當局必須回到一個中國的原則立場上來，確立一個中國原則作為兩岸對話、交流與談判的政治與法律基礎。

（三）堅持以大陸關係定位兩岸關係，堅決反對台灣當局把「兩國論」擴展到國際社會、把兩岸關係國際化的政治圖謀

1949年10月1日中華人民共和國政府成立之後，海峽兩岸雖然處於長期的敵對狀態，但是90年代以前，海峽兩岸均主張「一個中國」。中國政府主張「世界上凡與中國建交的國家，均遵照國際法和一個中國的原則，與中國政府就台灣問題達成協議或諒解，承諾不與台灣建立任何官方性質的關係」[16]；台灣當局特別是在蔣氏父子主政時期，以「漢賊不兩立」的立場，拒絕「雙重承認」。海峽兩岸均認為自己是代表全中國的合法政權，拒絕承認對岸政權的合法性。1971年10月，第26屆聯合國大會通過第2758號決議，明確「承認中華人民共和國政府的代表是中國在聯合國的唯一合法代表」。世界上已經有160多個國家與中華人民共和國建交，所有建交國家都承認或尊重世界上只有一個中國，台灣是中國的一部分，中華人民共和國政府是全中國的唯一合法政府的事實。無論從國際社會的現實來看，還是從海峽兩岸的對外關係看，一個中國原則是國際社會公認的政治與法律原則。

90年代以來，台灣當局逐漸從一個中國的原則立場上倒退，以爭取台灣的「國際生存空間」為藉口，企圖把台灣問題國際化，把兩岸關係國際化，尋求國際反華勢力的支持，為島內分裂主義路線謀取國

際支持。台灣當局透過外國媒體拋出「兩國論」後，又多次向國際社會拋出「兩國論」的說帖，圖謀推翻國際社會公認的一個中國原則。1999年8月台灣當局策動少數國家向聯合國祕書處提出入會案，強調「中華民國在台灣，中華人民共和國在大陸」的「兩個中國」的謬論，目的就是想把「兩國論」推向國際社會，把台灣問題國際化，把兩岸關係國際化。台灣當局的分裂主義的政治圖謀受到海內外中國人的反對，也得不到國際社會的支持。在21世紀來臨之際，台灣社會應當以民族利益為重，正視與面對兩岸關係與國際社會的政治現實，堅持一個中國原則，維護台海局勢和亞太地區的和平與穩定，為海峽兩岸的最終統一創造契機。

（原載《台灣研究集刊》）

註釋：

①台灣《中央日報》1999年7月10日。

②台灣《中國時報》1996年12月1日。

③台灣《聯合報》1999年5月9日。

④[14]台灣《中國時報》1999年8月30日。

⑤台灣《司法院公報》第三十九卷第八期，第24頁。

⑥台灣《聯合報》1999年9月16日。

⑦台灣《中央日報》1999年7月15日。

⑧台灣《中央日報》1999年7月28日。

⑨台灣《聯合報》1999年7月31日。

⑩台灣《聯合報》1999年8月2日。

[11]台灣《聯合報》1999年9月11日。

[12]台灣《中國時報》1999年10月10日。

[13]台灣《聯合報》1999年9月17日。

[15]台灣《中央日報》1999年10月10日。

[16]國務院台灣事務辦公室、國務院新聞辦公室：《台灣問題與中國的統一》,《人民日報》1993年9月1日。

從本土化或全球化看兩岸關係：兩種不同的政治思維

張文生

跨入新世紀以後,台灣經歷了政黨輪替的政局變化,但島內政黨對立、經濟環境惡化以及兩岸關係僵持卻給台灣當局的執政帶來極大的困擾。面對內外環境的演變,台灣社會逐漸產生本土化與全球化兩種不同的政治思維,這兩種不同的政治思維並未發展成為壁壘分明的對立陣營,但是對於兩岸關係尤其是對兩岸經貿交流的看法卻有較大的差距。本土化作為政治運動在台灣已經逐漸走入歷史,而全球化從經濟理論向政治思維的建構則是近期才開始的,台灣試圖以獨立主體的身分參與政治、經濟、文化全球化的進程,無疑將面臨重重困難。

一、本土化與全球化問題的提出

本土化運動作為台灣民眾對於國民黨政權的反對運動,可以說從台灣光復初期就已經萌芽,它表現為台灣民眾要求參與政權的強烈呼聲和反對國民黨專制統治的民主運動。雖然從1970年代開始,蔣經國主導的國民黨政權有意識地推行本土化的政策,「向社會內部尋求支

持，籠絡台灣本土的政治、經濟精英，以達到鞏固國民黨統治的目的」①，但是由於歷史經驗和現實政治的影響，本土化呈現出省籍衝突的明顯傾向。80年代末以後，李登輝借助於本土化運動的社會力量，排擠了黨內的外省籍政治勢力，確立了本省籍政治力量在台灣政壇的主要地位，也鞏固了其個人的政治權力。本土化作為台灣本省籍人士享有更多的政治權力和政治利益的訴求，在島內政治結構轉型中已經完成。90年代以後，「本土化」的內涵發生變化，淪為島內政治鬥爭的工具和「去中國化」的藉口，被一些學者稱為「絕對本土主義」。

　　2000年民進黨籍的陳水扁以相對多數當選台灣領導人，受到代表多數民意的在野聯盟的制衡，使其既有政治路線得不到順利的貫徹。李登輝為了協助陳水扁執政，再次高舉本土化的大旗，籌組新政黨「台灣團結聯盟」，並攻擊國民黨偏離本土化路線、「聯共反台」。這些仍舊在台灣鼓吹「本土化」的政治人物，對於本土化的意涵從未作過清晰的表述，甚至在相關的表述中相互矛盾，這是有意的模糊或缺乏自信。「台灣團結聯盟」在《團結前進壯大台灣》的成立宣言中認為：「台澎金馬是生命共同體，不應有族群和地域之分，認同台灣，奉獻台灣，願意為台灣前途打拚，就是『本土化』的主要內涵」②。一方面強調「不分族群、地域」，另一方面又區分「本土化」與「非本土」的政治對立，在邏輯上是自相矛盾的。

　　有些台灣民眾已經意識到「本土化」的內涵發生了變化，提出「以本土化作為軸線來切割的社會對立，已經具有不同的意涵：不再是以省籍，甚至不完全以統獨為切割線」③；並且認為新的切割線實質上是本土化與全球化的衝突，「全球化會造成新的社會衝突：具有高度技術能力或高度流動性資產，能在全球市場過程中獲利者，以及那些無法在全球化的過程中獲利者」④，本土化以在全球化過程中是否獲利作為切割線，在全球化進程中能獲利者往往傾向於支持全球

化，不能獲利者往往主張本土化。而對於台灣來說，「所謂『全球化』似乎就等於『中國化』」，相對地，本土化就等於「去中國化」，這一觀點揭示了本土化內涵的新本質，也覺察了本土化與全球化對立的問題。

在「本土化」口號泛濫的同時，島內部分學者和政治人物仍然堅持以「全球化」的觀點來思考。早在1970年代，作為對全球性問題的研究，全球化的概念就已經在經濟學和政治學的領域提出。1990年代以來，隨著交通和通訊手段的發達、世界市場的形成、全球性問題的增加，全球化作為對國際活動現狀的描述，成為學術界以及社會各界普遍使用的名詞和分析、觀察問題的視角。對於全球化的概念和理論，學術界並沒有一致的看法，作為具有代表性的論述，德國學者烏爾裡希·貝克在《全球化的政治》一書中指出：「伴隨全球資本主義的是一種文化與政治的全球化過程，它導致人們熟悉的自我形象和世界圖景所依據的領土社會化和文化知識的制度原則瓦解」。他還把全球化總結為七個方面的表現：「1.跨國的逃避力量；2.主權的困境；3.政治領域的轉變；4.超越民族國家的治理；5.作為強權政治的世界主義倫理；6.文化全球化的辯證法；7.（作為前景的）世界公民宣言」⑤。

正因為「全球化的意義尤其在於，它是對傳統的國際關係、對國家主權及其他權利、對以國界標示人群活動區別的規則的一種深入持久的挑戰」⑥。全球化理論對身處國家認同、兩岸關係和「外交」困境的台灣，具有現實的理論價值和吸引力。尤其是兩岸都成為WTO的成員，共同面臨全球化的機遇和挑戰，不僅許多台灣學者從全球化的角度來思考兩岸關係和台灣的發展，而且有些政治人物也把全球化作為具有號召力的思潮加以運用。李遠哲即多次提出過「地球村」的觀念，以許信良、施明德等人為代表組成的山盟把全球化作為主要的思考方向。當然，相對於本土化思潮，全球化並未出現象李登輝之流的頭號代表人物，但是，作為對國際社會的現實趨勢的認知，全球化是

台灣社會客觀存在的政治思潮。

二、本土化與兩岸關係

極端的本土化論者在兩岸關係上的態度是消極、保守、封閉的思維方式。本土化論者具有強烈的意識形態傾向，主張卻除大陸因素，維持台灣的獨立發展。它並非排斥所有的外來力量、文化和影響，而僅僅是對抗中國認同和中國意識，其本質已經演變成為「去中國化」，是台灣分裂勢力藉以對抗統一進程的工具之一。

（一）本土化作為政治運動在台灣已經逐漸走入歷史

在台灣近年來的發展歷史上，本土化是伴隨著民主化、多元化同時進行的政治運動，是階級衝突在省籍意識中的折射，是占台灣人口大多數的本省籍民眾要求政治權益的表達，反映了台灣民眾要求當家作主的民主意識。國民黨政權敗退台灣以後，延續了統治整個中國的政治本質和政治架構，代表少數大資產階級和官僚資本的利益，推行「動員戡亂體制」，實施「戒嚴法」，箝制了人民的參政議政的民主自由權利。由於國民黨政權將在大陸的統治機器搬遷到台灣，長期推行反人民反民主的恐怖統治，而在國民黨統治機器中就職的又大部分是跟隨蔣介石退到台灣的外省籍人士。統治階級與被統治階級的政治矛盾染上了深刻的省籍矛盾的色彩，台灣民眾反抗國民黨專制統治的民主鬥爭與本土化進程交織在一起，主張本土化，取代「外省人的政權」成為台灣民眾要求「出頭天」的象徵。台灣「中央研究院院長」李遠哲認為，台灣階級矛盾甚至進一步演變為統獨對抗，「多年來台灣內部的『統』與『獨』之對抗，其社會心性的本質，其實正是『壓

迫者』與『被壓迫者』對立階層之間的爭執」⑦。

然而90年代以後，台灣的政治轉型已經基本完成，政治體制和政治精英都實現了本土化的目標。但是省籍矛盾並沒有消失，統獨鬥爭的形勢更加尖銳。本土化論者愈來愈向極端化發展，不僅繼續排斥處於「被統治」地位的外省人，而且以執政者的地位鼓吹「台灣主權獨立」。在台灣本土化已經基本完成之後，自然不能再以階級矛盾來合理化解釋本土化與「台獨」的訴求。

（二）本土化淪為島內政治鬥爭的工具

本土化論者強烈主張台灣優先或台灣第一。台灣認同和台灣利益成為一切政策的出發點，政治上主張認同台灣，經濟上主張「戒急用忍」，文化上強調台灣的主體性。本土化論者將自己打扮成台灣利益的維護者形象，認為只有本土化才「愛台灣」，而非本土化的都是「中共同路人」。本土化被當作政治正確的標籤，已經淪為權力鬥爭的工具，「所謂的『本土化』，只是政客用來區別敵我的標籤，根本就是權力的『本位化』」⑧。李登輝在支持「台聯黨」的過程中高舉本土化旗幟，聲稱：「台灣這塊土地是我們共同的母親，本土化的認同就像是對母親的感恩與敬愛」。這一定義無非是給不支持「本土化」口號的人披上不忠不孝的罵名，本土化成為李登輝用來打擊政敵和協助民進黨執政的政治工具，台灣《聯合報》社論認為：「其基本邏輯是：凡是我李登輝所反對的政治勢力，就是『外來政權』；凡是我李登輝支持的政治勢力就是『本土化』、『愛台灣』」，「李登輝的『外來政權』只是一本用來栽贓戴帽子的『流動戶口』而已」⑨。

台灣民眾要求維護本身政治、經濟以及文化上的權力和利益，應當說是正當的合法的要求，但是少數政治人物過於突出和強調台灣優先，甚至因此造成強烈的排他性，既不利於島內的族群融合，也不利

於兩岸關係的正常發展，與全球化的國際趨勢是相互對立的。「如常聽到的『台灣優先』，是否即意味『台灣最大』？如果認為台灣什麼都好，那是夜郎自大，其結果是與自由化和全球化形成排斥，甚至對抗」⑩。

（三）本土化反對大陸政策中「戒急用忍」的鬆綁

本土化主張在經濟政策中堅持「戒急用忍」，反對台商到大陸投資，本土化論者認為由於台商大規模湧入大陸，造成島內資金、技術、人才和產業出走，使得台灣產業「空洞化」，經濟邊緣化，甚至據此將台灣經濟衰退、失業率上升的責任歸之於台商的出走。2001年8月，台灣當局召開「經濟發展諮詢委員會議」，達成了鬆綁「戒急用忍」，以「積極開放、有效管理」政策取而代之的共識。但是標榜本土化的政治勢力大多公開反對「戒急用忍」政策的鬆綁，認為開放「戒急用忍」和直接「三通」，不只是經濟問題，而是高度的政治性議題，不適合「經發會」片面決定。呂秀蓮甚至提出，如果無條件開放大陸投資，「台灣一切將全部都給中共」，「當家、掌權的人，要拿出面對歷史的勇氣與良心」[11]。台灣北、中、南三社也抨擊「經發會」鬆綁「戒急用忍」政策，認為開放赴大陸投資「無異是『送肉飼虎』」，「『賄賂』無法換來兩岸的和平」。「台聯黨」雖然未明確反對「經發會」共識，卻又認為「經發會共識是『戒急用忍』政策的延續」。

（四）本土化著重建構所謂凸顯台灣主體性的文化意識

本土化在文化領域的表現是強調所謂台灣文化的主體性，認為台

灣文化是多元文化的共同體,台灣文化有別於中國文化,因此,強調本土文學、本土教育以及本土歷史的研究等等。「這一思潮的主要觀點是:台灣文化是由原住民文化、漢文化、西班牙文化、荷蘭文化、日本文化和美國文化共同組成,屬海洋文化性質,與中國文化的大陸文化有本質的不同,因此,台灣文化有其主體性,中國文化只是台灣文化的一部分」[12]。文化本土化不僅僅是一種思潮,也成為近年來台灣當局推行的文化政策,表現在教育、文學、歷史研究、宗教信仰等領域,諸如台語教學的提倡、通用拼音的推行、《認識台灣》教科書的適用、本土歷史與文學史的編纂等等。

台灣文化建立在中國文化的基礎之上,這是無法否認的客觀事實。本土化在台灣文化中的極端論述的實質,是以台灣文化的主體性來擺脫中國文化的屬性,甚至以日本軍國主義的皇民文化來營造所謂的台灣文化的主體性,目的是在文化領域推行「去中國化」的政治企圖。

(五)本土化表現出「去中國化」的政治傾向

隨著島內政治轉型的完成,本土化的內涵發生了變化,由對抗國民黨專制統治發展為對抗海峽兩岸的統一進程;本土化的主體也發生了變化,由處於被統治地位的台灣民眾的訴求演變為少數金權利益集團的政治工具。台灣學者認為:「所謂本土化,就是終結外來的殖民統治。在李登輝執政時代,解散代表中國法統在台灣從事殖民統治的萬年國會,由台灣居民不分族群,以票票等值的平等方式產生各級政府的議會議員以及行政首長,這就是本土化政權的開始。主張建立台灣國政府也好,捍衛中華民國政府也好,只要抗拒外來政權的殖民統治,由台灣人民所產生的政府掌控外交、國防、內政等權力,就是政權本土化」[13]。極端的本土化論者不僅主張台灣人統治台灣,認同台

灣，而且排斥外省人當政，國民黨政權被定義為「外來政權」、外省籍民眾成了「殖民者」。這種論述荒謬絕倫，一是把中國等同於外國，二是把國民黨政權等同於外來政權。可見，台灣少數人對於本土化的論述矛頭對準中國，認為本土化就是要擺脫中國，要「去中國化」。事實上，極端的本土化論不僅要「去中國」，而且要「去國民黨」、「去外省籍」。

本土化從代表台灣人民利益的正當要求演變為少數政治人物的工具，是少數政治人物有意地歪曲、利用本土化的口號，製造兩岸關係的緊張和島內的族群分裂。正如章孝嚴所指出：「本土化三個字沒有罪，是有人扭曲了意義」。國民黨主席連戰也認為是有心人士假借「本土化」之名，「對社會進行切割攫取政治利益」，「本土化不代表去中國化，更不能用來仇視不同族群的同胞」。

三、全球化與兩岸關係

台灣學者和政治人物運用全球化的概念和理論思考兩岸關係，雖然各有不同的側重，但都主張積極推動兩岸的交流，承認兩岸經濟不可分割的依賴關係，認為實現兩岸經濟整合是台灣進一步發展的關鍵，並且不排除兩岸政治整合的可能性。它反對過多地管制和干預兩岸經濟文化的往來，在兩岸交流上表現出積極、開放、主動的傾向。但是在政治上，全球化論者迴避「一個中國」原則，以「整合」取代「統一」，同樣會被分裂主義所利用。

（一）主張全球化以確立兩岸經濟整合的合理性

經濟全球化是全球化概念產生的淵源，也是全球化內涵的核心。由於各地區之間的經濟往來日益頻繁，促使構成生產要素的勞動力、

商品、資金、技術、訊息等等在全球範圍內大規模流動，超越了空間界限，形成了世界市場一體化的趨勢。經濟全球化有利於兩岸經濟的良性互動，廈門大學台灣研究所的李非教授認為：「經濟全球化進程的加快，為海峽兩岸經濟的良性互動提供了有利的國際經濟環境」[14]。這不僅是大陸學者的主張，也是台灣學者的普遍認知。

從全球化的視角分析，台灣學者認為：「全球化所牽動的大陸與台灣經濟關係的發展，大陸在台灣經濟再結構上的重要角色，業已成為一個不可逆轉的趨勢」[15]，大陸不是台灣經濟的威脅，而是台灣的機會，關鍵在於台灣內部的經濟空間，如何因應全球化所引發的再結構發展與轉型，而「台灣的大陸化」已經成為台灣企業競爭力的決定關鍵。全球化的理論為台灣當局和台灣學者批判「戒急用忍」政策，開放大陸投資限制，推動兩岸直接「三通」提供了合理化的解釋。隨著兩岸加入WTO的實現，兩岸經濟整合的訴求更加突出，「現在兩岸都將加入世貿，也同樣面臨經濟和訊息全球化的大潮，如何使雙方的產業取長補短與互助互利，維持經濟持續成長，而又能強化國際競爭力，自是首要之務」[16]。

（二）主張全球化以重新規範兩岸互動關係

全球化是從世界經濟的一體化開始的，是各國共享市場、文化、甚至主權的過程，從表面上看，全球化是從經濟整合向政治整合發展的道路。在新世紀之初，島內出現了政黨輪替的新局面，執政黨民進黨拒絕承認一個中國原則，並擱置了台灣當局原有的《國統綱領》，主張「統一不是唯一的選擇」，從主觀上以及實際政策上排斥「統一」的進程，使兩岸關係處於僵持狀態。為了突破兩岸關係的僵局，全球化的思維成為台灣社會一部分人構思重新規範兩岸互動關係的理論架構。台灣學者往往借用「整合」的概念取代「統一」的概念，要

求「以整合超越統獨」、「以合作代替對抗」，認為「兩岸關係應該在順應全球化的潮流下來尋求解決」，「兩岸在『全球化』的大趨勢下，將兩岸的未來指向一種新的合作或整合的關係。這種合作或整合的遠景類似歐盟的形態，是從經濟和其他功能性議題著手，其未來所形成的政治形貌可能是一種『共同體』，或某種類似歐盟的『新主權』架構」[17]。台灣當局也提出「統合」的概念，主張「超越目前的爭執和僵局，從兩岸經貿與文化的統合開始著手，逐步建立兩岸之間的信任，進而共同尋求兩岸永久和平、政治統合的新架構」[18]。借助於全球化的理論，與台灣當局跳脫政治議題、迴避「統一」字眼、開啟事務性交流的主張不謀而合，因此全球化的概念經常被台灣學者引入對於兩岸關係的思考中。

（三）主張全球化以參與國際政治、經濟秩序的重構過程

大部分台灣學者均認識到台灣無法自外於全球化的國際趨勢，也不可能排斥大陸而單獨建構全球化的前景。台灣如果不能抓住全球化所提供的機會，被排斥在國際政治、經濟秩序重構的過程之外，那麼「台灣安全」也就無從建立。

全球化本身就是國際政治、經濟秩序重構的過程。由於台灣不具有主權國家的國際法主體身分，沒有參加聯合國等政府間國際組織的資格，台灣的所謂「國際生存空間」日益狹窄，全球化的進程在一定程度上給台灣當局提供了機會。全球化的主體是多元的，包括民族、國家、社會、個人，全球化是世界範圍內的不同主體密切聯繫與合作的過程。一方面，台灣利用全球化主體多元性的特點，推動「經貿外交」、「全民外交」，極力資助和參與非政府間國際組織的活動。另一方面，台灣的全球化論者主張把兩岸關係納入全球化的進程中，不

刻意排斥兩岸的經濟文化交流，甚至把大陸當作台灣全球化進程中的關鍵，把兩岸經濟整合的過程與全球化的進程統一起來，進而提高台灣國際化的程度，以「全球化戰略守護台灣的制高點」。台灣「經濟部」提出「台灣經濟地位的國際化，即是國家安全最佳保障」，因此主張「將中國大陸市場及資源納入台灣產業全球化布局」，並將這一思維貫徹到「經發會」結論中，確立了「全球布局，策略性開放」的政策。

四、台灣建構全球化的困境

在發展道路上是否排斥大陸，已經成為島內本土化與全球化主張的主要區別。不可否認，民進黨主導的台灣當局並未全盤繼承李登輝本土化的政治遺產，陳水扁「政府」大陸政策的形成過程中試圖貫徹和利用全球化的政治思維，但是如同在野聯盟的政治路線，同樣遭到本土化思潮的強烈反彈。

（一）全球化的主張面臨島內本土化論者的強烈反彈

台灣全球化論者與本土化論者的政治目的雖然有重疊的部分，都主張台灣的「主權獨立國家」的政治地位，但兩者的策略和手段有很大的差異。全球化論者主張容納大陸市場，承認台灣對大陸的依賴性，並進而推動兩岸從經濟整合向政治整合的發展過程。全球化論者的主張遭到本土化論者的強烈挑戰。本土化論者雖然也主張台灣的國際化，但卻是以對抗大陸和排斥大陸為目的，與全球化的進程是相違背的（需要說明的是，全球化與國際化是兩個不同的概念：全球化是世界政治、經濟、文化一體化的過程，國際化是個別國家或地區對外

聯繫的程度）。本土化論者打著台灣優先和「國家安全」的旗號，對大陸政策中的任何積極、開放、主動的傾向進行圍剿，即使標榜「台灣優先」、「風險管理」等原則的「經發會」兩岸組結論，也受到本土化論者的反彈。台灣當局不得不出面安撫所謂的「獨派大老」彭明敏、辜寬敏等人，並屢次保證：「『國家安全』第一的立場，我們沒有動搖，『台灣優先』的原則，我們也沒有忘記，中國大陸市場也只是全球布局的一部分。」[19]

出於選票的考量和意識形態的堅持，民進黨當局在全球化與本土化之間搖擺，採取了兩者並行的「雙軌」政策，時而主張全球化，時而鼓吹本土化。在大陸政策上，「積極開放」與「有效管理」並存，「互惠雙贏」與「台灣優先」並列，一方面意識到全球化的必然趨勢，承認兩岸交流不可阻擋的潮流，另一方面仍不願放棄所謂「國家安全」和「台灣優先」的政治原則。台灣當局大陸政策的雙重性，既有選票的考量——不願放棄本土基本教義派的票源，並希望開拓中間票源；同時，也反映了民進黨在理想與現實，主觀與客觀之間的矛盾心態，以及對外部環境和台灣前途的不確定認知。

（二）中國大陸無疑是台灣實現全球化過程的重要環節

在全球化理論中，部分學者認為所謂的全球化其實就是一種西方化或美國化，全球化中的國際政治和國際經濟新秩序的形成均無法擺脫美國和其他西方國家主導的格局。因此台灣有人就提出全球化是美國化或西方化，而不是「中國化」，台灣全球化的過程不必然與大陸相關，把大陸排斥在台灣全球化進程之外。民進黨籍「立法委員」林濁水就認為全球化面對的是美國化的危機，而不是「中國化」的問題。呂秀蓮也宣稱「全球化不是大陸化」。

把全球化的過程等同於「美國化」進而排斥「大陸化」是片面的，這種觀點更加傾向於本土化論者的主張，而與全球化的進程相背。事實上，全球化不僅是一個整體化的過程，更是一種多樣化過程，全球化與區域化並行不悖，區域化本身是多極化的表現，在一定意義上，正是全球化的過程促進了世界多極化的發展。不可否認，美國等西方國家在全球化過程中所居的有利地位對世界政治和經濟新秩序的形成發揮了主導作用，但試圖排斥中國在東亞地區全球化進程中的重要作用，或去除大陸的影響而營造台灣的美國化，完全是徒勞無功的。台灣現實的經濟困境正是因為本土化論者長期推行保守、封閉的政策，與全球化進程背道而馳的結果。正如台灣學者指出的：「加入WTO，面對全球化，台灣經濟並非沒有發展的機會，它的機會在於我們的選擇：接受全球化，還是專心耕耘『本土化』？要視中國大陸為發展的腹地，還是侷限於台灣本島？」[20]

（三）否定傳統主權觀念和傳統國家理論，迴避兩岸政治統一進程，這是台灣全球化論者建構兩岸互動關係的致命缺陷

全球化是對傳統主權觀念的限制和挑戰，有些學者甚至認為全球化是民族國家的終結。「世界經濟全球化之後，國家政治界限的概念自然會變得愈來愈淡薄」，「不同地區的人民或不同國家之間，相互依賴的程度定會加深，而地球村的理想在不同層面也將慢慢展現」[21]。但是經濟整合併不必然導致政治整合，全球化過程不會自動產生政治統一過程的全球一體化體系。台灣部分學者雖然同意兩岸經濟整合的事實和理念，但是並不認為兩岸政治整合是必然的道路。台灣當局的領導人也表示「大家不要看到『統』看到『合』，就以為要被統被合，就跳起來，『統』並不代表被統去」，「同一字、同一問

題我們可以做有利自己的解釋，不是『統』就表示要統一」[22]。所謂「統合論」、「經濟整合」成為迴避「政治統一」的代名詞，被當作否定傳統主權觀念和傳統民族國家理論的依據。毫無疑問，全球化的進程衝擊了傳統的國家主權觀念，使國家主權的絕對性受到侵蝕、削弱和制約，但不能據此就否認傳統國家理論和主權觀念，更不能進而推論國家主權尤其是領土主權是可以分割的。當代世界仍然是以主權國家為基本主體組成的，全球化的背景是主權國家的相互交往和聯繫日益密切，主權國家基於本身的國家利益和民族利益推進全球化的進程。全球化的發展遠遠沒有達到消除文明差異、民族認同和國家界限的程度。主權的觀念和國家的理論沒有過時，維護國家主權和領土完整仍然是國際法和國際關係的基本準則。片面強調全球化與國家主權的矛盾，甚至否定國家主權，迴避兩岸政治統一的進程，無疑是對全球化的極大誤解。以此為基礎建構的兩岸互動關係是不穩定的，這是台灣以全球化視野觀察兩岸關係的致命缺陷。

（原載《台灣研究集刊》）

註釋：

①陳孔立主編：《台灣歷史綱要》九洲圖書出版社1996年版，第496頁。

②台灣「中央社」2001年8月12日自台北報導。

③張鐵志：《兩岸經濟整合與台灣新社會分歧》，台灣《中國時報》2001年7月18日。

④張鐵志：《認清新社會分歧重構凝聚機制》，台灣《中國時報》2001年7月20日。

⑤參見王學東、柴方國等譯：《全球化與政治》，中央編譯出版社2000年版，第14-15頁。

⑥王逸舟：《當代國際政治析論》，上海人民出版社1995年版，第5頁。

⑦李遠哲：《從當家作主到和平繁榮民主的未來》，台灣《中國時報》2000年9月3日。

⑧台灣《聯合報》2001年10月15日。

⑨台灣《聯合報》2001年10月17日。

⑩桑品載：《民主，豈有此理》，台灣《中國時報》2001年10月13日。

[11]台灣《中國時報》2001年8月15日。

[12]劉國深：《台灣政治文化「脫中國化」現象芻議》，《台灣研究集刊》1996年第4期。

[13]陳茂雄：《狐狸尾巴露出來了》，台灣《自由時報》2001年8月6日。

[14]李非：《經濟全球化趨勢與兩岸經濟互動》，《台灣研究集刊》2000年第3期，第1頁。

[15]周志龍：《兩岸三通、全球化與台灣經濟圈的再結構想像》，台灣《理論與政策》2000年第4期。

[16]陳毓鈞：《建立「經濟先發政治後至」的兩岸架構》，台灣《中國時報》2001年8月28日。

[17]徐斯儉：《全球化：中國大陸學者的觀點》，台灣《中國大陸研究》2000年4月。

[18]台灣《中國時報》2001年1月1日陳水扁元旦祝詞。

[19]台灣《中國時報》2001年8月16日。

[20]於宗先：《面對全球化——台灣的機會》，台灣《聯合報》2001年11月5日。

[21]李遠哲：《從當家作主到和平繁榮民主的未來》，台灣《中國時報》2000年9月3日。

[22]台灣《中國時報》2001年3月20日。

兩岸政治僵局的概念性解析

劉國深

　　從1979年全國人大常委會《告台灣同胞書》發表至今，兩岸關係已整整走過20年的歷程。在這不平凡的20年裡，兩岸政治關係的發展與經濟等關係的發展出現了強烈的反差：一方面，經濟、文化交流及人員交往日益頻繁密切，另一方面，政治關係卻停滯不前，甚至陷入難以破解的僵局，而且這一僵局對兩岸民間交流產生了阻礙作用。恩格斯在論及政治與經濟辯證關係時曾經指出：「經濟運動會替自己開闢道路，但是它也必定要經受它自己所造成的並具有相對而言獨立性的政治運動的反作用，即國家權力的以及和它同時產生的反對派的運動的反作用」①。在當前兩岸關係的特殊條件下，政治力對「民間性、經濟性、功能性、事務性」交流的箝制力是異乎尋常的，這種現象符合上述恩格斯的辯證解釋。基於上述現實的考量和理論的視角，筆者認為：兩岸政治僵局是影響嘗前兩岸關係發展的最大障礙，要進一步改善兩岸關係，就必須化解兩岸政治僵局，而政治僵局的化解又首先必須對雙方的政治歧見進行深入的分析。本文擬圍繞兩岸歧見最深的「一個中國原則」、「兩岸關係定位」、「交流交往制度」、「外交空間安排」以及「和平統一模式」等五大核心性概念進行粗淺的解析。

一、一個中國原則「明晰化」

長期以來，兩岸雙方對於「一個中國原則」存在著對抗性的不同解釋，但這一對抗僅限於「政府合法性」的分歧。雙方對於「一個中國」概念所指涉的「人民」、「領土」的對象範圍完全重疊，而且雙方對於「世界上只有一個中國」、「台灣是中國之一部分」、「反對兩個中國、一中一台以及台灣獨立」的原則立場也是基本一致的。也就是說，雙方均認為中國的國家領土及主權完整不可分割。兩岸這一建立在「分歧加共識」基礎之上的「一個中國」原則立場，維繫了雙方幾十年「雖不滿意，卻可容忍」的競爭格局。

但是，80年代末以來，台灣方面的「一個中國」原則立場開始出現微妙的變化：逐漸從強調轉向迴避，又從迴避走向自相矛盾的否定，「一個中國」原則似已成為台方急欲擺脫的政治緊箍咒。按照台灣方面的說辭，「現今國際上普遍認為『一個中國』就是中華人民共和國」，在這種情況下如果台方仍繼續強調只有「一個中國」，無異於強化「台灣是中華人民共和國一部分」的認知，「中華民國」輕易地就被中華人民共和國「口頭吞併」，因此，必須儘量少談「一個中國」。為倡導此一主張，台最高領導人甚至公開表態，宣稱他「從來沒說過一個中國」。1993年以來台灣當局確實是儘量不談「一個中國」，即使談到「一個中國」，也是採取迴避、否定「一個中國」政治內涵，將「一個中國」的含義限定於歷史的、文化的、地理的、血緣的等非政治屬性上的手法。例如，兩岸是「歷史、地理、或文化含義的一個『中國』下，互不隸屬的兩個主權國家」（1993年11月）、「海峽兩岸是兩個分裂分治的國家」（1994年7月）、「與其去說『一個中國』，不如說『一個分治的中國』，就像現在的韓國，過去的德國或越南一樣」（1997年2月）。

筆者認為，兩岸之間的對抗或競爭並非領土、人民及其主權歸屬

之爭（至今為止，所謂的「中華民國憲法」所界定的領土、主權範圍與中華人民共和國憲法的相關界定仍是完全重疊的），而是一國之內的政權合法性、代表性之爭，因此，雙方之間的互不承認是敵對規則下的必然邏輯。為了走向和解，雙方在「合法性」問題上各持己見的同時，必須對國家的領土、人民、主權同一性有明晰的認知，這是最基本的共識基礎。兩岸間的任何一方因為內爭優勢喪失，就採取事實上分割國家領土與主權完整的政策行為，都只能被視為進一步走向激化而非緩和僵局的行動。

　　從國際政治的角度上看，維護與尊重國家主權領土完整仍然是當今世界秩序得以維持的基本規則，這一精神早已透過聯合國憲章得到國際社會的一致肯定。就連今天正致力於一體化進程的歐共體國家也仍對主權問題保持著高度的敏感性[2]。無數的國際衝突案例也清楚地表明，唯有主權關係明晰化才能真正確保地區與全球的安全穩定。基於這樣的國際規則，大陸方面長期以來一直堅持「一個中國」的原則立場，即使在相當困難的情況下也不接受所謂的「雙重承認」，並最終於1971年得到大多數聯合國會員國理解和支持。台灣當局的這種否定「一個中國」的政治存在，割裂中國主權、領土完整的行為，不僅誤導了台灣民眾的國家認同，助長「獨台」與「台獨」價值觀念，而且嚴重混淆了國際視聽，使原本國際間基本明確的「一個中國原則」模糊化、混亂化，不僅中國的國家安全受到嚴重的挑戰，亞太地區的國際穩定與秩序也受到直接的威脅。1996年春的「海峽危機」就是直接起因於此。

　　綜言之，「一個中國原則」是和平化解兩岸政治僵局的首要前提。「一個中國原則」明晰化就是雙方在「政權合法性」爭議完全解決之前，對兩岸領土、人民、主權完全重疊這一事實達成法理上的共識，在此基礎上雙方可以暫避敏感性政治符號，在平等與相互尊重的基礎上共同謀求國家政權的法理統一。1998年1月26日，大陸方面已就

此問題作出了明確的政策宣示③，期盼台灣方面能盡快作出正面的回應。

二、兩岸定位「結構功能化」

根據筆者個人觀察，台灣方面之所以否定他們長期以來也極力主張的「一個中國原則」，主要是因為台方在兩岸政治競爭中已完全失去主導權，為擺脫被動地位，取得與大陸方面相對等的地位，他們採取了兩岸關係定位「對等國家化」的策略，即所謂的「主權意義上的一個中國已不存在」，傳統意義上的一個中國已分裂成「中華民國」與中華人民共和國兩個互不隸屬的「主權國家」。顯然，這種定位既不切實際又非常危險。儘管如此，台灣方面對於兩岸關係定位問題的焦慮不安卻值得大陸方面認真體察，如果台方不能以國家形態繼續存在，那麼，在國家統一之前台灣的政治地位應該是什麼？台灣各政治勢力的現實利益能否得到有效保障？台灣民眾特殊的歷史與政治情感能否得到應有的尊重？

綜合歷史與現實的因素，筆者認為有兩個最基本的政治現實必須承認，這就是：第一，中華人民共和國取代「中華民國」成為國際社會普遍接受的代表中國的政治象徵；第二，所謂的「中華民國」政府架構仍實存於台灣，而且仍得到少數國際社會成員的承認。雖然兩岸雙方對於這兩個現實分別存在情感或法理上的保留，但現實畢竟是現實，任何有關兩岸關係現狀的定位方式都必須建立在這兩個最基本的現實基礎之上。現實的問題是，如何找出一種既不刻意矮化任何一方，又能兼顧「一個中國原則」的定位方式。

台灣方面曾經提出「一個國家，兩個政治實體」的定位模式，這一模式從形式上看，的確是一個值得思考的方案，遺憾的是，深入瞭解台方的有關論述，人們不難發現，台方所謂「一個國家」其實是

虛，而「兩個主權國家」才是實，這就違背了「一個中國原則」。根據政治系統論的觀點，無論是現存於台灣的政治系統還是現存於大陸的政治系統，都是中國政治體系不可或缺的組成部分，兩者均為中國政治體系中的「次體系」。但必須強調的是，由於綜合實力的明顯差異，兩個次體系的政治功能顯然是不能等量齊觀的。筆者認為，兩岸雙方在中國政治體系中的政治定位，除了定性的描述外，還可以在綜合實力計量的基礎上根據客觀存在的結構與功能進行定位。在此，筆者嘗試提出一種「球體國家」的概念。

如果將國家要素結構視為一個「球體」，那麼，每個「國家球體」的內在主體部分是由領土與人民兩個部分組成，建立在領土與人民之上的政權機構則是「國家球體」的「球面」，此一「球面」的對內約束功能為對內主權，對外交往功能為對外主權。據此，目前的「中國國家球體」是由大陸與台灣兩部分構成，「球體」的球面是由大陸政權（以下簡稱甲方）與台灣政權（以下簡稱乙方）這兩塊大小不同的「球面」構成，兩部分球面各自都由一定的內部主體支撐，同時也在大陸外分別行使既相互區隔又相互依存的對內對外功能。兩者間的功能區隔只是內戰狀態下的暫時現象，並沒有法理穩定性的保障，隨時都可能因競爭出現變化。這種暫時性區隔的持續是以「國家球體」的內在主體部分完整性不受損害為底線。

現代國際關係就是由近200個這樣的「國家球體」沿著一定的軌道相互作用著的關係總和。由於甲方的支持基礎是建立在98%以上的「中國國家球體」之上（人口、土地都超過98%）；而乙方的支持基礎只建立在不足2%的「中國國家球體」之上（人口與土地均不足2%），如此懸殊的比例決定了兩者所實際扮演的政治功能的差異性。姑且不論對內職能，僅就對外職能方面來看，甲方在大多數時空條件下都已實際代表整個「中國國家球體」行使主權國家的功能；而乙方由於質量太小而無法真正有效承擔對外主權功能，其功能在整體運動

中被甲方虛擬吸收是相當自然的事（國家主權不可分割性使然）。當然，無可否認的是，在極少數情況下，乙方如果企圖以「局部隆起」甚至「局部逸出」的方式與甲方在國際間競爭對外主權功能，則「中國國家球體」的運轉將發生顛簸或顫動現象，整個「國家球體」的內在結構與表面都將因此受到損害。由於乙方只是以局部方式的不正常「隆起」進行抗爭，並不能有效阻止「中國國家球體」的正常運轉，因此相對地也必然在國際關係的運行軌道中承受更大的壓力並受到更嚴重的「機械性輾壓」——90年代中期的「台海危機」已經證明，任何不顧政治現實謀求超額對外職能的行動只能對中國整體利益造成傷害，而台灣民眾更是最大的受害者。

三、交流交往制度「系統化」

1979年以來，隨著大陸外客觀環境的變遷以及兩岸政策環境的改變，支配兩岸關係的「對抗規則」逐漸隱去，促進兩岸融合的「合作規則」陸續彰顯：在經濟方面，前來大陸投資的台商企業已達4萬家左右，協議投資額約400億美元，兩岸年貿易額約200億美元。在文化方面，台灣的歌手在大陸「勁歌熱舞」，大陸的「歌仔戲」則登上了曾經炮火連天的金門舞台……與之相伴隨的，是一系列涉及兩岸的經濟糾紛、法律爭議、人身安全保障等問題的出現。雖然兩岸雙方都曾單方面制定了一些制度規則，但在許多情況下，這些單面性的制度規則並不能有效解決問題，兩岸整體性的「制度稀缺」現象相當普遍，兩岸交流交往的發展進程也因此受到較大的影響。

為此，兩岸雙方先後在90年代初授權成立民間性交流機構「海峽交流基金會」與「海峽兩岸關係協會」，就兩岸交流交往中衍生的「民間性、經濟性、功能性、事務性」問題展開「制度創新」。然而，這一旨在促使兩岸交流良性化的商談從一開始就困難重重。由於

雙方的「制度創新」是在敵對狀態尚未真正解除的情況下進行的，雙方在許多基本的政治認知、政治情感及政治價值觀念方面都存在很大的差異，其中最直接的分歧就在於兩岸關係如何定位、「一個中國」的政治內涵如何表述的問題。為營造兩岸交流交往的良好氣氛，大陸方面在雙方口頭達成「一個中國」共識的背景下，曾同意有條件地「暫不討論」「一個中國含義」問題，兩會商談因而取得了部分進展。然而，由於台方刻意將有條件的「暫不討論一個中國含義」曲解成在國際上擱置「一個中國」，並藉機在島內外大造「兩個中國」輿論，嚴重違背「一個中國原則」，兩岸兩會商談因此中斷，「對抗的規則」重新籠罩在兩岸關係之中。

經過50年的分離，兩岸在政治、經濟、文化等各方面都形成明顯的差異性，在這種情況下，統一目標的實現一定是一個長期的系統工程，期間必然要經過一個從低層到高層，從經濟整合到政治整合的艱難曲折的過渡時期，而經濟交流、人員往來正是目前最切實可行的互動形式，相關制度規則的建立十分迫切。但是，1992年至1995年間兩會商談的事實一再證明，在兩岸缺乏基本的互信與共識的情況下，兩岸兩會間單純的「民間性、經濟性、功能性、事務性」「制度創新」是難以取得實質性進展的。正如台灣《中國時報》社論所指出：「以兩會中斷談判前的諸議題來說，無論是刑事合作打擊犯罪、海上漁事糾紛、台商保障協定等，都涉及主權的認定，它同時也是政治談判的一環」④。

筆者認為，兩岸間的「制度創新」必須全方位地系統地進行，而目前的關鍵就在於「規則的規則」——國家共識的建立。從新制度經濟學的角度來看，制度規則既包括有形的法律條文，也包括人們心理層面的道德與觀念體系。在目前條件下，兩岸的制度創新應當是一個求同存異的過程，而非立即解決兩岸間所有懸而未決的政治歧見。具體來說，目前雙方可暫時避開「政權合法性」之爭，在承認兩岸分離

現狀的同時，共同確認中國的基本國家要素——人民、領土、主權的同一性。如前兩節所述，這一共識的確立並不一定以改變兩岸現有的對內、對外權力格局為前提，它基本上屬於國家觀念層次，因此，其確立過程甚至不必透過政治談判，只須經由兩岸政治接觸與對話即有可能實現。

四、外交空間安排「一體化」

兩岸在國際領域裡的競爭是大陸鬥爭的對外延續。長期以來，在顧及中國國家主權完整性的共同原則下，兩岸雙方都拒絕從法理上接受「雙重承認」的安排，雙方的競爭是一場「零和遊戲」，這在雙方武裝對峙的時期是天經地義的邏輯。可是，自1979年以來，「對抗的規則」已逐漸隱去，「和平的規則」已慢慢成為兩岸關係的主旋律，兩岸繼續在國際上進行「零和遊戲」不僅顯得特別不和諧，而且成為引發兩岸緊張的主要因素。為此，台灣方面有人提出了「外交休兵，兩岸雙贏」的呼聲，要求大陸方面停止在國際間「打壓」台灣的活動空間的行動。根據本人的實際接觸，有不少台灣政界及學界人士不斷指稱：「中國政府打壓台灣的國際生存空間，致使台灣民眾出國求學、旅遊、經商困難重重」。實際上，這些責難完全是本末倒置的。大陸方面早已公開宣布，對於台灣與其他國家間正常的經濟、文化交流並不持異議，相反，在可能的情況下，大陸方面還會給予積極的配合及協助，海灣戰爭期間中國駐當地使館同時協助兩岸中國人安全撤離的行動就是很好的證明。

筆者認為，「兩岸雙贏」的建議本身是值得肯定的，大陸方面推動「和平統一」的政策目標應當說正是為了實現兩岸的「雙贏」。問題的關鍵是，何謂「雙贏」？如果將這一概念定義在中華人民共和國從法理上承認「中華民國」為對等的「獨立主權國家」的話，恐怕沒

有人相信這會是大陸方面可能接受的「雙贏」！從「外交是內政的對外延續」這一基本原理出發，台灣方面的國際生存空間不應從國際社會中尋求，而應從中大陸部去尋找。只有兩岸之間達成最基本的政治一體化諒解（如前述三節），兩岸間的「外交休兵」才有條件，兩岸在國際生存空間安排上的「雙贏」才有可能。事實上，只要台灣當局停止在國際上製造「兩個中國」，回到兩岸與大陸方面進行政治對話或政治談判，達成「一個中國」共識，並建立起初步的一體化外交體系，台灣的對外活動空間不僅不會縮減，相反將會大幅擴增。兩岸一體的外交關係網絡將為台灣人民在國際上的活動提供廣闊的天地，台灣人民在國際上的權益將真正得到廣泛而有效的保障。具體來說，如果兩岸能在「一個中國原則」、「兩岸關係定位」等問題上達成基本的共識，雙方就有可能在最終統一之前先進行「共組使領館」、「共同參與國際組織」，甚至「共享聯合國席位」等方面的談判，初步實現對外關係的一體化。對於兩岸雙方來說，對外關係的初步一體化意味著雙方不必再消耗大量的資源在這種「不正常的外交競爭」上，既擴大了中國的整體國家利益，又不損及兩岸各自擁有的現行對外權力格局。

　　從國際與地區安全的角度來說，兩岸外交一體化有助於國際與地區秩序和平穩定的實現。正如台灣當局發表的文件所言：「許多國家承認『中華人民共和國是代表中國的唯一合法政府』，而這些國家又同意只有一個中國，台灣是中國的一部分」、「最近國際社會似已習慣稱呼中華人民共和國為中國」。⑤在這樣的國際現實秩序之下，台灣方面的「務實外交」衝撞只能被視為「Trouble.Maker」的角色，對和平穩定是一大威脅。對於國際秩序來說，兩岸外交一體化之後，國際上利用兩岸間不正常的「外交空間競爭」發生的「搭便車」行為也具有相當正面的意義。

五、和平統一模式「台灣化」

80年代以來，海內外中國人在解決兩岸問題上先後提出了幾十種「和平統一」模式，如「中華共同體」、「中華國協」、「奧運模式」、「屋頂理論」、「聯邦制」、「一國兩區」、「一國兩府」、「一中兩國」、「歐共體模式」、「德國模式」、「一國兩制」等。其中最具代表性的當推台灣方面提出的「德國模式」與大陸方面提出的「一國兩制」，這兩種模式分別代表著兩岸的主流觀點。

「德國模式」最先在80年代初由台灣學者提出，後來逐漸為台灣當局所採納。在1997年台「行政院新聞局」發表的《一個分治的中國》「說帖」中，「德國模式」正式成為台灣當局所追求的目標。毋庸諱言，台灣當局提出此一模式的核心就是要求大陸方面承認目前兩岸已分裂為「中華民國」與中華人民共和國這「兩個主權各自獨立的國家」，就像當年的德意志民主共和國與德意志聯邦共和國一樣。進而要求國際社會以「雙重承認」的方式同時承認台海雙方為「兩個主權互不隸屬的國家」。

我們認為，所謂「德國模式」的最大錯誤就在於類比失當，錯將台灣問題「德國化」。海峽兩岸的問題無論從性質還是從現狀來看都與「朝鮮-韓國」問題、東西德問題明顯不同，當年的東德與西德、今天的韓國與朝鮮並非「說帖」所比擬的「一個分治的德國」或「一個分治的韓國」，而是兩個地地道道的主權國家，中國人民斷不會接受這種「兩岸兩國」的主張。美國馬里蘭大學教授丘宏達認為，德國、韓國的情況與中國不同，這兩個國家的分裂均有國際協定牽涉在內，而中國並無此種情況；台海雙方的實力懸殊也非德國與韓國能比；而「雙重承認」的模式也已經實踐證明在兩岸間並不可行；「各國更不願將國際上大體已定案的『一個中國』——即由中共代表中國的事——又翻案，引起無謂糾紛，且危及國際和平、安定與繁榮」⑥。顯

然,「德國模式」並不適用於兩岸問題的解決。

我們認為,台灣問題的解決必須建立在兩岸最基本的政治現實上,同時兼顧雙方現實利益。比較各種和平統一模式,本人認為還是大陸方面提出的「一國兩制」模式更具合理性與可行性。在「一國兩制」之下,台灣現行的政治、經濟、社會制度基本維持不變,大陸方面將不派軍隊進入台灣,而且台灣將擁有遠高於香港特別行政區的外事權,也就是說台灣的實存地位基本上維持不變。由於不會發生領土、主權分裂與反分裂的嚴重衝突,「一國兩制」模式也將確保現有國際秩序基本維持不變。至於台灣當局為何一再強烈反對「一國兩制」模式?筆者認為有以下三方面原因,一是不能接受「中央對地方的安排」;二是不能接受以「一國兩制的香港模式」解決台灣問題;再有就是對中國政府會不會履行「一國兩制」政策存疑。對於這三方面的憂慮,筆者認為可以理解,但同時也必須指出,這些憂慮部分根源在於雙方溝通不良、互信不足以及台灣方面解讀錯誤。中國政府曾多次強調,兩岸之間的談判將會在平等與相互尊重的基礎上進行,不存在中央與地方的問題,事實上從90年代初的海峽兩岸「兩會」接觸談判的經驗來看,這種憂慮也是多餘的。「海協」唐樹備副會長在1998年1月26日的講話中再次具體表明了雙方平等協商的誠意,他說:「兩岸之間的談判並不需要以台灣承認中華人民共和國政府為中央政府為前提」⑦。對於台灣方面「反對以香港模式解決台灣問題」的觀點,我們認為,一方面,台灣方面沒有準確解讀大陸方面有關以「一國兩制」方式解決台灣問題的政策精神,另一方面,台灣島內有不少人簡單地將「一國兩制」的香港模式與仍有待海峽雙方談判確定的「一國兩制」台灣模式混同起來了。至於信心問題,「一國兩制」在香港的實施情況將是很好的實證。

筆者認為,「一國兩制」方針只是大陸方面提出的解決中國統一問題的原則性構想而已,其具體內容甚至名稱似可根據港澳台的實際

情況而作出不同的安排。與香港問題的解決過程一樣，這一構想在台灣的具體落實還需要兩岸雙方長時間的平等磋商才能解決，台灣方面的意見和主張也一定會在這一模式中得到應有的體現。只有經過台灣各界的充分討論，並充分吸收台灣各方面的意見與要求，使「和平統一」方式充分「台灣化」，「一國兩制」模式才有可能從構想變成現實可行的政治安排。

（原載《台灣研究集刊》）

註釋：

①恩格斯：《致康·施米特（1890年10月27日）》，《馬克思恩格斯選集》第四卷，人民出版社1974年版，第482頁。

②蔡英文：《從經濟整合談兩岸政治僵局之解決》，「在馬思垂克條約草擬期間，各參與國最大的禁忌是，『聯邦主義（Federalism）』或『聯邦（Federation）』或任何以F開頭的字都不能使用。可見主權一事在歐洲各國更進一步的整合中的敏感性。」文見1998年9月7日《台灣日報》主辦「邦聯問題研討會」。

③在1998年1月26日舉行的「紀念江澤民主席《為促進祖國統一大業的完成而繼續奮鬥》重要講話發表3週年」的座談會上，錢其琛表述了大陸方面關於「一個中國原則」的政策主張：「在統一之前，在處理兩岸關係事務中，特別是在兩岸談判中，堅持一個中國的原則，就是堅持世界上只有一個中國，台灣是中國的一部分，中國的主權和領土完整不能分割。」文見《人民日報（海外版）》1998年1月27日第1版。

④台灣《中國時報》1998年8月16日社論。

⑤台灣《聯合報》1997年2月22日，第1版。

⑥丘宏達：《一個中國才能維持和平》，台灣《遠見》雜誌1992

年10月。

⑦《人民日報（海外版）》，1998年1月27日，第4版。

海峽兩岸的利益衝突及對共同利益的尋求

李鵬

從利益的角度分析社會政治問題是政治學中一個重要的研究途徑。解決台灣問題，完成祖國統一大業是中國確定的新世紀三大任務之一。台灣問題除了關係到中華民族的偉大復興等民族根本目標以外，其出現、發展和未來解決無不涉及到諸多利益問題，因此對兩岸的利益關係進行具體分析，對協調和化解兩岸的利益衝突，探尋實現兩岸共同利益的途徑顯得尤為必要。

一、理論與分析架構

利益關係是人與人之間最基本的一種社會關係，它們是社會科學研究中的一個基本概念和核心問題。①在國家政治的實踐中，利益是政治的精髓，而且不受時間和空間的影響②，它是政府或執政當局制定和執行政策的基本前提和出發點。利益具有自我性和社會性的特點，一方面，利益的實現是各個主體的自我行為；另一方面，利益必須而且只有在社會交往中才能夠得以實現。利益的社會性決定了不同的利益主體之間必然會形成不同的利益關係，主要表現為共同利益和利益衝突的交織並存。我們可以從不同主體間的利益目標、利益內容和維護利益的手段三個方面來考察判斷各種利益關係的性質是共同利益還是利益衝突。

筆者依此認為，利益是海峽兩岸政策行為的最基本動因，利益關係是影響兩岸關係發展變化的最根本要素。台灣問題有著特殊的複雜性，它涉及到多方面多層次的利益關係，本文將從兩個層次上進行分析。從國際政治層面上看，台灣問題涉及到中華民族和全體中國人民的利益，與之相對是其他國家和民族的利益，以及反國家、反民族或者分裂國家和民族的行為，因此它牽涉到美、日等國際勢力和「台獨」分裂勢力的利益；從大陸層面上看，由於當前兩岸處於分離狀態，兩岸作為一個國家的兩個地區又有著各自不同的甚至是相互衝突的利益訴求，因此中國大陸政府和人民，台灣當局和台灣民眾又可以看作是相對獨立的利益主體，此外，兩岸內部各黨派、階層、團體也有自身的利益。台灣問題最終要順利解決，必須在兩個層次上同時兼顧中華民族、中國政府和人民、台灣當局和民眾、美日等國際勢力等主體的利益需求，實現利益資源的再分配，在兩岸和國際間形成一種公正、合理、穩定的利益關係。

在當前情況下，中國政府和台灣當局是所有涉及台灣問題的利益關係中最直接、最重要的利益主體，本文重點將他們作為分析的主體，將其他各方利益融入其中，從兩岸當局的利益關係入手，考察兩岸在台灣問題上的利益需求，分析雙方利益關係的性質，然後找出兩岸的利益衝突所在並尋求雙方共同的利益基礎，希望藉此找到協調利益衝突和實現兩岸和平合作的可行途徑。

二、兩岸的利益衝突與協調

（一）兩岸利益衝突的產生

利益衝突是指兩個或兩個以上的主體在目標上互不相容或互相排斥，從而產生政策或行為上的矛盾。它是伴隨著利益關係而存在的。

在現實中，每個利益主體都是「依據對自己的最佳戰略和自我利益的理性推算而獨立作出決定和採取行動」③，利益主體在追求自己的利益的同時就不可避免地會侵犯到別人的利益，利益衝突由此而生。一般來說，利益有核心利益、重要利益、一般利益和邊際利益之分。核心利益是關係到利益主體生存發展的最根本最重要的利益，也是最難妥協的利益，重要利益次之。兩個利益主體如果核心利益和重要利益一致，則發生衝突的可能性就較低，即使發生利益衝突也比較容易協調；如果核心和重要利益衝突對立而且長時間得不到解決，他們的關係就會長期處於緊張或對立狀態，很難有實質性的進展。目前的兩岸關係就是處於這種狀態。

台灣問題的出現是國共兩黨利益對立的產物。1949年國民黨政權敗逃台灣後，兩岸分離五十多年，在不同的政治制度和不同的社會環境下發展，形成了不同的利益訴求。1979年以來，隨著大陸經濟社會的發展、島內政治生態和國際形勢的變化，兩岸交流在很多領域取得長足進展，與此同時，兩岸在政治、安全、經濟、文化等領域都有矛盾出現，「一個中國」原則、「不放棄使用武力」、「務實外交」、「戒急用忍」、「文化台獨」等都引發了兩岸不同程度的利益對立。需要指出的是，兩岸間的這種利益對立很大程度上只是中國政府和台灣當局兩種政治勢力之間的對立，不能被簡單地認為是兩岸人民之間存在著根本利益衝突。

（二）兩岸利益衝突的表現

由於兩岸長期處於分離和敵對狀態，大陸和台灣的利益衝突表現在各個領域，本文將分析最主要的以下幾個方面：

1.「一個中國」與「台灣主權獨立」的衝突

「主權」問題對大陸和台灣來講都是最根本的核心利益，涉及到雙方政權的合法性、國家的統一和台灣的前途，雙方妥協的餘地很小，是影響兩岸關係最關鍵和具有決定意義的因素。蔣氏父子時代，中國黨和政府同台灣當局進行過長期的鬥爭，鬥爭的核心是誰代表中國。④此時的利益衝突主要表現為兩岸對中國的「主權代表」之爭，對「一個中國」和「中國主權完整」並沒有利益的對立。但90年代以後，李登輝逐步背棄一個中國原則，提出「兩個政治實體」、「兩岸分裂分治」、「特殊國與國關係」等一系列「主權分裂論」。2000年，陳水扁上台後，堅持台灣是一個「主權獨立的民主國家」，執政的民進黨「台獨」黨綱依然未作修改，其「台獨」性質也未改變。⑤台灣當局認為其維護的是「中華民國」的「國家利益」，台灣的命運只能由台灣人民自主決定，這些都同中國政府的認知和政策產生了直接衝突。

中國政府認為，台灣問題涉及到中國的主權、領土完整和國家安全。解決台灣問題，實現中國的完全統一，是中華民族的根本利益。⑥在國際社會中，世界上絕大多數國家均堅持一個中國政策，承認中國政府是代表全體中國人民的唯一合法政府。從國際政治意義上講，中國政府和人民所代表的利益也就是整個中華民族的利益。就大陸政治來說，世界上只有一個中國，大陸和台灣都屬於中國，中國的領土和主權不容分割。雖然兩岸處於分離狀態，但中國的主權和領土完整併沒有分裂。在此原則下，台灣是中國的一部分，根本沒有獨立的主權地位，台灣的地區利益和台灣的前途應該符合中華民族和全體中國人民的整體利益。鄧小平就曾經表示統一後的台灣作為「地區政府」，可以擁有「自己所獨有的某些權力」，但「條件是不能損害統一的國家的利益」。⑦

2.兩岸在台海安全戰略定位和維護安全手段上的矛

盾

　　安全問題也涉及到兩岸的核心利益。由於實力對比的懸殊和對台灣主權定位的認識不同，兩岸之間實際上是維持著一種不對稱的安全關係，這使兩岸對台海安全的戰略定位的認識以及維護台海安全的手段上存在著落差和對立。中國政府將台灣海峽的安全放在中國整體國家安全戰略和亞太安全戰略格局中考慮，認為台海的安全戰略要服從中國整體國家安全和發展戰略的需要。中國政府認為，台灣當局、「台獨」勢力和國外反華勢力的行為「嚴重破壞了海峽兩岸和平統一的基礎」，「嚴重損害了中國的主權和安全」，「危害了亞太地區的和平與穩定」，並宣布「三個如果」作為是否使用武力來維護主權和領土完整和實現國家的統一大業的條件。中國政府認為台灣的前途應該系於祖國的統一，台灣最終只有與大陸統一才能維持真正長久的安全。中國政府多次建議雙方「正式結束兩岸敵對狀態，逐漸實現和平統一進行談判」就是出於這一考慮。⑧

　　與此相對，台灣當局認為「中共武力犯台」才是對台灣「國家安全的最大威脅」⑨，統一併不能給台灣帶來安全，兩岸的「軍事平衡」才是台海和平的基礎。與大陸的安全關係關係到台灣當局的生死存亡，面對大陸「不承諾放棄使用武力」和「台獨即意味著戰爭」的威懾政策，台灣當局透過加強軍事力量和大量採購軍備來「平衡」大陸的「軍事壓力」，保護台灣的「安全」。由於將大陸作為威脅其安全的「假想敵」，中國國防預算的增加、軍事調動和演習都被台灣解讀為增加對台灣的「威脅」。在這種威脅的認識下，台灣當局將其安全利益同美、日等國際勢力的利益聯繫在一起。最近，台灣當局領導人在接受美國記者採訪時表示，美、日與台灣的軍事合作符合美、日的共同利益，美、日、台三「國」應該共同分工研發導彈防禦體系。這些都使中國政府認為台灣在執行「以武拒統」的政策，自然會加大

威懾的份量。循環往復，台灣進行「軍事平衡」的門檻不斷升高，雙方在軍事領域的不信任也會增強，台海地區的軍事危險係數也在增加。一旦政治領域有突發事件發生，很可能導致衝突的一觸即發，後果不堪設想。因此，台灣當局的作為實際上是一種「冷戰思維」，是在維持一種短視的「恐怖和平」。

3. 台灣當局「拓展國際生存空間」與中國政府涉台外交的矛盾

在「台灣是一個主權獨立的國家」的認知下，台灣當局表示「有外交才有國際地位，台灣不能不作外交，苦守『中華民國的世界』，而必須走出去，作『世界的中華民國』」，因此，台灣要「與其他國家建立正常的外交關係，加入各類國際組織，廣泛參與各項國際活動」。⑩台灣當局將「維護中華民國的主權與尊嚴，確保國家的生存與發展，保障國人在國際社會應享有之安全與福祉」作為其對外政策目標。為了凸顯其「國際地位和存在」，90年代以來，台灣當局在國際上推行「全方位的務實外交」，手段和花樣不斷翻新，希冀藉此「擴大台灣國際生存和發展空間」，這些活動均遭到了中國政府的強烈反對。中國政府認為，台灣當局的「務實外交」實際上是在國際上進行製造「兩個中國」和「一中一台」等分裂祖國的活動，所謂為台灣同胞爭取「生存和發展空間」完全是違背事實的藉口和混淆視聽的謊言。[11]與此同時，中國政府的反對與中國建交國與台灣「建交」、反對台灣參與聯合國等涉台外交活動也被台灣當局當作「中共對台灣的外交打壓和圍堵」，是台灣開展「外交」大障礙。兩岸在「外交」領域的日益衝突實際是兩岸主權爭議在國際社會的延伸。只要「主權」這個核心問題不解決，兩岸的這種「外交」鬥爭還會繼續下去。

4. 經貿投資領域的衝突

　　1949年以後，大陸和台灣一直處於軍事衝突和緊張的對峙狀態，兩岸的經貿往來基本中斷。1979年後，隨著兩岸關係的逐漸緩和，兩岸經貿關係也開始發展。中國政府從一開始就積極鼓勵兩岸發展經貿往來，1979年大陸就呼籲兩岸「相互之間完全應當發展貿易，互通有無，進行經濟交流」；國務院也制定了一系列規章制度以促進兩岸的經濟交流；江澤民在1995年1月30日講話中主張「不以政治分歧去影響、干擾經濟合作」，重申要「大力發展兩岸經濟交流與合作」。但是長期以來，台灣當局出於拖延統一的政治目的，對兩岸經貿往來設置種種人為障礙，實行「戒急用忍」政策，拒絕兩岸直接「三通」，不僅損害了兩岸人民的根本利益，也不利於兩岸關係的良性發展。由於台灣當局的干擾和限制，兩岸經貿的大部分潛力尚沒有被挖掘，兩岸的經濟關係也表現出單向性、間接性和不平衡性的特點，這些特點引發的最直接的問題就是大陸對台貿易呈現日益擴大的逆差狀態。但與政治安全領域相比，經貿領域並非核心利益，其衝突規模和烈度都比較有限，尚在控制之中。

5. 文化、社會等其他領域矛盾

　　50年的隔閡和政治對立導致兩岸社會交流和文化互動的不足，使雙方在社會心理、意識心態、文化生活等方面產生了一些差異和矛盾。由於台灣當局的長期負面宣傳並對兩岸交流設置種種障礙，兩岸文化交流合作和人員往來處於一種不全面、不通暢、不對等的狀態。台灣社會至今還存在著「恐共」、「防共」的心理，很多台灣民眾對大陸的政治制度不理解，對大陸的某些政策行為存在牴觸情緒和逆反心理。在文化上，中國認為「台灣文化無論從根源還是從其內容、素

質及存在方式和表現形態上都與中華文化屬於同一系統,就其本質而言,是中華文化的重要組成部分」。[12]而台灣當局為了否定中國文化在台灣的地位,割裂和重新解釋台灣文化與中國文化的關係,不斷推行「文化台獨」政策。他們透過修改教科書來減少中國歷史文化對台灣民眾的影響;推行「鄉土教育」、台灣方言教育,以弱化「國語」的地位,採用有別於漢語拼音的「通用拼音」;將海外僑胞區分為「華僑」和「台僑」來造成台灣有別於中國的印象。這些行為不僅有損於中華民族和全體中國人民的根本利益,還會造成兩岸社會和文化的進一步對立。

(三)兩岸利益衝突的協調和化解

瞭解利益衝突所在的最終目的是對它們進行處理,努力尋求協調和化解利益衝突的途徑。一般來說,促使衝突向合作的轉化是處理利益衝突的基本過程。這其中共有五種策略和方式可供選擇,用二維坐標表示如下:

圖1　利益衝突處理的二維模式

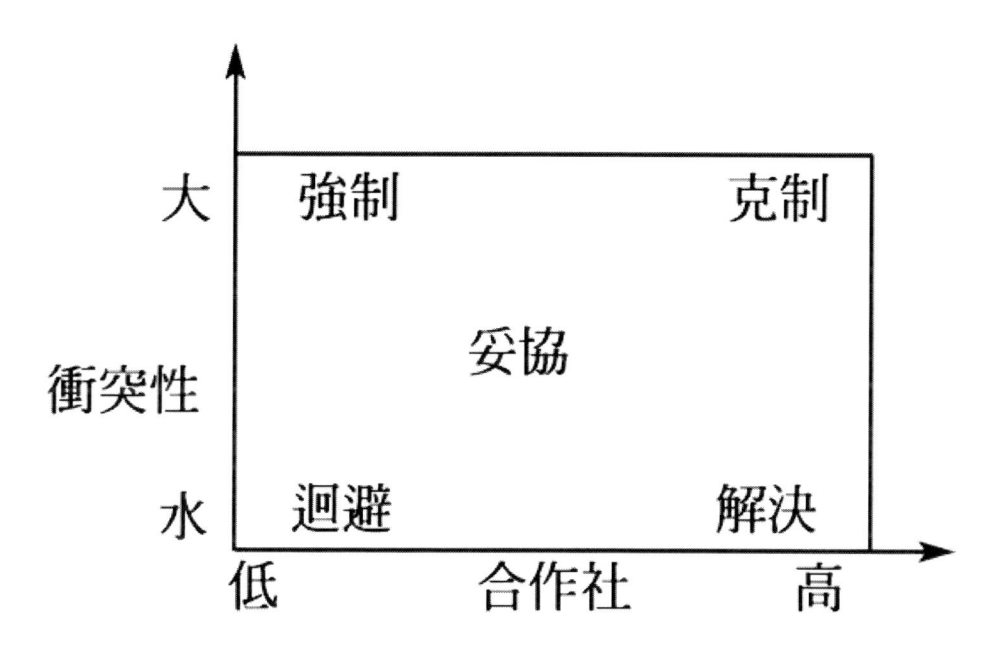

```
           ↑
   大    強制            克制
          
          
 衝突性         妥協
          
          
   水    迴避            解決
          ────────────────────→
        低    合作社     高
```

　　從圖表中我們得知，強制是一種利益衝突的激化，是為了自己的利益而犧牲別人的利益；迴避是一種對自己和別人利益的消極擱置；妥協是雙方都做出利益的讓步以尋找一種可被雙方接受的權宜之策；克制是犧牲自己的利益去滿足別人的利益；解決是經過坦率真誠的協商來達到雙方利益的共同實現。[13]具體適用哪種處理方式則需要根據利益衝突的實際情況而定。

　　從以上對兩岸利益衝突領域的分析中我們得知，主權、安全和外交對大陸和台灣來說都是最根本的利益，涉及到雙方政權的合法性、國家的前途和包括台灣同胞在內的全體中國人民的命運，兩岸這三個核心問題上存在著嚴重的利益對立，而且在短期內不太可能取得突破，是屬於合作性低而衝突性大的利益衝突。目前雙方的政策中都存在強制的成分，這很容易導致衝突的激化，因此需要雙方降低利益的衝突性、擴大合作性，保持最大限度的克制，尋找妥協的辦法。

　　在經貿、文化等領域的利益對立在很大程度上是政治安全領域的矛盾未能得到解決而波及到其他領域，它們自身並不存在本質上的對

立，衝突性不是太大，相反雙方合作的潛力巨大。因此，只要不將政治安全領域的衝突帶入其中，這些衝突還是比較容易妥協的，甚至可以找到最終解決的途徑。

降低利益的衝突性、發展合作性是緩和利益衝突、避免雙方衝突激化和維護發展兩岸和平合作的重要途徑，而雙方的合作性來自於共同的利益基礎，因此我們需要尋求和發展相互間的共同利益來對利益衝突進行平衡，努力實現兩岸間利益的再分配；否則，利益衝突的維持和繼續就有可能導致關係的惡化，甚至可能導致軍事衝突的發生。

三、共同利益與兩岸和平合作

（一）共同利益的形成

同利益衝突一樣，共同利益也是伴隨著利益關係而產生的。共同利益在本質上是構成利益關係的各個主體的利益相互重疊或相互吻合的部分，它表現為不同主體對利益資源的共享。利益的自我性決定了各個主體尋求共同利益的最終目的還是為了實現自身的利益。一般來說，共同利益有三種形成方式：第一種是由同一性利益重疊而形成的共同利益，即兩個或多個主體間的利益目標、性質和手段絕大部分或完全相同；第二種是互補性利益相互吻合而形成的共同利益，即利益主體的目標和性質雖然不同，但它們能夠在利益的交換中互為補充共同得利；第三種是從新的角度審視衝突利益而得到的共同利益，即在主觀認為的利益衝突中衍生出的一種能夠在客觀上滿足各方共同需求的次利益，但它並不能改變原有衝突利益的性質。這種共同利益隱藏在利益衝突之中，很難被發現和認識，但對緩和利益衝突能夠造成一定的作用，但它並不穩定，容易因情勢的變化而減少甚至消失。以下圖示就形象地說明了這三種共同利益的形成方式。

對共同利益形成方式的瞭解有助於我們挖掘和發現共同的利益基礎以實現在共同利益基礎上的合作。古希臘的修昔底德曾經指出，「利益的一致是國與國之間，個人與個人之間最牢靠的紐帶」。[14]對兩岸關係而言，利益的一致是雙方和平合作的基礎，共同利益有助於控制雙方過激的政策行為和台灣的分裂傾向，有助於雙方的團結合作。但共同利益本身並不必然帶來和平與合作。兩岸之間存在著深厚的地緣、歷史和人文淵源，在很多問題上都有共同的利益基礎，即使在核心利益衝突中也可以找到某些一致的方面。

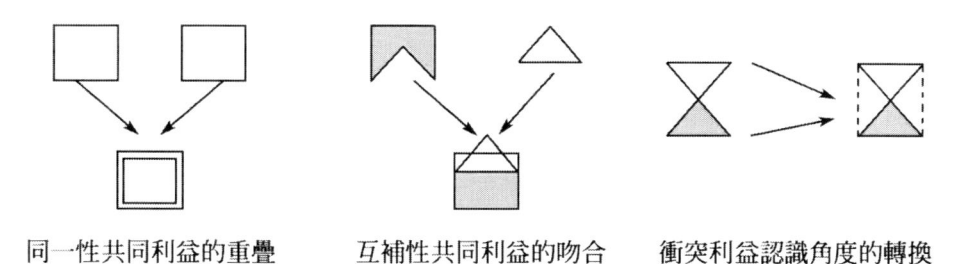

同一性共同利益的重疊　　互補性共同利益的吻合　　衝突利益認識角度的轉換

圖2　共同利益的三種形成方式

（二）兩岸共同的利益基礎

1. 兩岸在一個中國原則問題上曾經有過共同的利益基礎

　　一個中國原則曾經是兩岸關係發展中帶有全局性和戰略性的共同利益，但當前這一共同利益正在消失。在1958年由毛澤東起草的《再告台灣同胞書》中明確提到，「世界上只有一個中國，沒有兩個中國。這一點我們是一致的」。[15]在1979年《全國人大常委會告台灣同胞書》中，中國政府再次表明「台灣當局一貫堅持一個中國的立場，反對台灣獨立。這是我們共同的立場，合作的基礎」。[16]由此可見，

一個中國原則曾經是雙方同一性的共同利益，正是由於有這個共同的利益基礎，中國政府才提出以和平方式解決台灣問題的各項政策，80年代以來兩岸關係的緩和與穩定才可能實現，1993年和1998年的「汪辜會談」才得以舉行。在兩次「汪辜會談」中，雙方就各自以口頭方式表述「海峽兩岸均堅持一個中國原則」達成共識，並在此基礎上達成「兩會決定進行包括政治、經濟等各方面的對話」，「進一步加強兩會間的交流，包括兩會負責人等多層次的互訪」等四點共識。當前一個中國原則正面臨嚴峻挑戰，兩岸關係也處於微妙時期，這主要因為李登輝提出「兩國論」；陳水扁上台後又迴避和模糊一個中國原則，公然否定兩會「九二共識」，使兩岸失去了協商與合作的基礎。兩岸今後是否能夠恢復商談和緩和關係，依然有賴於是否存在一個中國原則的共同利益基礎。

2. 維護台海的和平與穩定是兩岸的共同願望，但雙方的主觀意圖並不一致

客觀上維持台海的和平與穩定是包括海峽兩岸在內整個亞太地區的共同利益，但這是從雙方利益衝突中衍生出的次利益一致，它的認識需要我們從新的角度來審視衝突的利益。兩岸都有維護台海地區的和平與穩定的利益需求，這種共同的需求在某種程度上有助於雙方控制其過激行為，但雙方的利益出發點和戰略考慮並不一樣。台灣當局將維護台海和平當作一種保證台灣生存與發展的政策目標，維持了台海的和平穩定就能夠保證台灣的「國家安全」。為此，陳水扁在其就職演說中作出「四不一沒有」的政治保證，大肆宣揚「兩岸關係穩定論」，提出兩岸建立「軍事互信機制」，並宣稱「軍事採購不是台灣防衛保障的唯一途徑，兩岸唯有透過建設性對話與關係的正常化，才能確保真正與永久的和平」[17]，其主要目的也就是要維護台灣所謂的

「國家安全」。對中國政府來說，維護台海和平能夠給中國的現代化建設創造一個和平穩定的周邊環境，但求和平求發展並不能以犧牲國家統一為代價，和平狀態的維持是以台灣不宣布獨立為前提的。中國政府表示「盡一切可能實現和平統一」並不表明放棄使用武力的選擇。兩岸間這種「不獨不武」和「不武不獨」的對立宣示以及雙方對台海和平的客觀需要即使在一定時期雖然能夠保持台海地區的和平狀態，但這種狀態並不穩定，只要台灣當局向獨立的道路邁出實質的步伐，和平將得不到保證。

3. 共同促進兩岸經濟社會的繁榮和發展有利於兩岸人民的利益

兩岸經濟的交流與合作，有利於「兩岸經濟的共同繁榮」，可以「造福於整個中華民族」。[18]1979年以來，隨著大陸的改革開放和台灣經濟的迅速發展，兩岸經貿往來從復甦到興起，形成了一種既競爭又互補的關係，其中以互補最為明顯。近20多年來，兩岸經貿關係取得了長足發展，兩岸經濟關係的相互依存度也不斷增強，經貿領域已經成為兩岸共同利益最為集中的領域。就連台灣「陸委會主委」蔡英文也承認，兩岸「貿易與投資的增長」，「一方面增加兩岸相互依賴的程度」，另一方面「兩岸從長期以來依賴對峙僵化的局面」中，「已經開始發展出共同的經濟利益」。[19]兩岸共同經濟利益的發展，反過來又促進了兩岸各自經濟的發展。從台灣經濟來看，90年代以來，台灣經濟增長速度的保持和經濟構的調整，在很大程度上得益於與大陸經濟聯繫的擴大和發展，廣大台灣同胞特別是工商界人士越來越認識到發展兩岸經濟交流與合作是台灣經濟自身發展的內在需要；從大陸經濟來看，台商在大陸的投資促進了地方經濟的發展，增加了就業機會，提高了大陸企業的技術和管理水平，也為大陸產品擴大了

市場。[20]因此,兩岸發展經貿往來,既符合兩岸人民的利益,也符合中華民族的整體利益。從另一個角度看,經濟領域共同利益的存在也為防止政治安全領域的矛盾激化造成了一定的制約作用。

4. 加強文化交流,共同促進中華文化的傳承與發展符合兩岸人民的利益

兩岸在文化上的利益既有同一性又有互補性。無論台灣當局怎樣推行「文化台獨」的政策,台灣文化的根在大陸,中華文化在台灣的特殊地位在很長一段時間內依然不會有根本性的動搖。台灣本土文化要發展,就需要不斷從中華文化的博大精深的歷史積澱中去汲取養分,這是推動兩岸文化交流的內在動力,兩岸人民也可以在文化資源的擴充與互補中得到實惠。而且中華文化的傳承與發展也需要包括台灣同胞在內的全體中國人的共同努力。因此文化交流就成為是兩岸人民共同體驗和感受兩岸文化的同根同源性,進而增強兩岸人民民族凝聚力的重要途徑。同時,文化對政治、經濟、軍事的發展有著巨大的能動作用,文化領域的交流發展對緩和兩岸政治僵局、促進人民的互相瞭解和信任、擴大經貿合作和避免軍事衝突都具有一定的積極意義。

(三)共同利益的實現

從上面的分析中我們知道,兩岸關係各個領域都曾經或者依然存在著共同的利益基礎,但兩岸在一個中國原則與台海安全等核心領域的共同利益基礎遠遠不足以超越利益衝突。因此,兩岸的共同利益基礎並不穩固,兩岸合作的深度和廣度都遠遠不夠,這些都為我們繼續尋求和挖掘共同利益提出了挑戰。

兩岸間共同利益的實現並不是兩岸間簡單的利益妥協，更不是對中華民族的總體利益進行平均分配，它的實現取決於主觀和客觀兩個方面，即兩岸一致性共同利益基礎的客觀存在以及雙方當局對共同利益的主觀認識和進行合作的善意與誠意。這就需要兩岸當局對利益進行判斷。共同利益並非直接產生於大陸或台灣一方的自行決定或對價值的直接判斷，它要求雙方不僅瞭解自己的利益所在，更要對對方的利益進行分析判斷，以找出雙方同一性、互補性和利益衝突情況下的共同利益。一般來說，認識自己一方的利益相對比較容易，但對對方利益的認識由於受到各種因素的影響和制約容易發生偏差，從而導致共同利益的埋沒和利益衝突的產生。就兩岸來說，尋求共同利益的實現需要注意以下幾點：

　　首先，兩岸特別是台灣當局應該認識到，一個中國原則是穩定兩岸關係現狀和發展兩岸合作所必須的最根本性的共同利益，是其他各種利益能夠得以實現的基礎和保證。一個中國原則和其他領域的共同利益就像汽車的方向盤和車輪，二者協調配合才能夠推動兩岸關係的良性發展，如果方向盤失靈，即使車輪運轉再好，兩岸最終也有撞車的危險。因此，雙方要從曾經有過的共同利益基礎和維護台海和平安全的共同需要出發，盡一切可能首先在主權與安全這兩個核心利益問題上尋找雙方都能夠接受的利益分配方案。

　　其次，兩岸應當降低敵意，互相尊重，增進信任，真正體現善意和誠意。雙方都應該將尋求和發展共同利益作為指導政策行動的重要出發點，特別是要善於從利益衝突中探尋雙方共同的利益需求，然後從此出發，探索雙方減少對抗和發展合作的可能。這就需要雙方改變對抗性的思維方式，多從「善」的角度思考對方的政策作為，多從積極方面對對方進行政策和利益激勵，讓兩岸同胞都瞭解到統一所能夠帶來的利益；同時在共同利益的指引下，透過多渠道多形式加強兩岸人民的交往和相互瞭解，因為唯有相互瞭解才能增進信任，加強合

作。

最後，從各個方面特別是從經貿領域繼續擴大兩岸間的相互依存度，力爭實現兩岸經濟整合，形成經濟利益共同體。經貿利益是當前兩岸關係中比較現實和穩定的共同利益。近年來，兩岸經貿交流與合作飛躍發展，兩岸在結構上已經形成一種錯綜複雜的互補協作關係，經濟整合程度越來越高。如果在此基礎上繼續朝向「經濟共同體」的方向努力，必將有助於引導兩岸關係向好的方向發展。

總而言之，利益衝突與共同利益在一定時期內仍將繼續同時存在於兩岸關係的各個領域。兩岸關係的改善和良性發展取決於我們在兩個方面的努力，不僅要懂得如何協調和消弭利益衝突，更需要我們主動去挖掘共同的利益基礎，尋求共同利益的實現，減少兩岸發生衝突的可能性，降低各種衝突的烈度，最終保證祖國統一大業的完成和兩岸和平的實現。

（原載《台灣研究集刊》）

註釋：

①（德）馬克斯·韋伯：《宗教社會學論文集》，德國：莫爾出版社1920年版，第252頁；方紹偉：《利益關係均衡論》，《中國社會科學季刊》，1993年8月第三卷，第71頁。

②Hans Morgenthau，POLITICS AMONG NATIONS：The Struggle for Power and Peace，Sixth Edition，（New York：Alfred A.Knopf，1985），p.10.

③（美）卡爾·多伊奇：《國際關係分析》，世界知識出版社1992年版，第183頁。

④中共中央台辦、國務院台辦：《中國台灣問題》，九州出版社1998年版，第106頁。

⑤林勁：《民進黨大陸政策的演變》，《台灣研究集刊》，2001年第1期，第8頁。

⑥《一個中國的原則與台灣問題》，www.peopledaily.com.cn/GB/chan-nel1/topic1490/。

⑦《鄧小平文選》第三卷，人民出版社1993年版，第30頁。

（8）《人民日報》1995年1月31日。

⑨台灣：《國防報告書2000年版》，www.mnd.gov.tw。

⑩田弘茂：「外交施政報告（2001.3.12，2000.6.5）」，www.mofa.gov.tw/newmofa/index.htm。

[11]《中國台灣問題》，第186-189頁。

[12]《中國台灣問題》，第33頁。

[13]孫彤主編：《組織行為學教程》，高等教育出版社1990年版，第157-158頁。

[14]（美）漢斯·摩根索：《國際縱橫策論》，上海譯文出版社1995年版，第11頁。

[15]《人民日報》1958年10月26日。

[16]《人民日報》1979年1月1口。

[17]鳳凰網2001年5月30日。

[18]《人民日報》1995年1月31日。

[19]台灣《聯合報》2001年4月16日。

[20]《中國台灣問題》，第131-132頁。

2004年台灣大選之後兩岸關係的走向

林勁

　　2004年3月20日，台灣舉行「中華民國第十一屆總統、副總統選舉」，民進黨籍候選人陳水扁、呂秀蓮以極為微小的差距勝選連任。選後台灣政壇立即爆發了圍繞選舉過程及結果出現的一系列問題的激烈抗爭，這一抗爭表現為大規模街頭集會抗議衝突與選舉訴訟，4月中旬後轉入司法程序，至今選舉爭議問題尚未解決。台灣政壇的動盪不安掩蓋不了大選之後兩岸關係極為嚴峻的形勢，「5·20」之後，兩岸關係危機似未升級為立即的台海緊張局勢。本文擬就2004年台灣大選之後的兩岸關係走向作一初步的分析。

一、陳水扁執政四年推行「台獨」分裂路線，持續衝擊兩岸關係

　　考察陳水扁及民進黨執政四年的兩岸關係狀態是分析2004年大選之後兩岸關係走向的基礎和出發點。

　　在2000年台灣大選中，國民黨的空前分裂致使陳水扁以微弱優勢僥倖獲勝，民進黨上台執政。因此，大陸無疑直接面對的是一個尚未放棄「台獨」黨綱、企圖分裂自己國土的政黨，這勢必加劇由李登輝推出「兩國論」所造成的兩岸分離50年來最嚴重的危機；陳水扁的勝選客觀上助長了海內外「台獨」勢力的氣焰，更使國際反華勢力獲得干涉中大陸政的可趁之機。四年來，兩岸關係政治僵局一直未能突破，危機一再出現。基於多方面的壓力及穩固權力地位的需要，陳水扁在勝選之後與上台初期發表一些不同於以往政治立場的談話，並在「5·20」就職演說中作出「四不一沒有」承諾。其後事實證明，陳水扁

仍然堅持「台獨」立場，推行分裂主義路線，導致兩岸關係政治僵局一直未能突破，危機一再出現，主要體現為以下五個方面：

1.四年來，陳水扁從迴避「一個中國」原則，否定兩岸兩會達成的各自以口頭方式表述「海峽兩岸均堅持一個中國原則」的「九二共識」，以至公開否定「一個中國」原則，不僅使兩岸無法恢復接觸對話，而且引發了台灣政壇朝野的對立。進而在2002年8月提出「一邊一國論」，公然挑戰「一個中國」原則，再次惡化兩岸關係，造成台海局勢的緊張。

2.四年來，陳水扁及民進黨當局在各個領域推行「漸進式台獨」路線，在文化教育方面實施「去中國化」政策，強調「台灣主體」意識，不斷進行歪曲、醜化中國的宣傳，把「愛台灣」與「愛中國」對立起來，加劇台灣社會的省籍、族群矛盾。

3.四年來，陳水扁不僅違背其就職演說作出的「四不一沒有」的承諾，而且公開支持「台灣正名」運動，推動「公投立法」，為推行「台獨」分裂主義路線奠定法律基礎，並且不顧海內外的強烈反對，執意舉辦針對大陸的所謂「防禦性公投」，甚至公然提出了「公投制憲」的「台獨時間表」，即2006年完成「公投制憲」，2008年實施「新憲法」，以「新的國家形式」出現，使台灣成為「正常完整的國家」，這無疑將把兩岸推到戰爭的邊緣。

4.四年來，陳水扁及民進黨當局調整台灣「外交」體制和政策，實施「全面參與國際社會」戰略，不惜花費大量的人力，財力資源，全方位地推動加入聯合國及政府間國際組織的活動。近年著力於推動台灣加入世界衛生組織，企圖在國際社會製造「台灣為一主權國家」的事實和「兩個中國」、「一中一台」的局面。

5.陳水扁及民進黨與李登輝主導的台聯黨沆瀣一氣，形成「泛綠陣營」，大幅提升「台獨」分裂勢力的聲勢，致使台灣社會「台獨」

意識蔓延，陳水扁及民進黨當局縱容、支持台聯黨肆無忌憚地進行極端的本土主義和分裂主義的宣傳和活動，並且與其合作舉辦了若干大規模的群眾活動，造成極為惡劣的影響。

陳水扁之所以堅持「台獨」分裂主義路線，原因是多方面的：

首先，陳水扁所代表的政治勢力及其社會基礎的相關政治立場及個人政治傾向並未因上台執政而根本改變。一方面，陳水扁上台提升「台獨」氣勢，另一方面，極端「台獨」勢力逼使陳水扁推行其路線，相互激盪、相輔相成。

其次，在台灣政黨輪替之後，陳水扁從李登輝承繼的兩岸關係的既有狀況未有實現突破的主觀意願和客觀環境，兩岸敵對狀態尚未結束，嚴重缺乏互信，「兩國論」的危機並未消除，兩岸互動的基礎遭受衝擊，而陳水扁及台灣當局繼續沿襲李登輝路線，未能改弦更張。

再次，美國政府對台政策的調整，增加軍備售台，加強美台軍事關係。小布希上台後中美關係的幾度緊張，陳水扁出訪過境美國接待規格的提升，使台灣當局備受鼓舞、抱持幻想，認為美國是台灣「最穩定的靠山」，「目前是美台關係最好的時刻」，以為國際形勢的演變將有利於其在兩岸關係方面路線的推行。

二、2004年大選的過程和結果加劇兩岸關係的危機

（一）2004年大選過程嚴重衝擊兩岸關係

2004年三月大選雖然是台灣內部最高權力的重新分配，是政黨之間的競爭，但由於台灣政治發展與兩岸關係密切相關且四年來兩岸政治僵局無法突破，並且此次大選與所謂「防禦性公投」捆綁進行，所以大選的過程和結果勢必對兩岸關係造成一定衝擊：

首先，兩岸關係的議題（統獨、省籍、族群等方面的議題以及「公投」、「制憲」等議題都涉及兩岸關係）仍然是2004年大選的重要競選訴求，甚至是最為激烈的焦點問題。候選人的極力炒作、宣傳造勢和尖銳交鋒不僅影響台灣社會和民眾的認知、情緒和感情，而且直接影響兩岸關係的互動。朝野政黨圍繞選情激盪此類議題，逐步升級。陳水扁宣稱，此次選舉是「一邊一國」與「一個中國」的對決、「選1號等於選台灣人、選2號等於選中國人」，這些言論都把大選與兩岸關係掛上。

其次，陳水扁及民進黨企圖從兩岸關係議題的炒作上獲取選舉的最大利益。換言之，就是企圖把大陸方面拉入台灣大選中，逼使大陸不得不表明立場，透過大陸對競選過程動態的反應來爭取選民，以期獲得好處，前兩次大選都曾出現類似狀況，有跡可循，此次更是為了激怒大陸而不惜惡化兩岸關係。

第三，陳水扁不顧海內外的強烈反對，執意與大選捆綁舉辦的所謂的「防禦性公投」，所針對的目標就是大陸；關於「防禦性公投」的宣傳造勢過程，就是挑動台灣民眾敵視大陸、煽起民粹情愫的過程；「防禦性公投」的舉辦實質上把台灣民眾推至兩岸對立的第一線，儘管此次「防禦性公投」因參與投票者未過選民半數而告無效，但其實施對台灣民眾心態的影響及對兩岸關係的衝擊，是不可低估的。

（二）2004年大選之後兩岸關係潛伏著高度危機

由於大選與「防禦性公投」捆綁進行，使大陸對「公投」的反應處於兩難境地，既要表明立場，又要避免被台灣民眾誤解為「干預選舉」，更要避免被利用而影響選情。選後台灣朝野圍繞選舉結果引發激烈的抗爭，政局動盪似乎暫時掩蓋了兩岸關係的緊張，實際上，大

選之後的兩岸關係潛伏著高度危機：

1.陳水扁在競選過程中提出了「公投制憲」的「台獨時間表」，即在下一任期內完成，並且在「3·20」之後多次向外國媒體表示要不惜戰爭推動「公投制憲」。倘若他以推動「防禦性公投」的姿態，一意孤行，堅持兌現這一承諾，那麼台海必將爆發戰爭，造成災難性後果。

2.與四年前相比，兩岸關係的危機累積且加深，陳水扁的政治傾向和善變性格不可能改變，加上對形勢的誤判和危機嚴重性認識不足；而且陳水扁已沒有首次「政黨輪替」的壓力和困境，台灣內部似乎也沒有足夠的力量可以制約其走危險的路線，因此只能依靠外力來加以制約，外力無非就是大陸，或是美國。

3.與四年前相比，大陸已不抱予任何期待，四年來兩岸關係的走向已使大陸深切意識到事態已到幾近攤牌的地步，做了相關的各方面應對準備。

選後美國政府已經意識到台海危機有著一觸即發的可能，因此再三強調雙方要克制，並且要求台灣當局要把「四不一沒有」落實到具體政策。美國學者蘭普頓和李侃如合著的專文認為，近來維持台海穩定的和平架構逐漸解體，台海兩岸爆發戰爭的可能性將日益升高，而美國也很可能會被迫捲入這場相信是相當慘烈的戰爭。美國眾院亞太小組委員會主席李奇呼籲台海各方應該保持最大程度的審慎，未來四年是決定兩岸問題如何解決的關鍵時期，台海局勢中的不穩定因素令人擔憂。

此次大選的過程和結果及相關抗爭嚴重損害台灣的國際形象，而2003年以來台灣當局推動「公投立法」及「防禦性公投」的一系列行為，大大降低國際社會對台灣當局的信任度。在選後的兩岸關係政策上，台灣當局如何應對大陸和美國的壓力，將是問題的關鍵。

三、「5·20」之後兩岸關係進入僵持狀態，危機尚未消除

（一）2004年大選的結果無疑對今後一個時期的兩岸關係走向將產生一定程度的影響，但總體形勢不會改變

1.根據國際的基本格局及現階段大陸的國際地位和兩岸的實力對比，不管誰在2004年台灣大選中獲勝，都無法改變兩岸關係及中美台關係的基本格局，無法改變台灣問題的本質，大陸有實力維護這一格局不被改變，但付出的代價不同，甚至是「不惜一切代價」。

2.美國絲毫不會放鬆對台灣的控制，不管是誰勝選，都將把美台關係作為台灣對外關係的基石，必須服從於美國在亞太地區的戰略利益，不能成為「麻煩製造者」。而現階段美國的兩岸政策就是台海現狀不被片面改變，維持不統不獨的局面，這符合現階段美國的亞太戰略利益。

3.台灣社會希望和平、穩定、發展的主流民意取向不可能改變，兩岸經貿及民間的各方面交流交往將會持續發展，這是任何人也無法阻擋的。然而進程將因當選人不同，採取的相關政策及兩岸互動狀況不同而有差異，甚至可能差異很大，但是，不論差異再大，也只能是延緩或者阻滯進程而已，並無法改變方向。

（二）「5·17」聲明表明大陸對台方針政策的基本框架不變

由於大選之後台灣朝野圍繞選舉過程及結果引發激烈的抗爭，並進入冗長的司法程序，大陸直至5月17日就當前兩岸關係發表聲明，清

晰地表明對台灣新當局的基本立場。這一聲明由中共中央台辦、國務院台辦受權發表，代表中共中央和國務院，屬最高層級的政策宣示；選擇在台灣朝野圍繞選舉抗爭尚未結束，且「5·20」就職在即的時間點，即表明對「5·20就職演說」不期待也不相信，也表明對「5·20」就職的質疑；這一聲明包括「五個絕不」、「兩條道路」和「七項光明前景」，目的在於規範即將上任的台灣當局領導人今後在兩岸關係的政策走向，明確告知不能踰越的底線和可供選擇的兩條道路，具有警告的性質，不允許有犯錯的迴旋空間；這一聲明認定目前兩岸關係形勢極為嚴峻，反「台獨」是當前最緊迫的任務，並且昭告國際社會及兩岸人民，表明要緊緊把握兩岸關係的主導權。

「5·17」聲明表明大陸對台方針政策的基本框架不變，即總體戰略不會調整：

1.堅持「一個中國」原則，這一底線不能棄守，這是解決台灣問題的合法性、正當性基礎。

2.將以最大誠意、盡最大努力實現和平統一、不承諾放棄使用武力、不惜一切代價地反對分裂主義行徑、「徹底粉碎台獨分裂圖謀」。

3.繼續推動兩岸經貿關係和民間各方面交流交往的發展，包括兩岸「三通」的實現。

4.繼續做爭取台灣民心的工作，寄希望於台灣人民，這是解決台灣問題的基點，不論是以何種方式解決台灣問題，都必須實施的方針。

（三）「5·17」聲明體現了大陸因應形勢變化的需要而調整了對台工作的思路與策略

1.把握和處理與台灣問題相關的若干方面的辯證關係：解決台灣問題與經濟發展戰略機遇期的關係，維護主權和領土完整，排除外來幹擾成為全面建設小康社會、民族振興的重要前提。應對台灣當局推行「公投制憲」「台獨時間表」與北京承辦2008年奧運會的關係。解決台灣問題與中國國際地位與形象的關係，嚴正地宣示「沒有任何事情比捍衛自己國家的主權和領土完整更為重要」。

2.全方位地展開遏制「台獨」的鬥爭，包括運用政治、軍事、法律、外交等方面的手段。

3.不再有幻想和期待，不再有被動應對的顧慮和包袱，做好準備，根據事態的發展予以果斷應對。

（四）「5·17」聲明發表後兩岸關係進入一個僵持的緩衝時段

「5·17」聲明發表後，在大陸和美國的強大壓力下，陳水扁在其後「5·20就職演說」中被迫表示放棄「公投制憲」計劃，宣稱「將依循現行憲法及增修條文的規定」進行「憲政改造」，表示「涉及國家主權、領土及統獨的議題，目前在台灣社會尚未形成絕大多數的共識」，「建議這些議題不宜在此次憲改的範圍之內」，並且以含混的表述表示繼續遵守「四不一沒有」承諾，聲稱「2000年『5·20』就職演說所揭櫫的原則和承諾，過去四年沒有改變，未來四年也不會改變」。應當看到，陳水扁貫穿其就職演說的政策基調仍然是「一邊一國」，在「憲改」、「公投」等問題上留下不少伏筆。然而，總體而言，陳水扁的策略性退卻使台海暫時避免立即發生嚴重衝突的危險，兩岸關係進入一個僵持的緩衝時段，今後幾個重大事件將使這一時段維持至年底：

1.台灣政壇圍繞三月大選的抗爭仍在持續之中,「3·19」槍擊案真相調查機構成立的糾紛、選舉訴訟的司法審判尚未塵埃落定,這將影響朝野兩大陣營的分化組合,即台灣政黨格局的演變。內部的嚴重抗爭將致台灣政局動盪不安,轉移了各大政治勢力對兩岸關係的注意力。

2.年底「立委」競選全面展開,對於兩大陣營的各個政黨來說,此次選舉的結果都具有相當重要的意義,「泛綠陣營」力爭席位過半,尤其是民進黨亟欲最大限度地增加席位,以利於今後三年半的施政,因此穩定台海局勢、營造有利的競選條件和環境是極為重要的。

3.美國總統大選進入關鍵時期,尋求連任的布希政府不斷對陳水扁及台灣當局施壓,迫其保持低調,避免刺激挑釁大陸、在兩岸關係上製造新的麻煩,影響中美關係的穩定,從而衝擊其選情。

四、今後一個時期兩岸關係危機仍然時起時伏,反「台獨」、反分裂乃是重要任務

2005年初,台灣新一屆「立委」選舉結束,三月大選的朝野抗爭將暫告一個段落,美國新一屆政府將就職上台,兩岸關係問題將再度突顯出來,焦點集中於陳水扁及台灣當局透過「憲改」及其他方面推行分裂主義路線,主要將體現在以下若干方面:

1.一個時期以來,「台獨」分裂勢力把2006-2008年視為推行分裂主義路線、實現政治目標的可能性,因為時間的推移對台灣是不利的,「台獨」分裂勢力的急迫感使其出現焦慮、躁動、歇斯底里的症狀,不斷有激烈的言辭和挑釁行為以及不惜一搏的姿態出現,這勢必一再衝擊而惡化兩岸關係。

2.利用一切可能時機和場合,以某種形式變相地改變「國號」,

為「台灣」正名，突出「台灣」名稱，叫囂「中華民國就是台灣」，簡稱「台灣」。近期變相更改「國號」的動作頻頻、定位問題突出，朝野似有趨於一致的跡象，這與界定事實主權範圍是一體兩面的。這使大陸面臨應對的難度：一是，台灣當局的行徑並非正式修改「國號」；二是，大陸並不承認「中華民國」的存在；三是，定位問題尚未解決，這一作法在台灣有一定的民意基礎；四是，大陸亦使用「台灣」的稱呼，如「台灣同胞」、「台灣當局」，誠然這是以「省份」、地方政府的定位稱呼，但台灣當局藉此加以混淆。

3.透過「憲改」推行分裂主義路線，今年8月台灣「立法院」臨時會三讀通過「公投入憲」的修憲案，這有利於陳水扁及台灣當局推動「憲改」以代表主流民意進行「修憲」，逼使在野勢力就範配合，透過朝野互動、相互激盪、逐步升級，推出所謂「合時、合身、合用」的「憲法」，核心是把「維持現狀」法理化，圍繞的是「事實主權範圍」，在「憲法」得以確認，藉「憲改」之名，以「修憲」方式，完成實質「變更領土」的目標。

4.以「一邊一國」作為政策框架，持續推行「漸進式台獨」路線，尤其以「台灣主體」作為「國民意識」培養和青少年教育的基礎，這種「釜底抽薪」的作用是不可輕忽的。

5.在對外關係領域，繼續推動加入國際組織，重點仍然是加入世界衛生組織（WHO）的相關活動，繼續透過全方位外交手段進一步推動提升與美、日的各方面關係，尤其是提升美台軍事關係，並且著手遊說美國國會和政府，力圖推動其檢討「一中」政策。

因此，今後一個時期，兩岸關係將處於危機時起時伏的不穩定狀態，全方位地反對「台獨」行徑，將是大陸對台工作的一項重要任務。

第二篇　海峽兩岸關係中的國際因素

國際關係理論運用於兩岸關係研究中的侷限——以張亞中的「兩岸治理」、「兩岸共同體」和「兩岸三席」理論為例

李鵬

　　1990年代以來，隨著國際關係學在中國的長足發展，以及大陸學者對國際關係理論研究的不斷深入，一些受過正規國際關係理論訓練的青年學者陸續進入台灣研究領域；而在台灣，多數研究兩岸關係的學者在島內或海外也受過系統的國際關係理論訓練，甚至在研究兩岸關係的同時也從事國際問題的研究。這就使得兩岸不少學者在研究兩岸關係時自覺不自覺地會運用到國際關係的理論和方法，台灣的學者表現得尤為明顯。近日，台灣南華大學亞太研究所所長張亞中教授的新書《全球化與兩岸統合》出版（2003年4月台灣聯經出版事業股份有限公司第一版）。在書中，張教授不僅將兩岸關係置於全球化的背景下考察，還運用了國際關係中的現實主義理論、新自由主義理論、建構主義理論和全球治理、歐洲治理等理論來提出他的「兩岸治理」、「兩岸共同體」和「兩岸三席」理論，本文即試圖以此為例來評述國際關係理論運用於兩岸關係研究中的侷限。

一、國際關係理論的性質與運用

對於什麼是理論，學術界向來就有爭論。比較權威的是美國政治學家肯尼斯·沃爾茲在《國際政治理論》中所做的論述，他認為「理論是解釋規律的陳述，它揭示恆定或可能存在的聯繫為什麼普遍存在」①；戴維·辛格則指出了理論具有描述、解釋和預測三項功能②。恩格斯對理論的性質進行了概括，即理論是歷史的產物，是一種思維的科學，檢驗理論的標準是實踐③。沃爾茲進一步指出，「所有事物之間都有互相聯繫，一個領域與其他領域也不可割裂」④，理論也不例外，它在孤立於其他領域之外，保持獨立邊界的同時，也不可避免地同其他領域發生各種聯繫。因此，雖然解釋的範疇有大有小，對像有具體有抽象，內容有重疊有對立，但作為人的思維的科學，理論必然在一定程度上存在適用性和侷限性，這也是人類為什麼能夠不斷創造出新理論的原因之一。

國際關係理論在保持自有領域和個性的同時，也必然有共性的一面，特別是與其他理論共有邊界的概念和開放的思維模式完全可能被其他學科和相似領域所借鑑。中國學者倪世雄對國際關係理論的定義是「研究各種國與國關係的科學分析框架和理論體系」⑤。這種框架和體系的形成不僅是對千百年來國際關係歷史和現實的總結，更是得益於其他學科理論和方法的啟迪。1919年國際關係學誕生之時，政治學、哲學、歷史學、法學都是國際關係理論的重要理論來源；時至今日，國際關係研究中還在不斷借鑑經濟學、心理學、社會學、地緣學、技術學等學科的理論和方法。而與此同時，很多其他學科也開始借鑑國際關係學中的理論和方法來描述、解釋和預測本學科的一些現象。

由於大陸外真正學術意義上的兩岸關係研究起步較晚，加之由於歷史、政治等原因導致的台灣問題和兩岸關係的特殊性，尚沒有建構起獨立、完善的理論和方法體系，因此更多地還是借鑑其他學科的研究理論和方法，如劉國深的《當代台灣政治分析》運用了西方比較政

治學理論，以及系統分析和結構功能分析方法⑥；李非的《海峽兩岸經濟合作問題研究》運用的是區域經濟學、西方經濟學、數量經濟學等學科的研究方法與理論⑦；台灣學者王玉玲的《由兩岸關係探討台灣的統獨問題》用的則是博弈理論⑧，筆者的拙文《政策激勵與兩岸關係》也是借鑑了組織行為學中的激勵理論⑨。這些都證明，在台灣和兩岸關係研究中，適當地汲取其他領域，包括國際關係領域的先進理論，不僅有助於我們更好地瞭解台灣學者的觀點，做到知己知彼；還可以開闊視野，提高台灣研究的理論和方法水平。張亞中教授在《全球化與兩岸統合》一書中運用了諸多的國際關係理論和方法，如果大陸的台灣研究學者不瞭解這些理論和方法，就很難去理解由此推演出的一些兩岸關係新理論，也很難找出其問題所在，做出令人信服的評論。

　　一提到用國際關係理論來研究兩岸問題，很多大陸學者首先就有是否會將台灣問題國際化的擔憂。筆者認為，我們不能簡單地認為用國際關係理論和方法來思考研究兩岸關係就是要將台灣問題國際化，而是要將理論、方法與觀點區分開來，關鍵還是在於我們出於怎樣的目的以及如何來運用好國際關係理論得出我們自己的觀點。毋庸置疑，台灣問題是中國的內部事務，國際關係與兩岸關係是兩種性質完全不同的關係，這同樣可以由國際法和國際關係理論加以佐證，已有不少學者撰文討論，這裡不再贅述。

　　但是，我們同樣應該看到，運用國際關係理論解決兩岸關係研究中的問題也存在一定的侷限性，只有瞭解和避免侷限性才能夠更好地運用這些理論為兩岸關係研究服務。這些侷限性主要表現在，由於兩岸學者對兩岸關係定位等一些根本或前提性問題的認知不同，他們在運用國際關係或其他各種概念、理論解釋兩岸關係時的角度和目的並不一樣。而且，兩岸關係的現實與國際關係形勢存在著相當大的差異，簡單盲目地套用國際關係理論不僅無法解決實際問題，反而可能

會出現誤導和扭曲現實的情況。這都是引發人們對運用國際關係理論研究兩岸關係的適用性與侷限性爭論的重要原因。

二、國際關係和兩岸關係的理論分離與契合

我們借鑑國際關係的理論與方法，並非要將它們照搬到兩岸關係的研究中去，而是要去偽存真，分清主次，找出適用和不適用的地方。沃爾茲提出建構理論的四個步驟是：分離、契合、抽象和理性⑩。如果將此運用到借鑑國際關係理論建構兩岸關係理論上，首先就是要根據兩岸關係的現實特殊性，將國際關係理論中的一些共性的思維方法和概念分離出來；其次是找出它們與兩岸關係相互聯繫的契合點，以及這些聯繫是如何建立的；再次，要將這些概念和方法抽象、孤立出來，重新建構理論的邊界，努力發現兩岸關係領域的規律，創造出新的原理；最後使之達到一種理想與應用相結合的狀態。後兩個步驟涉及的主要是兩岸關係理論本身，而前兩個步驟涉及的是國際關係與兩岸關係的理論聯繫，也是決定所借鑑的國際關係理論是否適用的關鍵。筆者將以張亞中的《全球化與兩岸統合》為例，重點分析國際關係與兩岸關係兩種理論的分離與契合，至於理論與現實的聯繫，則將在下一節作專門的討論。

張亞中教授從冷戰後全球化時代來臨的背景出發，以全球治理和歐洲治理的新思維來思考兩岸關係，並借鑑當前流行的國際關係理論來提出自己的兩岸關係理論架構，無疑是一次大膽的嘗試。張亞中承認全球治理與「歐洲統合的經驗固然無法照搬，但是其精神與內涵則值得兩岸思考」（第279頁），這也是值得肯定的。然而「精神與內涵」仍有很大的解釋空間，張教授在結合國際關係理論分離概念和選擇契合點這兩方面都存在一定的漏洞。

（一）概念的分離

　　概念或術語是研究的前提，對國際關係理論中概念的提取和分離，直接決定了所建構的兩岸關係理論，其基礎和前提是否準確。按照張亞中的說法「兩岸治理的基石是兩岸定位的確定」（第264頁），「兩岸治理」理論是否適用，在很大程度上決定於涉及兩岸定位概念的明晰。但筆者感覺，張亞中教授有將清晰的概念模糊化、又用模糊的概念來解釋清晰名詞的嫌疑，這就使他在實質上並沒有真正解決兩岸的定位問題。

　　張亞中的兩岸關係理論涉及到諸多包括「主權」、「主體性」、「第三主體」、「整個中國」、「中華人民共和國」、「中華民國」、「家人」等概念，這其中最為核心的是「主權」和「主體性」。在運用這些概念時，張教授試圖將「主體性」等概念從政治學的「主權」概念中分離出來，但卻犯了將政治性概念和法律性概念混淆的錯誤。張亞中提出，基於國家主權屬於人民，「整個中國」是兩岸中國人所共有的中國，「整個中國」的主權屬於海峽兩岸全體中國人，這並沒有錯。但是，主權並不是一個虛無的概念，它需要一定的載體來行使和代表才有意義，這個載體往往就是國家政府。無論是「一個中國」還是「整個中國」，主權和領土完整不容分割。對此，張亞中卻避開了「主權」的提法，轉而用「主體性」來闡述，提到「台灣的主體性在於中華民國政府在現有管轄的領域內享有完整管轄權，中國大陸的主體性在於中華人民共和國在其現有的領域內享有完整的管轄權」，即「兩岸在自我領域內享有完整的管轄權」（第277頁）。根據國際法公認的主權概念，主權就是國家對內的最高管轄權和對外最高自主權，張教授並沒有對「主體性」做出明確的定義，也未從法律上分析它與主權的區別，筆者看來只是為了避開敏感的政治名詞「主權獨立」而已。

對於「國家」、「第三主體」和「第三席」等概念，張亞中從內外有別的角度出發，同一概念用於大陸和國際時有不同的解讀。「整個中國」、「中華人民共和國」和「中華民國」同時並存時，這三個都帶有「國」的概念的國際法性質張教授並沒有釐清。他認為「整個中國」的概念完全契合中國政府一個中國原則新三句的表述，其實不然，「新三句」中「大陸與台灣同屬一個中國，中國的主權和領土完整不可分割」中的「中國」指的是國際法中主權完整的「國家」；而張亞中「整個中國」的概念中一直沒有明確是國際法意義上的「國家」還是以「中國」兩個字作招牌的國際組織。張教授舉出統一前聯邦德國的法律規定，民主德國是「一個國家但不是外國」，但是，我們更應該看到，這只是德國單方面的自說自話，國際法和國際社會都普遍認為聯邦德國和民主德國是兩個主權獨立的國家。張亞中要大陸承認台灣「是一個國家，但不是外國」，實際上是混淆「國家」這個政治學基本概念的做法。從這個意義上說，「整個中國」的概念與一個中國原則「新三句」有著本質上的不同。

張亞中在使用「認同」的概念時也是一樣，他在說明「歐洲認同」時舉出2002年「歐洲居民中具有歐洲認同的已有62%」（第289頁）的例子，但在註釋中，調查問題的設計卻是「受訪者認為他們的國家成為歐盟的一員是好事，可以從歐盟中得到好處」（第290頁），他由此得出兩岸人民也應該認同「兩岸共同體」的結論。筆者認為，這是作者刻意將「認同」的概念寬泛化，不是嚴格政治學意義上的「認同」，正如有人認為發展中美關係是一件好事，但並不意味著他認同美國。作者同時表示反對「中華民國的消失」，因為這樣「台灣人民必須改變一個他們已經習以為常的國家認同」（第274頁），這才是問題的關鍵，即認同「中華民國」是實，認同「兩岸共同體」是虛。此外，張教授在用比喻說明概念時也不明晰，他提出要將兩岸關係還原為「家人」的關係，但「家人」有夫妻、兄弟、父子等關係，

而他們關係的性質是不一樣的。張教授後將大陸和台灣比作是兄弟，可以共用一個「屋頂」，這裡也混淆了人和物的概念，將由人組成的家庭（Family）和由物組成的家居（Home）混為一談。

（二）契合點的選擇

在解決了概念的問題之後，我們需要找出國際關係理論與兩岸關係之間相互契合的點，以便從諸多凌亂的線索中識別出主要線索，並將這些因素歸併、抽象出理論來解釋兩岸關係。筆者認為，全球治理、歐洲治理與「兩岸治理」有思維方式上的共通之處，但缺乏理論上的邏輯契合點，即我們無法從全球治理和歐洲治理的理論中必然推演出張亞中提出的「兩岸治理」的理論內涵。

首先，跨越「統治權」和「統獨」思維不能成為三種治理的契合點。張亞中一開始就提出「無論是堅持統一或是追求獨立，都是一種統治權的爭奪」（第232頁），因此要跨越傳統的政治觀念，「在不需要統一或獨立的前提下，兩岸人民經由共同的參與治理，而建構彼此的共同認同」（第233頁）。他並以歐共體為例，認為它們「擺脫掉了傳統的統一或是獨立的思維」（第262頁），但這一論述明顯過於武斷，不符合事實。無論是大陸治理、全球治理還是歐洲治理，民族國家依然是參與治理的首要和主要工具，只要有傳統的民族國家和政府的概念，就存在「統治」的政治思維。作者也承認「國家仍舊是國際社會中的重要主角」，「能夠治理世界的主要行為者，仍然難脫民族國家及其所形成的家族」（第257頁）；他還提出歐洲國家「參與治理並不喪失自己的主體性，反而可以讓自己的主體性得到更大的利益」（第263頁），但實際上沒有一個歐洲國家會因為歐盟的成立而認為自己喪失了統一和獨立的主權國家地位，歐盟的權力反而來自於這些國家的主權讓渡，而且這種讓渡是有限的。張亞中以此提出「兩岸治

理」的前提是也要跨越「統獨」的思維，如果按照歐洲統合的經驗，其實就是以維護「主體性」為幌子確立台灣主權獨立的地位。從這個意義上說，跨越「統獨」的實質是迴避「統獨」，而這種迴避的目的恰恰是要保證「中華民國政府」在台灣的「統治權」。

其次，三種治理的性質和機制不一樣。「治理」是指「引導和限制一個集團集體行動的正式或非正式過程與制度」，它引入國際政治學中的時間並不長。張亞中認為全球治理的前提是全球風險社會的形成，「歐洲治理是全球治理的理想模型」，「兩岸不僅是全球風險社會的一員，而且自己也構成了一個風險社會」（第252頁）。這一論述忽視了全球治理的目的是使「全球化不受阻斷或不可逆轉」，而歐洲治理帶有全球化特徵的同時也是區域化的表現，兩岸獨自進行治理更可以被視為民族化的產物。此外，從形式上看，全球治理和歐洲治理其實是一種多邊結構，它們的外在表現形式多為國際組織，而兩岸是一種雙邊關係，其外在表現形式應該為一個國家，這是二者本質上的區別。即使忽略這種區別，我們還會發現，雖然雙邊關係是多邊結構形成的基礎，但多邊理論與雙邊理論有相當的區別，多邊結構的形成並不必然導致雙邊關係的改善，比如薩達姆時代的伊拉克和美國均是聯合國和其他國際組織的成員國，在多邊領域也會有合作，但美伊雙邊關係卻是敵對的。此外，多邊國際組織所常用的少數服從多數、一致同意或大國起決定性作用的決策機制也不能適合張亞中所提出的「兩岸共同體」。

第三，三種治理在內涵和背景上均存在差異。張亞中雖然也認為三種治理可以分為不同的層次，但對它們形成的背景和治理內容的差異分析得不夠全面。全球治理是當全球化發展到各國不得不面對一些共同的問題和威脅時形成的，它涉及範圍廣，議題多，而合作往往難以深入。歐洲治理形成的背景比較複雜，既有對歷史的反思，也有經濟發展的共同需求，還出於冷戰背景下的國際形勢所迫。歐洲治理相

對比較成功,在深度和廣度上都有相當的發展,但是否如張亞中所說歐盟「內部政策緊密程度早已遠遠超過了其他的統一國家」,筆者並不以為然。歐洲國家內部不同政黨上台所實行的政策都不一樣,國家間政策的協調一致就更加困難,最近在歐洲自主防衛和伊拉克戰爭問題上,歐盟內部的政策分歧就相當明顯。張教授在回答筆者提問時曾以歐盟政策緊密程度超過阿富汗為例,但這犯了以非正常國家為例來以偏概全的錯誤。作者也承認目前兩岸看起來「並沒有形成兩岸治理的條件」,但他又用法國和德國為例來說明「德國和法國曆經了歷史上的多次戰爭,雙方最後仍能創造共同的治理」(第261頁),兩岸之間「並沒有深仇大恨」,也應該能夠建立起「共同治理」,這種僅憑感覺和特例所作的論證也沒有說服力。我們同樣可以看到,世界上更多的國家之間甚至一個國家不同地區之間沒有發生戰爭卻也沒有創造出共同治理。因此,無論從內涵還是背景上,兩岸治理能否形成與是否有全球治理和歐洲治理沒有理論和邏輯上的必然聯繫。

三、國際關係理論與兩岸關係的現實聯繫

任何理論的提出都是為瞭解決現實問題,理論是政策的靈魂,是制定政策的指導思想。張教授表示他的三本著作《兩岸主權論》、《兩岸統合論》與《全球化與兩岸統合》不僅是他個人「兩岸關係思想體系建構的完成」(第21頁),而且他所提出的「兩岸統合」、「兩岸治理」、「兩岸共同體」、「兩岸三席」等理論也是向「兩岸政府提出的國是建言」(第32頁),希望作為「解決兩岸爭議的方案」(第293頁)。但是,任何國際關係理論都有其侷限性,無法解釋國際形勢和國家關係中的所有現象。兩岸關係從性質到內涵與國際關係都有相當的不同,借鑑國際關係理論建構的兩岸關係理論中可以存在假設的前提和條件,也需要有跨越和超前的思維,但同樣必須建立

在現實可能的基礎上。沃爾茲特別強調，「理論必須從客觀現實中加以抽象提煉」，因此，建構兩岸關係的理論不僅需要汲取國際關係等其他領域理論的啟示，更重要的還是要接近兩岸關係的政治經濟現實，不斷增加研究台灣問題的實證內容，從理論和現實兩方面尋找答案。否則，再好的理論也可能會淪為理想主義的空中樓閣或某些政治人物利用的工具。

張亞中教授的「兩岸治理」、「兩岸共同體」和「兩岸三席」理論都有一定的現實針對性，他認為兩岸的爭議「能否解決」不值得擔心，而「如何解決」則需要智慧、仁愛與勇氣，因此他試圖「能夠為兩岸的中國人找尋一條滿足雙方立場，又兼顧未來發展的道路」（第23頁）。但是，在具體的理論建構和政策建議中，有些方面卻脫離了兩岸關係的實際，帶有明顯的理想主義色彩。

（一）理論的現實切入點自相矛盾，陷入「雞生蛋、蛋生雞」的怪圈

認清兩岸關係的基本現實有助於我們尋找理論的切入點。一般認為，當前兩岸關係比較複雜，經貿、文化關係取得了長足的發展，但兩岸互信還沒有建立，政治僵局也未能打破。以往的兩岸關係研究，有的從民族大義出發，提出「中華民族具有強大的生命力和凝聚力，儘管歷史上有過多少次外族入侵和內部紛爭，都不曾使我們的民族陷入長久的分裂」；「實現祖國統一，促進中華民族的全面振興，是所有中國人的神聖使命和崇高目標」等論述。也有人從經濟利益入手，認為兩岸經貿、文化、人員往來的熱絡有助於兩岸關係的穩定與緩和。台灣不少學者包括張亞中教授還提出了「將『建立信任措施』作為改善彼此敵意的重要一步」的觀點（第239頁）。

張亞中先生對上述切入點均持保留態度，他直接切入兩岸的最核

心的問題,認為「兩岸定位」和「主權歸屬」這個前提問題不處理,兩岸的基本信心無法建立(第264頁),一切無從談起。他一面想兼顧國際關係理論中的「現實主義、新自由主義與建構主義的觀點」(第291頁),一面卻忽視了這三種理論之間的基本矛盾。他雖然不得不承認現實主義的「主權」、「國家利益」權力等觀念仍然無法在兩岸關係中被刻意忽略(第238頁),但他為解決這個核心問題開出「整個中國」、「第三主體」的藥方卻是要擺脫傳統「主權」觀念的影響,「超越」現有的政治學、國際法和國際關係的基本理論,明顯地自相矛盾。

在前提問題沒有解決的情況下,他又根據新自由主義和建構主義理論,提出「一個有助於兩岸認同建構的兩岸共同體是值得追求建立的」,因為「兩岸共同體」可以「重建兩岸信心,化解彼此的根本疑慮」(第278頁),同時他卻忽視了這兩種理論之間的根本區別。自由制度主義認為制度是信任產生的橋樑;而建構主義認為信任與身分有關,信任只產生於朋友之間,朋友才可以結成信任基礎上的共同體。運用於兩岸關係上,我們發現自由制度主義要求先建立制度後才能解決兩岸的信任問題,而建構主義卻要在信任的基礎上才能建立兩岸「共同體」。正因為如此,相互信任和共同體建構之間就陷入了一種「雞生蛋、蛋生雞」、原地循環的怪圈。

(二)理論與現實政策脫節,理論模式缺乏可操作性

張亞中在推介自己理論時,也很注意同現實政治相結合,比如他承認李登輝的「兩國論」裡有他的觀點,新黨「一中兩國」的主張也可以從他的理論中找到依據,陳水扁2001年元旦提出的「兩岸統合」觀點借鑑了他的理論,親民黨的大陸政策基本上也是以《兩岸統合

論》的相關論述為基礎（第24頁）。但是他同時指責這些並非符合他的「兩岸關係整體思想體系」，而是一種盲人摸象、各取所需式的引用。

張亞中在書中用了大量的篇幅來描述兩岸現行的政策，也有專門的章節在談「一中各表」、一邊一國」、「一個中國」、「和平統一、一國兩制」等政策，他也看到並希望解決兩岸在國際上衝突的現實問題，並提出國際關係中「兩岸治理」的途徑是「兩岸三席」，兩岸關係中「兩岸治理」的途徑是「兩岸共同體」和「認同」的建立。但是，張亞中對「兩岸治理」實踐的論證還是侷限於強調兩岸要超越「統治觀」，給人一種高來高去、與現實政策相去甚遠的感覺。作者認為「整個中國」的論述可以解決彼此的歧異（第292頁），但這種解決的實質卻是要兩岸超越「統治觀」，等於是摒棄現有的所有政策。他還表示「三個主體」的觀點可以作為「一國兩制」與「國統綱領」的橋樑（第292頁），同時他又承認「李登輝從來就沒有認同過國統綱領」，而且「陳水扁繼承了李登輝的路線」（第266-267頁），由此看來，「國統綱領」作為橋樑的一端已經沒有現實意義。

除了「共同體」和相互信任建立孰先孰後的問題上缺乏可操作性外，在「兩岸三席」如何運作、兩岸「共同體」如何保障問題上，張教授也沒有明確的答案。張亞中設計的「第三席的工作不是統治其他兩席，而是扮演協調整合的功能，參與兩岸內部事務的治理。在國際間，第三席的職權與功能自然取決於兩岸之間的協商」（第283-284頁）。筆者認為，在能夠協調一致的情況下，「兩岸三席」自然沒有問題，但是在兩岸都保留自己「主體性」的情況下，雙方都有自己的利益，在協商不一致甚至出現尖銳對立的情況下如何處理，作者迴避了這個問題。此外，如何保障在發生矛盾衝突或受到外部利益影響時一方不退出共同體，作者寄希望於「台灣作出不永久分裂的承諾」，以及「彼此的需要和所建立的互信」（第284頁），在現實世界中，這

樣的保障措施無疑是蒼白無力的。

（三）理論運用過程中沒有兼顧兩岸關係以外的其他重要因素

雖然兩岸關係理論的建構首先要考察大陸和台灣兩個變量的屬性和相互作用，而使其他變量保持恆定；但在運用理論過程中卻必須考慮其他變量的影響。與借鑑其他學科的理論相比，借鑑國際關係理論研究兩岸關係的一個優勢是，它在幫助我們理解兩岸關係的同時，還可以從更大的視野瞭解台灣問題的國際環境。兩岸關係不僅涉及到大陸和台灣，還有著複雜的國際背景，特別是美國因素。雖然相對於敵對中的兩岸雙方來說，美國因素只是一種外部因素，在兩岸互動過程中只是處於外在的、次要的地位，但它卻已經並將繼續深刻地影響著兩岸關係。台灣問題最終要順利解決，必須同時兼顧中華民族、中國政府和人民、台灣當局和人民，以及美國、日本等國際勢力的利益需求。

張亞中「兩岸治理」、「兩岸共同體」、「兩岸三席」的實踐設計中都沒有明確說明如何因應美國因素的影響。解決兩岸問題的任何方案可以儘可能地將美國的影響減到最小，但美國在「中美台」三邊關係中所處的強勢地位也使我們不能忽視它主動影響的能力和可能。作者十分推崇德國統一的模式，但如果沒有冷戰結束、蘇聯解體、東歐劇變的大背景，德國現在能否完成統一應該還在未定之中。因此，在中美關係甚至亞太戰略格局不變的情況下，兩岸關係的基本格局和發展趨勢單方面應該不會有大的改變。除了美國因素外，張亞中還忽視了現實國際關係中的權力和利益因素。張教授認為「目前台灣無法參與國際組織，其關鍵並非台灣本身缺乏國際法人的地位，而是中共打壓杯葛所致，基於國際組織的普遍性原則，台灣應該是被歡迎」

（第284頁），這完全是從台灣自己的立場和角度出發看問題。現在兩岸處於敵對狀態，一些國家希望藉台灣占有席次來加強對自己的支持，但如果像張教授所講兩岸建立高度互信、「統合」成功後，共占有三個席次，勢必將直接影響到一些國家在國際組織內的權益，國際社會是否支持就很難說了。

四、結語

張亞中教授能夠從全球化的大視野出發，借鑑國際關係中的理論來建構自己的兩岸關係理論體系並提出實踐主張，使我們不僅可以分享他的理論成果，而且可以學習和總結他建構理論過程中的經驗教訓。不僅他嚴謹的治學態度值得兩岸研究台灣問題的學者學習，而且他充滿人文的關懷，對兩岸關係和台灣的發展抱有高度使命感的精神也令人欽佩。理論是時代的產物，它本身並沒有對錯，只有解釋能力的大小和適用範圍的寬窄。應該承認，張教授「兩岸治理」、「兩岸共同體」、「兩岸三席」的理論在一定程度上能夠反映和解釋兩岸關係中的某些問題，特別是開闊了研究台灣問題的視野，啟發了探討兩岸關係的思維。但透過以上的分析，我們也知道，運用國際關係理論建構兩岸關係理論時要充分注意到它的侷限性，不能為解決問題而刻意迴避或混淆政治學、國際法或國際關係領域公認和通用的基本概念，不能用術語或名詞的契合來取代性質和內涵上的聯繫，同時要將理論與實際相結合。只有這樣，我們在運用國際關係理論解釋兩岸問題時才能夠得心應手、以理服人。

（原載《台灣研究集刊》）

註釋：

①（美）肯尼斯·沃爾茲著，王輯思譯：《國際政治理論》，中國

人民公安大學出版社1992年版，第6頁。

②David Singer，「Inter-nationInfluence：AFormalModel」，inJamesRosenau（ed），InternationalPoliticsandForeignPolicy，2ndEdi，FreePress，1969，p380.

③恩格斯：《自然辯證法》，《馬克思恩格斯全集》第20卷，人民出版社1972年第382頁。

④（美）肯尼斯·沃爾茲：《國際政治理論》，第10頁。

⑤倪世雄：《當代西方國際關係理論》，復旦大學出版社2001年版，第7頁。

⑥劉國深：《當代台灣政治分析》，九州出版社2002年版，第14頁。

⑦李非：《海峽兩岸經濟合作問題研究》，九州出版社2000年版，第3頁。

⑧王玉玲：《由兩岸關係探討台灣的統獨問題》，台灣桂冠圖書公司，1996年10月版。

⑨李鵬：《政策激勵與兩岸關係》，《中國評論》，2002年7月。

⑩KennethWaltz，TheoryofInternationalPolitics，MacGrow-HillPublishing-Company，1979，p9.

兩岸互動中的美國因素

劉國深

30年前的1972年，中美兩國簽署《上海公報》，中美兩國結束對抗走向對話；1978年底美國進一步斷絕同台灣當局的「外交關係」，

承認中華人民共和國政府是代表中國的唯一合法政府。但是，在過去的30年裡，中美兩國關係、中美兩國圍繞大陸與台灣之間產生的三邊互動關係（以下簡稱「中美台」三邊關係）並不平順。美國依然深度介入海峽兩岸中國人的互動關係，美國繼續扮演阻礙兩岸中國人結束敵對關係的「破壞者」角色。大陸學者論及中美關係時，總是將台灣問題視為中美關係「最敏感、最核心的問題」，美國因素是各界公認的阻撓中國統一的最大障礙。相比之下，美國因素對台灣當局的影響力更加顯著，美台之間的關係完全是一種一邊倒的不對稱關係①，在「中美台」三邊關係中，台灣處於被美國支配地位，美國對台政策的走向攸關台灣的前途命運。30年後的今天，兩岸關係和中美關係的成長都呈現出不可遏制的趨勢，筆者認為，為了使「三邊關係」朝著更加建設性的、正確的方向發展，兩岸中國人和美國方面都必須重新反思以下五大問題：第一，如何辯證解讀美國因素對兩岸關係互動的重要性？第二，如何全面評估「中美台」三邊互動的利益結構？第三，如何正確看待中美之間的台灣問題？第四，如何準確認識美國政府對台政策的「底線」？第五，如何從發展的眼光評估「中美台」三邊關係的未來？

一、美國因素重要性再解讀

在「中美台」三邊關係中，美國因素對兩岸關係互動的影響力之大不言自明，1950年，美國派遣第七艦隊進駐台灣，阻撓人民解放軍渡海解放台灣，中國統一進程受到嚴重影響；1995-1996年間美國再次派遣航空母艦戰鬥群進入台灣周邊水域，嚴重干擾中國政府的「反分裂、反台獨」鬥爭。但筆者所要指出的是，美方的介入只能暫時阻撓兩岸統一進程，美國因素無法根本解決兩岸之間的問題。筆者認為，兩岸學術界和輿論界都存在過度誇大美國因素影響力的現象，這種認

識是片面的。相對於敵對中的兩岸雙方來說，美國因素只是一種外部因素；根據馬克思主義內因與外因相互關係的原理，外部因素只能透過內因起作用，如果兩岸雙方能夠自行找出解決問題的辦法，美國因素就很難產生作用。也就是說，兩岸雙方關係越緊張，美國因素的影響力也就越大；反之，兩岸關係越是緩和，美國因素的影響力就越小。無論從歷史、法理還是政治現實來說，兩岸敵對關係的解決是兩岸中國人之間的內部事務，而美國因素在兩岸關係互動過程中只是居於外在的、次要的地位。台灣作為中國主權領土的一部分，不容分割，外力因素可能延緩兩岸問題的解決時程，卻難以從根本上撼動中國人民維護主權領土完整的堅定意志。因此，兩岸中國人自身的意志和努力才是兩岸關係互動的決定性力量，不能盲目誇大美國因素的影響。

美國因素之所以顯得特別重要，根本性的原因在於兩岸雙方沒能建立最基本的政治共識，缺少制度規範的兩岸關係存在極大的「外部性」，雙方無法降低成本進行有效的談判「交易」，這就使得少數美國利益集團有可能利用居於強權地位的美國因素獲取不當的超值利益，兩岸雙方也不得不長期向美國的一些利益集團支付龐大的交易成本。但是，對於美國方面來說，這種個別的不當利益的獲取也必然會損及美國與兩岸中國人之間的整體利益，兩岸中國人早日實現政治關係制度化才能實現美國的最大利益。對「中美台」三邊關係中美國的角色定位，一些美國學者似乎更清醒：「北京與台北的關係仍居關鍵。如果雙方之間不存在一個彼此過得去的過渡協議，勢必很難維持台海的長久和平與安全，這樣看來，傳統的預防外交似乎比較插不上手，主要得看兩岸領導人能不能明智而務實的彼此溝通。台海問題當然也不是美國能夠或應該解決的『問題』。」②在過去的30年裡，少數美國利益團體以所謂的「和平穩定」為藉口，大肆干涉中大陸政，大大延緩了兩岸敵對關係的和解進程，這已經給「中美台」三邊關係

造成嚴重破壞，兩岸中國人和美國社會都應引以為戒。

二、「中美台」三邊關係再評估

「中美台」三方之間不同程度地存在著既相互衝突又相互依賴的利益關係，30年來，三方之間的利益衝突雖然未見緩和，但利益依賴關係卻在明顯加深之中。美國在中國大陸和台灣都存在廣泛而重大的利益，這些利益包括商業利益、軍事利益以及政治利益等多方面。美國不僅對兩岸消費市場的興趣很高，而且日常生活中使用的價格低廉的日用品、高科技企業的零部件採購都相當依賴兩岸中國人的勞動。中國大陸對美國資金、高科技以及消費市場的依存，台灣對美國的軍品採購、高科技及消費市場的依存度都相當高。至於中國大陸與台灣之間的政治、軍事等利害關係聯結更是剪不斷，理還亂。在三邊關係中，兩岸民間關係的成長速度遠遠高出其他任何兩邊關係，而另兩邊關係中的中美關係成長也大幅超過美台關係的成長，美台關係成長早已進入「高原期」，美台關係是三邊關係中最疲弱的一組。

在美台利益聯結方面。美國知名中國問題專家黎安友的觀察值得重視。黎安友曾指出：「美國在台灣的利益是相當大，但此種利益尚不足以說是不能取代的。美國在台灣的利益有幾方面，主要是經濟方面，而且利益相當大。經濟上台灣從美國的進口兩倍於中國大陸從美國的進口，是美國的第七大貿易對象，尤其是軍售。另外是文化交流上的利益，這比較抽象，但確實存在，台灣在大中國文化領域中，代表資本主義發展可能性的角色。第三是戰略方面的利益，在南中國海域，為美國軍隊提供各種方面的利益。而且如果台灣問題並未能和平解決，而是以武力收場，這將影響及美國承諾的可信度，並且對日本和菲律賓造成衝擊。但美國不希望因台灣而妨礙與大陸的關係。而且事實上，台灣在潛在上還是可能提供基地供美國使用的。我認為，和

平解決台灣問題對美國而言，絕非口號，而是具有實際的利益。美國在台灣具有重大利益，如果此一問題能和平解決，則這許多利益將可以保持。而且和平解決台灣問題本身就是一項重大的利益。」③

　　黎安友分析的是90年代中期的三方利益結構狀況，今天中美之間的利益聯結已有大幅提升。相較於在台灣的利益，或許一時的數據並不足以說明美國與中國大陸的關係，中美間利益聯結的重要性更應該從雙方快速增長的經濟關係中去體會。資料顯示，1994年中國對美出口就已占總出口的四分之一，2000年更達到40%；2000年中國對美出超達840億美元以上，已取代日本成為美國最大的逆差國，這說明目前美國已是中國數一數二的貿易夥伴。而且中國也已是美國第四大貿易夥伴，美國在中國大陸的投資總額已超過600億美元，中國大陸龐大的人口數量更是維持美國經濟長久繁榮巨大的潛在市場。相對地，美國在台灣的經濟利益存在已遠遜於美國在中國大陸的經濟利益，目前美台間的利益聯結更突出地表現在文化價值以及軍事戰略考慮層面。

　　美國在台灣的利益與在中國大陸利益是一種既矛盾又統一的辯證關係，原因在於兩岸敵對關係的持續。美台間的利益關係之所以沒有隨著經濟利益關係的弱化而弱化，則是因為美國與中國大陸之間公開的政治歧見、潛在的軍事對抗還很突出。在這兩組的衝突結構中，台灣為了對抗中國大陸不惜犧牲經濟利益，甚至在政治上被美國當籌碼用，美國為了制衡中國大陸也自然不會輕易放棄台灣這張牌。在三邊利益關係中，雖然中國大陸處於相對不利的地位，但台灣與美國的利益聯結也是三組關係中最脆弱的一組，台灣的命運也因此注定，台灣僅僅是別人手裡的一張牌。

　　我們要注意的是，美國與兩岸間的利益關係辯證性並非一成不變，此一利害辯證關係的解讀者是美國。筆者認為，美國方面對於兩岸各自的政治利益沒有興趣，美國的最終目標是使其整體利益要求最

大化——美國希望的是魚與熊掌兼得,這就是美國人一再強調兩岸問題和平解決的真正原因。對於美國來說,對華政策的根本目標在於將整體中國納入美國的利益和價值體系中,美台關係必須為美中關係服務,為了美國在整體中國的利益,美台間的局部利益是可以被忽略的。正如史文所說的:「我不認為美國可以或應該給予台灣任何明顯的安全保證。在當前這種中國大陸的地位與台灣的情勢下,我看不出給予台灣這安全保證的價值。」④在三邊不對稱的利益結構下,美國曾經多次犧牲「台灣的利益」,再犧牲一次也不足為奇。

三、中美關係大局再思考

中美兩國同為國際社會主要成員,共同利益是主要的、全局性的;矛盾衝突是次要的、局部性的。台灣問題成為影響中美關係的關鍵的、核心的問題,應歸咎於歷史原因造成的錯誤的認知、情感和意識形態對抗,以台灣問題牽制中國、干擾中美關係正常發展的策略是「一葉障目,不識泰山」的短視行為。

由於歷史的原因,美國社會長期存在對海峽兩岸兩個中國人政權錯誤的政治認知和政治偏好,加上大多數美國人對中國事務、特別是台灣問題近乎無知的瞭解(既有的調查結果顯示,大多數美國人不知道台灣在哪裡,大多數美國人不知李登輝是誰,更不知陳水扁是誰……),美國民間社會至今存在一股不容忽視的反華勢力,他們熱衷於「以台制華」政策。美國政界、學界一些人不僅暗中支持「台灣獨立」,甚至公開要求中國政府改變主權觀念。如前美國駐北京大使李潔明認為,中華人民共和國政府仍抱持18世紀過時的主權觀念。「美國企業研究所」(AIE)中國部主任羅賓遜也認為「中共也應對主權觀念重作界定」⑤。這些人的觀點並沒有什麼說服力,不僅其他國家接受不了,連他們的美國同胞也會嗤之以鼻。摩根索在他的《國際

縱橫策論》一書中寫道：「主權可分的信念是政治現實與政治偏好之間這種矛盾的思想表現。主權可分論不僅使邏輯上證明不能並存的事物——放棄主權同時又保留主權——在思想上有可能調和起來，而且使現代文明條件下經驗證明不可調和的事物——國家主權與國際秩序——在思想上有可能調和起來。為了維護和平而放棄『部分國家主權』的勸告，遠非表達一種理論上的真理或反映政治經驗的實在性，等於勸告人們閉上雙眼去做吃掉蛋糕而仍保存蛋糕的兩全其美的好夢。」⑥

更有欺騙性的觀點是一些妖魔化中國的言論，他們把中國的成長視作對美國的重大威脅。若干年後，或許中國的防衛力量會有明顯增強，但這些力量可能僅止於應對嚇阻外來侵略上的需求而已。實際上，中國與美國在綜合國力上的差距相當大，根據《解放軍報》2002年7月10日題為《綜合國力評估系統（第一期工程）研究報告》的分析報告，「中國目前的綜合國力大約等於美國的四分之一」。由此可以看出，中國的國力遠不足以對美國構成威脅。資料顯示，在可以預見的將來，美國要動員他的盟國來對付中國仍是輕而易舉的事。1991年11月美國前國務卿貝克在《外交事務季刊》中提出了針對中國的「扇形戰略論」：以雙邊軍事盟約為基礎的扇形安全體系，包括日本、韓國、泰國、菲律賓、澳大利亞以及向美國提供後勤與港灣設施支持的新加坡、文萊、馬來西亞。筆者認為，即便中美兩國綜合國力旗鼓相當，中國人也不會非理性地與美國打個你死我活。何況在可以預見的未來，中國也不可能對美國構成什麼實質性的威脅。美國前助理國防部長奈伊1995年12月12日在華盛頓亞洲協會的講話中公開表示：「美國基於本身的強大和泱泱風範，對中國的興起無需反應過度。我們在『沙漠風暴』軍事行動中的勝利，證明美國在傳統軍事能力上無與倫比。儘管中國的軍費成長快速，經濟亦一日千里，但中國要對美國構成威脅，還早得很。」

我們必須從發展的眼光看中美關係，衝突只會造成兩敗俱傷，合作才能共存共榮。過去的30年，中美兩國雖然在台灣問題上風波不斷，但雙方的關係並沒有越走越遠，反而變得越來越難分難捨。這說明台灣問題雖然成為影響中美兩國關係正常發展的關鍵性問題，但並非兩國互動關係之本質；兩國之間包涵經濟的、文化的、安全的關係在內的整體利益聯結才是兩國關係之主軸。以中國現在的開放和發展速度，未來的30年，經濟循環將更進一步把中美兩國聯成一體，政治與社會的差距將變得微不足道，到那時，即使還有些人想製造對立也對立不起來，傷了中國也就傷了美國自身。30年後，作為全世界第一大經濟體和第二大經濟體，中美兩國的合作將使世界變得更加和諧，兩國人民因此將受惠無窮。有學者說：「在一個相互依存逐漸加深的世界經濟體系中，作為世界上主要的經濟大國，中美都有必要和責任為穩定國際經濟和金融秩序作出努力，並使其自身從中獲取根本利益。」⑦

隨著中美兩國民間關係和政治溝通的日益密切，中美兩國政治意識形態上的差異必將縮小，中美兩國勢將形成更加廣泛的共同利益，少數美國人對中國的政治偏向也會改變。中國人基本上是一個相當溫和、善於學習的民族，在以主權國家為單位的國際秩序下，中國不必去挑戰美國的超強地位，中國人只希望在本國尊嚴與安全得到保障的前提下，與美國合作，共同維護世界的和平穩定。冷戰已經結束十多年，意識形態的差異已越來越不重要，未來30年，美國文化的精華將更多地透過大批中國留學生為中國大陸所吸引，中國文化的價值也將隨著中國的繁榮昌盛而為更多美國人所理解。「我們所面臨的問題是過去的意識形態已崩潰，而為新的宗教與種族問題所取代，不管在亞洲、非洲所發生的內戰，無一不是與這些問題有關，共產主義問題反而已不是最嚴重的問題。」⑧中國大陸的政治模式對美國不具任何威脅，「9‧11事件」的發生已生動地證明這樣的判斷。一旦中美兩國政治

上的歧見得以化解，美國政府「以台制華」的策略也將成為多餘，台灣作為中美關係核心問題的歷史也將終結，兩岸和解的外部條件將因此完全成熟。

四、美國對台政策及其底線再認識

維持海峽兩岸「和平穩定」的現狀是美國的最大利益，美國的官方政策承認台灣是中國一部分，但不願意對兩岸政治關係的未來表明立場。30年來，儘管風波不斷，但美國台海政策的基本框架沒有改變，如果說有變化，那就是美國的政策立場越來越明晰：美國既反對中國大陸以武力方式改變兩岸關係現狀，也反對台灣以宣布「法理獨立」的方式改變現狀。中國政府雖然不能接受美國所謂「維持現狀」的政策，但這並不代表中國會無視美國對和平解決台灣問題的關切，對於與海峽兩岸都存在密切利益關係的美國來說，兩岸任何一方的突襲行動都必然波及美國利益。從美方政界和學界代表性人士的歷次講話可以發現，美國對兩岸未來政治關係的結果沒有定見，美國要的是她所單方面認定的亞太地區的「和平與秩序」，如果改變兩岸現狀的過程危及美國的「和平與秩序」，美國必然要以某種方式表示他們的關切。由此我們可以得出結論：迄今為止美國政府對台政策的底線是維持海峽兩岸「和平穩定」的所謂現狀，而且這一立場和態度幾十年來沒有明顯變化。早在50年代，國民黨當局還有心「反攻大陸」時期，美國就已經形成這樣的政策立場。1951年4月30日，美國遠東軍司令李奇微將軍在寫給遠東海軍司令的指示信中寫到：「應保證福摩薩（即台灣——作者注）不被中國國民黨作為反攻中國大陸之基地。」⑨「總統在台灣問題上還不想超越保護者的角色，他還不願以武力幫助蔣介石實現『解放』大陸的宏願。」⑩1958年8月兩岸發生「8·23炮戰」，10月下旬，美國國務卿杜勒斯在台北與蔣介石進行會談，杜勒

斯向蔣介石指出：分裂的德國、韓國、越南均放棄以武力達成統一，「中華民國」是唯一的例外。美國輿論認為蔣介石的這種做法會把美國拖進戰爭，甚至引起第三次世界大戰。[11]

美國政府對和平解決台灣問題的關切體現在中美兩國的「三項公報」中，同時也體現在美國政治領袖的相關講話中。在1972年的《上海公報》上，美國方面聲明：「美國認識到，在台灣海峽兩邊的所有中國人都認為只有一個中國，台灣是中國的一部分。美國政府對這一立場不提出異議。它重申它對由中國人自己和平解決台灣問題的關心。」1978年12月中美發表建交公報前，美國政府發表聲明表示：「美國深信，台灣人民將有一個和平與繁榮的未來，美國繼續關心台灣問題的和平解決，並期望台灣問題將由中國人自己和平地加以解決。」在1982年的「八一七公報」中，美方表示：「美國政府理解並欣賞1979年1月1日中國發表的告台灣同胞書和1981年9月30日中國提出的九點方針中所表明的中國爭取和平解決台灣問題的政策。」1997年3月30日，美國眾院議長金裡奇在上海與海協會會長汪道涵會晤時聲稱：如果中國攻擊台灣，美國將會保衛台灣。「我們奉行『一個中國』的政策但不應該對台灣採取軍事強制手段」。4月2日，金裡奇在台北表示：「萬一北京企圖以武力或恫嚇方式使台灣與大陸統一，美國將使用一切必要方式加以阻止，而明確對中華人民共和國及台灣表達此立場是很重要的事。」現任美國總統布希上台以來，也曾經多次表明美國「防衛台灣」的立場。美國方面為了表達「防衛台灣」的決心，也曾經在1996年的「台海危機」期間派遣航空母艦進入台灣周邊水域。

由此我們可以看出，美國政府在台灣未來前途問題上的底線是「和平解決」：美國不反對兩岸統一，但統一的方式必須是和平的；台灣可以以某種方式維持「事實獨立」的狀態，但不得宣布「法理獨立」。美國加州大學教授史卡拉皮諾（R·A·Scalapino）曾表示：「無論

如何，我看不出任何跡象顯示克林頓政府將會支持台灣從事實獨立的國家進展到法理上獨立的國家。」[12]1993年1月14日「美國企業研究所」（AIE）的研究報告也認為：美國必須謹慎不去鼓勵台北走向「正式宣布獨立」之途，因為那將帶來災難，亦即由於北京必將採取軍事行動之故。就連向來比較同情台灣的美國國會也在1996年3月通過的所謂「協防台灣」的決議案中明確表示：美國不支持台灣獨立。90年代以來，美國學者專家高立夫（約翰·霍普金斯學院）、華爾中（布朗大學）、康培莊（東亞研究院）、恆安石（前駐華大使）、鮑大可（華盛頓布魯金斯研究中心）、何漢理（美國蘭德公司研究員）、李侃如（美國密西根大學中國研究中心主任）等人曾分別以不同的方式，向「台獨」活動人士轉達美國不支持台灣尋求法理獨立的立場。而美國國防部副部長沃爾福維茨近期關於美國反對「台獨」的講話，以及美國白宮國家安全會議發言人麥考馬克有關「美國不支持台灣獨立」的表態，都一再確認美國在此問題上的底線。

五、「中美台」三邊關係的前景

在兩岸互動過程中，美國因素對兩岸雙方的政策作為都有相當大的牽制或影響力。對於中國大陸來說，與美國建立和諧友好關係是中國融入國際社會的重要指標，但美國因素無疑也是阻撓中國統一的最大外部障礙；對於台灣方面來說，美國因素是台灣當局抗拒中華人民共和國政府武力統一的保護傘，與此同時美國「反對台獨」的警告也讓台灣當局不得不有所收斂。現階段美國可能的軍事介入是中華人民共和國政府以武力方式解決台灣問題最頭疼的干擾因素，美國這種強力介入中國人內部事務的姿態勢將延續兩岸敵對關係給中國人民造成的苦難。中國人的苦難對於部分美國人來說卻是他們向兩岸雙方進行「強權尋租」或政治勒索的最佳條件。這些美國人瞭解台灣當局急於

拓展國際空間、且在安全上有求於美國的心理，因此在軍售、經貿利益上對台灣當局巧取豪奪，台灣方面幾乎沒有討價還價的餘地。當一位台灣的「立法委員」向某美方人員質問F16戰機交易過程中美方提出的種種條件的合理性時，這位美方人士竟然答道：不能只看表面的條件，這項交易至少已經突破當初中美上海公報的精神。90年代以來，部分美國人在利用海峽兩岸敵對關係方面更是「盡情揮灑」，他們在台美知識產權談判、開放農產品進口等問題上占盡優勢，台灣方面對美方要求幾近照單全收。「當在座委員對有關禁止真品平行輸入或是開放農產品進口問題表示反對意見時，AIT官員曾經以一種『諄諄善誘』的語氣對委員說：『看問題要有前瞻性，難道你們不希望加入GATT嗎？你們不希望台灣能有獨立的國格嗎？』」[13]

正因為美國大陸有一些利益集團需要利用兩岸緊張和對立尋求超額利潤，未來的兩岸互動仍難免美國因素的介入，而且這些干擾性介入往往出現在兩岸政治互動最關鍵的時刻。1993年兩岸「汪辜會談」前後，1995年5月唐樹備訪台的時候，1996年春「台海危機」的時候，美國方面都出台了一些介入兩岸關係互動的政策作為。近期以來，兩岸「三通熱」再起，美國大陸一些別有用心人士適時推出了所謂的《中國軍事力量評估報告》，企圖以此激化、強化兩岸敵對氣氛。

整體來看，美國對華政策的擺動都有一定的極限性，美國對華政策的主流趨勢仍將朝有利於兩岸良性互動的方向發展，美國對台政策最終必須服務於美國在整體中國的利益要求。美國政界及商界存在所謂「親中」、「親台」兩大利益集團，這兩個利益集團為了各自局部利益在美國對華政策的制定過程中分別施加影響，這是造成美國對華政策搖擺動盪的重要原因。相對來說，美國國務院、美國的經貿部門官員對中美關係大局是比較理性的，他們對少數利益集團的短視作為抱持高度戒備。「作為美國最高外交機構，國務院最討厭外人告訴他們外交政策應該如何執行，而他們最忌憚的『外人』就是國會。國務

院認為他們今後『應當護守美國的一個中國政策,防止美國的重大利益因台灣的關說而有所損失』」。[14]美國大陸多元化的利益結構、美國的政黨輪替也都是造成美國對華政策擺動的重要原因,但這些因素都是暫時性的,對美國的對華政策基本框架影響有限。即使美國新總統上任初期一段時間內會出現「荒腔走板」的演出,但用不了多久往往都會回到發展中美關係的正軌上來。美國前國務次卿哈比比曾對何漢理說:「美國每一個新政府外交政策的連續性,總要到四年任期的後半才會出現。每一個新政府的前一半總要去試些新東西,通常,這些都行不通;然後,他們才再回傳統的老路子來。」[15]在各種影響美國對華政策的因素當中,最根本的因素還是美國的整體國家利益選擇,在此意義上,快速成長的中美利益聯結發揮了關鍵性的作用。雖然美國在台灣有很大的利益存在,但相比於近千億美元的貿易總量,幾十億美元的對台軍火超值貿易撼動不了中美關係。美國在台協會理事卜睿哲曾經把中美經濟合作喻為中美關係的「壓艙物」。他認為,正是這個壓艙物使得中美關係的大船歷經30年的風雨,而沒有大幅度地偏離航向。[16]

　　從中國大陸現階段的對台戰略安排來看,台灣問題雖然重要,但中美關係更是大局,兩岸互動關係必須服從於中美兩國關係這一主軸。在三邊關係格局上,美台關係的位階低於兩岸關係,更低於中美關係,台灣的實力和政治地位決定了他只能在「中美台」三邊關係中充當配角。從原則上說美國傾向於維持台灣海峽的均勢,但是,美國人最終不會僵化和孤立地看待這一局部性均勢,而是根據三方力量的消長、根據國際均勢的變動修正他們對均勢的理解。「維持現狀政策的目的,在於維持一個特定歷史時刻所存在的強權分配狀況。這並不意味著維持現狀政策必然不分青紅皂白地反對任何變更。它不反對變更本身,而是反對任何將等於根本把兩個或更多國家之間的強權關係顛倒過來的變更,例如使A國從一流國家降為二流國家,而使B國上升

到A國先前所處的顯赫地位。然而，強權分配的小調整併不改變有關國家的相對強權地位，因而是和維持現狀的政策完全相容的。」[17]美國因素對兩岸雙方的利弊影響最終取決於兩岸綜合實力的較量，1949年新中國政府成立前後，美國就曾經有過放棄國民黨舊政府的計劃。到了70年代初，當中國大陸的綜合實力已大到無法繼續忽視時，以反共急先鋒著稱的美國總統尼克松主動登門訪問中華人民共和國以改善兩國關係；1979年元旦前夕，美國人更是毅然決然地宣布與「中華民國」斷交，這一政策調整使台灣當局不少人如喪考妣。筆者相信，只要時機和條件成熟，美國就必須接受中國最終完成統一的現實。

中國政府和平解決台灣問題的信心是堅定不移的，中美之間透過耐心的溝通、對話完全可以在台灣問題上找到共識。從90年代以來的兩岸互動情形來看，挑戰「中美上海公報」載明的一個中國原則、急於改變現狀的並非中國大陸而是台灣方面，其結果雖然給中美關係造成一定的負面影響，但台灣方面受傷更重。美國在外交上的政策選擇最終是基於國際政治現實，基於美國的國家利益最大化。長遠來看，隨著中國大陸綜合實力，尤其是經濟力量的快速成長，一個統一的、負責任的中國符合美國的根本利益。中國政府必須繼續以最大的耐心說服美國政府，繼續對台軍售，甚至以軍事介入方式干擾兩岸關係無助於海峽的和平統一，只會助長「台獨」冒險行動，最終導致戰爭的爆發。筆者相信，隨著兩岸融合進程給「中美台」三方帶來的利益極大化，會有更多美國人支持這樣的觀點：「和平統一對美國也有一個莫大的好處：消除此一戰爭爆發點將大幅減少中美摩擦及意外衝突的危險。」本著這樣的目的，中國政府也必將以自身的實力，越來越成功地向美國政府施加外交壓力，以進一步在國際社會確立「一個中國原則」，抑制不負責任的「台獨」分裂行動。筆者奉勸台灣當局：放棄不切實際的「台獨」分裂立場，回過頭來與中國大陸尋求兩岸共同發展的政治框架，建立兩岸均能接受的制度框架，這才是擺脫少數美

國利益集團政治勒索，順應中美關係發展潮流，維護台灣民眾長遠利益的最佳選擇。

（原載於《台灣研究集刊》）

註釋：

①施正鋒：《台中美三角關係》台灣前衛出版社2001年版，第151頁。

②美國蘭德公司國際政策組資深研究員波瑞克〈JonathanPollack〉：《台北、北京、華府應速尋求新平衡點》，台灣《中國時報》譯文，1996年8月31日。

③北京市台灣事務辦公室等編：《台灣問題重要文獻資料彙編》，紅旗出版社1997年版，第1237頁。

④記者孫揚明專訪美國蘭德公司亞太政策研究中心主任史文，台灣《聯合報》1996年11月4日，第9版。

⑤《美國與中共均應節制其對台政策》，台灣《中國時報》1993年1月16日。

⑥漢斯·摩根索著，盧華明等譯：《國際縱橫策論》，上海譯文出版社1995年版，第409頁。

⑦奈伊1995年12月12日在華盛頓亞洲協會上的講話。

⑧沈丁立：《邁向21世紀的中美關係》，《美國問題研究》第一輯，時事出版社2001年版，第6頁。

⑨美國加州大學教授施伯樂演說全文，台灣《中國時報》1993年3月18日第6版。

⑩馬修·邦克·李奇微：《朝鮮戰爭》，軍事科學出版社1983年版，

第276頁。

[11]I·F·斯通：《朝鮮戰爭內幕》，浙江人民出版社1989年版，第68頁。

[12]傅建中：《還葉公超以清白》，台灣《中國時報》1997年3月2日，第4版。

[13]美國加州大學教授施伯樂演說全文，台灣《中國時報》1993年3月18日，第6版。

[14]《美國亞太政策動向，立委關切》，台灣《聯合報》1993年3月29日，第4版。

[15]專訪美國中國問題專家何漢理：台灣《聯合報》1996年11月3日，第9版。

[16]韋弦：《談中美關係的幾大懸疑》，原載新加坡《聯合早報》，轉引自「鳳凰網」2002年6月22日。

[17]同⑥，第65頁。

[18]漢斯·摩根索（HansJ.Morgenthau）：《國際縱橫策論》，上海序譯文出版社1995年版，第65頁。

[19]蘭茜·卜科芙·德加：《兩岸和平統一有利美國》，原刊於美國《華盛頓季刊》，轉引自香港「鳳凰網」2002年7月17日。

美國全球軍事戰略調整動向及對台灣問題的影響

李鵬

布希政府上台伊始就著手對美國全球軍事戰略進行調整。一年

來，在經歷了中美撞機事件、「9‧11」恐怖襲擊事件、繼續進行.MD試驗、退出反導條約等一系列對其國家安全有重要影響的事件後，美國國防部分別於去年9月30日和今年1月8日向國會提交了《四年防務評估報告》和《核戰略評估報告》，美國全球軍事戰略調整的總體輪廓顯現出來。布希政府的全球戰略調整是對冷戰結束十年後國際安全形勢變化做出新的判斷的基礎上，對美軍的建軍方向、戰略重心、軍事部署等進行重新評估和做出根本性的調整。美國這次戰略調整的動向不僅影響到未來美國的整體軍事構想，還關係到歐洲大陸和亞太地區的安全戰略格局走向，對大陸台灣問題的解決也會產生重要影響。

一、美國調整軍事戰略的背景

對世界安全形勢和美國可能受到威脅的判斷一向是美國制定其全球軍事戰略的客觀依據，在此基礎上進行廣泛的對外政策和安全戰略辯論，更是美國調整其全球軍事戰略的前奏。冷戰結束以來，從老布希到克林頓，再到小布希，每一屆美國政府都會對國際安全形勢進行判斷，以尋求建立一種適應新形勢的全球軍事戰略。小布希入主白宮後，世紀之交國際安全形勢的發展、美國大陸政治的變化以及「9‧11」事件促使美國全球軍事戰略調整的問題再次提上議事日程。

1990年代以來，國際安全形勢發生了巨大變化，世界多極化和經濟全球化的趨勢深入發展，大國關係複雜多變，各種矛盾鬥爭交織，但相互借重、相互合作、相互制約的基本特徵沒有改變。①進入新世紀以後，國際安全形勢在總體穩定的同時動盪局面持續不斷，9‧11事件的發生使冷戰後尚未完全成形的安全格局更加凌亂，各個大國在安全格局的重新洗牌中又開始了新一輪的磨合和互動，力圖在新的格局中佔據有利的位置。作為世界上唯一超級大國又身受9‧11之害的美國更是一馬當先，對其全球軍事戰略進行調整。

實際上，冷戰結束之初美國就開始全面調整其冷戰期間所奉行的以「遏制戰略」為核心的國家安全戰略。老布希政府認為冷戰結束使美國獲得了二戰以來最佳安全環境和實力地位，建立世界新秩序的時機已經到來，但美國開始面臨新的、不確定和多樣化的安全威脅；克林頓政府在分析當時的國際形勢後認為美國正處在總體安全環境對其有利的「戰略機遇期」，但依然面臨多種安全挑戰，並提出了以「經濟、民主、軍事」為重點的「參與擴張戰略」，但美國大陸的保守勢力一直對這一戰略心存不滿。2000年大選期間，得到軍工、能源利益集團支持和受到保守競選團隊成員影響的小布希在競選主張中明確表示不同意克林頓政府對國際安全形勢的判斷，並批評克林頓和民主黨總統獲選人戈爾的全球戰略「太過軟弱」，「損害了美國的國家利益」。布希贏得選舉後，立即選定前參謀長聯席會議主席鮑威爾為國務卿，強硬派人物拉姆斯菲爾德為國防部長，保守派學者賴斯為總統國家安全事務助理。這些保守派官員上台後不久就啟動了冷戰後美國第三次也是最重要的一次全面軍事戰略評估和調整。5月21日，布希總統在美國安納波利斯海軍學院發表《美國21世紀的戰略構想》演講，正式表宣布美軍將進行戰略調整，並定下了要「建立一支無可匹敵的軍事力量」的基調。

美國的這次全球軍事戰略調整同樣經過了長時間的政策辯論，國防部共組織了20多個團隊，召開了上百次會議來審查美國的防務政策。小布希政府參與安全戰略評估和決策的主要官員頭腦中依然保持著「冷戰思維」，他們更注重的是對美國構成的現實或可能「威脅」，並刻意尋找「威脅」，尋找「對手」和「敵人」，主張採取強硬的手法對付「威脅」、「對手」和「潛在的敵人」。②他們認為當前「對美國及其盟友的安全挑戰並未完全消失，美國面臨的威脅更加多樣和難以確定」，③這種觀點得到了國會保守勢力、三軍將領和軍工企業的支持。但是美國國務院、國防部門的文職官員、民主黨和共

和黨的中間派對此持相反的意見，他們堅持克林頓時期對安全環境的判斷，認為「雖然面臨多種安全挑戰」，但「在進入21世紀之際，美國面臨一個使自己更安全、更繁榮的空前機遇環境」，「從現在到2015年的戰略間歇期內，美國沒有全球性戰略競爭對手，也不太可能出現打敗美軍的地區大國或聯盟」。④各方對「威脅來源」和「安全環境」判斷上的分歧直接影響到對戰略重心、武器研發、軍費開支、作戰指標、反導系統等問題的評估，使軍事戰略調整方案遲遲不能出台。

2001年9月11日發生在紐約和華盛頓的恐怖襲擊事件使國會各黨派、文職官員、軍事將領以及美國民眾空前團結，有關美國防務政策的辯論暫時平息，各方分歧也得以擱置。布希政府則加速了軍事戰略調整的步伐，趁勢推出了推遲已久的2001年度《四年防務評估報告》。隨著美國在阿富汗的反恐戰爭不斷取得進展，以及美俄在反導問題上某些默契的達成，美國再次發表《核威懾評估報告》，將軍事戰略調整推向深入。可以說，9·11事件在使國際安全形勢發生了複雜而微妙變化的同時，還促使美國對所面臨的安全環境進行重新認識，對美國人的安全觀念造成了巨大衝擊，直接推動了美國新全球軍事戰略的最終成形。

二、美國軍事戰略調整的動向與特點

《四年防務評估報告》和《核戰略評估報告》是美國全球軍事戰略調整的綱領性文件，它不僅對冷戰結束十年後的世界安全形勢進行了新的分析，也反映出9·11之後國際安全所面臨的新態勢；報告還對美國關鍵性的國家利益和安全威脅做出了新的概括，對美國全球戰略進行了重新部署和安排。總的來看，美國並沒有改變其軍事戰略考慮的基本出發點，但9·11事件使其對安全威脅的來源和美國所面臨安全的性

質做出了新的估計，具體政策措施上也有一些新的變化。綜合兩份報告的內容、美國領導人的講話和相關政策文件，我們可以看出美國新世紀全球軍事戰略調整的特點和發展動向：

（一）把美國本土防禦作為最優先考慮的現實安全問題，在反恐怖和反擴散的同時繼續發展和部署國家導彈防禦系統

傳統上，美國一直將國家作為其安全威脅的主要來源。1990年代以來，隨著美國遭受恐怖襲擊次數的增多，美國政府開始逐漸關注本土防禦問題。1997年12月美國國會的一個國防小組向國防部提交的報告中首次提出「國土防禦」的概念，強調美國必須把更多的注意力放在針對恐怖分子和毒品販子等滲透者的「國土防禦」上，但並沒有得到足夠的重視。9·11事件使美國人真正意識到其本土容易遭受襲擊的脆弱性，布希政府開始將「保衛美國」作為防務戰略的一項主要原則和首要作戰任務提出；去年10月，美國「本土安全辦公室」成立，並被授權領導和協調使用一切資源以確保美國的大陸安全；美國國會也相應成立了「本土安全特別工作組」，還提出了「反恐怖司法權力案」，為行政部門的運作制定法律依據和權限。

美國不僅將恐怖主義作為威脅美國本土安全的主要對象，還加大了對核生化武器和高爆武器的關注。美國認為，隨著越來越多的國家獲得核武器、導彈等大規模殺傷性武器，經濟全球化帶來的商務活動、旅行的增加，都可能導致敵對國家和敵對勢力直接對美國發動襲擊。因此評估報告明確提出，核生化和高爆武器掌握在某些不負責任的國家是極其危險的，為了確保剷除現實和未來的威脅，美國在加強國際反擴散努力的同時，美軍隊在實戰中還要擊毀敵方全境內的進攻能力和大規模殺傷性武器威懾力，在本地區重塑一個非敵意的政治軍

事環境,為此不排除美軍事占領其國土或強行改變其政權性質。

在國外強化反擴散的同時,美國更加強調增強本土防禦性威懾的重要性,即發展導彈防禦系統。9·11事件使美國政府找到了發展和部署導彈防禦系統的理由和機會。美國希望透過部署多層次的導彈防禦系統,能夠對各種射程的導彈在不同的航程階段進行有效攔截,以保證美國及其盟國不受政治訛詐和恐怖襲擊。在同俄羅斯達成默契後,布希於去年12月13日單方面宣布退出《反導條約》,從而為美國繼續發展和部署國家導彈防禦系統掃除了法律障礙。去年7月14日與12月3日,美國先後成功地進行了國家導彈防禦系統的飛行攔截試驗,今年則將在阿拉斯加州啟動第一批反導陣地的工程建設,正式拉開美國建設導彈防禦系統的序幕。

(二)繼續增強美國在海外的軍事存在和美軍的境外作戰能力,將「塑造—反應—準備」戰略調整為「前沿威懾」戰略,對「同時打贏兩場局部戰爭」的戰略持模糊立場的同時強調必須準備在多條戰線上對付新形式的危機

二戰結束以來,美國一直認為其國家利益遍及全球,將維護美國在世界上的霸主地位,保衛美國和盟國的安全,在全球範圍內促進自由、民主、人權作為美國的安全戰略目標。美軍的海外軍事存在和境外作戰能力一向是維護美國全球軍事戰略的重點之一。布希政府改變了克林頓時期以「塑造對美有利安全環境」、「對各種危機做出有效反應」、「從現在著手為不確定的未來做準備」為主的戰略,提出了「前沿威懾」戰略。它主要包括:和平時期在歐洲、東北亞、東亞沿岸及中東/西南亞等關鍵地區因地制宜地加強前沿部署;在當地出現緊急事態時,主要依靠當事地區的前沿部署力量,同時儘量利用全球情

報、訊息資源、遠程精確打擊等手段，儘量減少要戰區以外地區增援；必要時由非核部隊在敵人領土的縱深地帶精確打擊固定和活動目標，要保證有足夠數量的特種部隊並增強其作戰能力；準備好在威懾未能制止侵略的情況下能決定性地打敗敵人的軍事力量。⑤同克林頓的「塑造-反應-準備」戰略相比，「前沿威懾」戰略更著眼於實戰準備，也更具先發制人的進攻性。

在美軍境外作戰能力的戰略安排方面，布希政府也做出了某些調整。去年8月17日，美國國防部長拉姆斯菲爾德表示，由於美軍沒有能力實現「同時打贏兩場戰爭」的戰略，因此他將建議布希總統修改軍事戰略，他個人傾向於打贏一場戰爭的戰略，但他同時強調，根據將要出台的新軍事戰略，如果另一場戰爭同時發生，美軍仍有能力打贏，但那不再是「決定性」的因素。⑥新《評估報告》首次為美軍確定了四項作戰任務，即保衛美國領土、在關鍵地區對侵略者和脅迫行為進行威懾、準備應付同時發生的重大衝突並投入作戰；採取數量有限的緊急作戰行動。⑦對於已經沿用十年之久的「同時打贏兩場戰爭」的戰略，報告採用似棄非棄的模糊立場，聲稱要打贏兩場同時發生的大規模衝突並使美國總統能夠從中選擇一場取得決定性勝利。這反映了美國既想在各個大陸進行軍事干預和採取軍事行動，但又考慮到今後威脅來源的不確定性和美國當前軍事力量力不從心而不得不做出的一種折中的選擇。

（三）美國開始對核威懾戰略進行「根本性調整」，從過分依賴「核打擊」轉變為「加強常規武器進攻與導彈防禦」

冷戰結束不久，美國就放棄了1981年裡根時期所制定的以「準備打一場持久核戰爭」為指導的核戰略，轉而強調保持一支「足夠規模

和能力」，能夠「確保相互摧毀」的核威懾力量。隨著俄羅斯國力的大幅下降，對美國的核威脅大大減弱，俄美關係也得到很大的改善，加上其他核國家與美國的核力量差距較大，美國覺得「確保相互摧毀」戰略已經不合時宜。美國防部認為，美國在新世紀面臨的現實威脅更多的是來自生化武器和常規武器的襲擊，因此需要在保持一定核攻擊能力的同時大力加強常規武器進攻能力和防禦能力。美國助理國防部長克勞奇表示，非核攻擊手段如果得到充分開發與利用，也將具備與核武器同樣的摧毀能力。⑧《核戰略評估報告》就是要對美國的核威懾戰略進行「根本性的調整」。

根據這份報告，美國今後的軍事戰略將是削減進攻性戰略武器，加強常規武器的進攻能力，完善軍事指揮、控制、情報與計劃系統，並建立導彈防禦系統。根據計劃，美國在今後10年內將把目前部署的約6000枚核彈頭削減三分之二，到2012年保持1700至2200枚的水平；美國還準備銷毀「維和者」洲際導彈，將海軍「三叉戟」核潛艇數量從18艘削減到14艘，按原計劃拆除50個ICBM導彈發射井、取消B-1轟炸機攜帶核彈的功能等。核戰略調整後，美國將依靠包括精確制導炸彈和導彈在內的新型常規武器、一定數量的空基、陸基和海基核武器，以及國家導彈防禦系統來「保證未來10至20年的美國國家安全」。⑨美國在宣布裁減核彈頭的同時也表示，由於國際形勢中仍存在不可預見的變數，部分裁減的核彈頭將不予銷毀，而是轉入儲備狀態，一旦國際環境發生變化，美國還將適時對核戰略重新做出評估和調整。這表明美國並沒有打算真正放棄核威懾戰略，裁減核彈頭和核潛艇在很大程度上只是出於精兵的考慮，核力量依然是美國軍事戰略中「可依賴的威懾力量」，保持在世界上的絕對核優勢地位依然是美國軍事戰略的重要方面。

（四）歐洲和亞太依然是美國全球軍事戰略的關鍵

地區，但戰略重點有逐漸向亞太地區傾斜的趨勢，同時美國開始關注其軍事力量無法進入的國家或地區

　　歐亞大陸一向是美國全球戰略的心臟地帶，歐洲和亞太地區是美國全球戰略有兩個重要的支點。美國國務卿鮑威爾今年1月17日在美參議院外委會首次政策講話中提出「兩個基石說」，即以北約為核心的歐洲和以日美軍事同盟為核心的亞洲。《防務報告》體現了這種「歐亞並重」的戰略態勢，提出美國將要繼續保持在這兩個地區的軍事存在，維持目前的軍力結構和規模。但從戰略調整的趨勢來看，亞太地區的戰略份量在明顯加重，在不久的將來亞太地區很可能會成為美國的戰略重心。長期以來，美國的全球戰略重點在歐洲，亞洲顯得相對薄弱。近年來，隨著美國在歐洲地位的穩固，布希政府認為，亞太地區的安全環境對美國的全球戰略「最具挑戰性」，與歐洲相比，亞太地區對「美國安全利益的威脅趨於嚴峻」，美國必須加大相關軍事投入。事實上，過去幾年美國已經開始將很多軍事裝備從歐洲或本土調往亞太地區。因此，這次美國國防戰略調整的一個重要考慮就是使亞太地區逐漸成為美國全球軍事戰略體系的中心環節之一。

　　《防務報告》中明確提出，在全球各地區中，亞洲「正逐漸成為最可能出現對美國構成大規模軍事挑戰」的地區，並提出從孟加拉灣-日本海-澳大利亞-新西蘭的「東亞沿岸地帶」概念，還認為從中東到東北亞的「廣闊的不穩定的弧線」中，尤其在從孟加拉灣到日本以南海域的東亞沿海地區，存在著針對美國的特殊挑戰，在這個地區可能出現一個「擁有強大的資源基礎的軍事競爭者」，不點名地把矛頭指向中國。為了維護在該地區的戰略利益，美國將維持在東北亞的軍事基地，同時加強印度洋的波斯灣地區的軍事力量，延長美海軍航母戰鬥群在西太平洋出現的時間，並研究增加航母集群和部署巡航導彈的可

能性,增加美空軍在太平洋、印度洋和波斯灣的基地。日美安保體系被美日認為是「維護亞太地區和平與穩定的基本力量」,日美已經開始建立機制化、規範化、全方位、深層次的新合作機制。與此同時,美國繼續加強其在這些地區的前沿軍事存在,維持在亞太駐軍10萬人的總體規模,並試圖將國家導彈防禦系統擴展至亞太地區;美國還以日美安保體制為模式,構建同亞太地區其他國家的軍事同盟關係,加強同澳大利亞和某些東南亞國家的在和平時期的聯合軍事行動,以應付可能的危機。這些都將對新世紀亞太地區的安全形勢和安全格局產生重要影響。

在注重傳統地緣戰略區域的同時,本·拉登在阿富汗對美國展開襲擊使美國意識到來自「美國軍事力量無法進入」、「反對美國進入」和「缺乏有效管理或負責任的政府」的國家和地區的威脅。美國認為這些國家和地區正在成為恐怖、犯罪組織和個人從事恐怖活動和跨國犯罪的避難所,美國的軍事力量和政治影響應該觸及這些地區,防止這些國家和地區對美國在海內外的利益構成挑戰和威脅,這就加大了美國今後對這些地區進行軍事幹預的可能性。

三、美國軍事戰略調整

對台灣問題的影響

美國這次軍事戰略調整幅度比較大,對全球安全格局、亞太地區的安全形勢和大國關係都會產生一定的衝擊。中國和美國都是世界大國之一,雙方都肩負維護亞太地區的和平、穩定與安全的責任。台灣問題是中美關係中最重要和最敏感的問題,台海安全也是亞太安全中一個值得關注的問題。美國軍事戰略調整必定會對中美關係中的台灣問題產生一定的影響。

（一）中美在反恐怖和反擴散領域的共同利益與合作，以及美國對中國戰略需求的增加可能給中美緩和在台灣問題上的矛盾和分歧帶來某些機會

恐怖主義威脅不是傳統意義上的戰爭，恐怖襲擊的目標、對象、性質、規模具有不確定性，單憑一國的政治影響和軍事力量很難得到解決。美國要實現反恐怖和反擴散這個優先和重點考慮的戰略利益，必須尋求國際合作，特別是大國間的合作。中美都是聯合國常任理事國，又是核大國，對世界事務有重要影響，美國的反恐鬥爭和反擴散的國際努力離不開中國的合作，美國其他方面軍事戰略的實現也需要中國的配合。9·11事件後，江澤民主席和布希總統都多次表達了中美「加強對話、開展合作」，「共同打擊恐怖主義暴力活動」的願望；中美由情報和執法專家組成「反恐怖工作組」已經開始工作；中國還從金融、情報等領域對美國的反恐鬥爭予以配合。布希2月21日訪華期間，雙方同意繼續在雙向、互利基礎上加強磋商與合作，充實兩國中長期反恐交流與合作機制。⑩

隨著中美在反恐怖領域合作的順利開展，美國對中國的戰略需求隨之增加，布希上台後一度緊張的中美關係得到一定的改善，中國的整體安全環境也有所好轉。布希總統出席上海APEC會議期間表明要同中國建立「建設性合作關係」，布希今年2月訪華前，美國官員明確表示要同中國進行戰略對話，這就要求中美在一系列問題上進行協調與合作。妥善處理台灣問題是保證中美關係穩定發展的關鍵，對中美建設性合作關係的建立、發展和中美戰略對話的開展有著直接的影響。台灣問題涉及到中美關係中的戰略性矛盾，由反恐怖帶來的合作與協調雖然不可能從根本上化解兩國在台灣問題上的分歧，但是卻能夠在某種程度上防止兩國在此問題上矛盾的激化。由於顧及到中美建設性合作關係的大局，希望中國在國際社會配合美國的某些行動，美國在

台灣問題上的一些表態和舉動也會更趨謹慎。9·11事件後，雖然美國依舊對台灣表示支持，國務卿鮑威爾也曾表示「美中合作對抗恐怖主義，絕不會以犧牲台灣為代價，台海安全也不會受影響」，但美國政府在台灣問題上的立場和態度都發生了一些變化，總統、國務卿和國防部長等高級官員講話的調子不像以前那麼強硬；布希訪華期間也表達了堅持一個中國的政策，遵守美中三個聯合公報的一貫立場；美國大陸甚至出現了中美簽署第四個聯合公報的聲音。這些都為中美緩和在台灣問題上的矛盾帶來了某些機會，關鍵在於雙方是否能夠「登高望遠」，從中美建設性合作關係的大局出發，抓住機會，縮小分歧，從而為台灣問題的和平解決創造良好的條件。

（二）美國將亞太地區軍事部署重心從東北亞轉向其他地區，表明台海安全在美國全球戰略地位中的緊迫性有所下降，短時期內有利於台海緊張局勢的緩解

台灣問題一直是美國亞太戰略中的重要一環。隨著國際形勢和中美關係的發展變化，台灣在美國亞太戰略中所扮演的角色和所處的地位不盡相同。以前美國在亞太地區的戰略重心是東北亞地區，關注的是朝鮮問題和台灣問題兩個焦點。這次戰略調整後，東北亞、東亞沿岸依然是美國前沿軍事部署的重要地區，但與在西南亞和中東地區的反恐怖戰爭相比，朝鮮問題和台灣問題並不是迫在眉睫的威脅，其在當前美國全球戰略中的緊迫性有所下降。就目前而言，美國將阿富汗周邊和中東地區作為需要進行軍事部署和軍事打擊最急迫的地區。

此外，美國調整後的軍事戰略有打算放棄「同時打贏兩場局部戰爭」戰略的考慮，當前美國在亞太地區的軍事部署尚不足以同時打兩場大規模戰爭。美國在阿富汗的軍事行動尚沒有取得最終結果並且繼

續受到恐怖主義威脅的時候，並不希望其他地區特別是亞太地區再發生一場可能將美國捲入其中的衝突和戰爭。台灣當局一直希望美國插手兩岸事務，將台灣問題國際化，特別是希望美國介入台海安全，美國對台灣也有所謂的「安全承諾」，台海地區成為美國認為可能捲入軍事衝突的重點地區之一。在自顧不暇的情況下，避免兩岸在近期內發生可能導致美國捲入的軍事衝突成為美國當前的政策考慮之一。中國政府已經明確將「三個如果」作為對台採取斷然措施的條件，出於贏得中亞反恐戰爭的考慮，美國不希望台灣當局此時突破「三個如果」的限制和進行可能導致台海局勢惡化的挑釁行動。這短期內對島內的「台獨勢力」和「台獨」活動會產生一定的壓力，公開的「台獨」活動會有所收斂，暫時有利於緩和兩岸的緊張局勢。

（三）美國將中國視為亞太地區的「軍事競爭者」，會繼續將台灣問題作為遏制和圍堵中國的一張牌，繼續加強美台關係和軍事合作，從而加大中國實現和平統一的難度

雖然台灣在美國全球戰略中的地位有所下降，但並不意味著台灣問題在中美關係中的重要性會降低。在《四年防務報告》中，美國不點名地將中國作為亞太地區的「軍事競爭者」，這與布希上台前後認為中國在2015年前後有可能成為美國的「最重要的全球性戰略競爭對手」的定位是一致的。去年以來，中美在安全領域的矛盾已經凸顯出來，中美撞機事件、增加對台軍售、宣布退出《反導條約》、建設國家導彈防禦系統、戰略部署滲入中亞地區、加強同印度的實質軍事關係等都反映了美國準備在中國「羽翼未豐」之時加強對中國圍堵和遏制的意圖。

台灣問題是中美關係中的關鍵性問題，美國也是大陸解決台灣問

題、實現祖國統一的主要障礙。美國在評估報告中強調「在關鍵地區對侵略和脅迫行為進行威懾」，並將中國周邊的東北亞、東南亞作為重點威懾地區，在很大程度上就是針對台灣問題而來。布希政府上台後，美國對華政策向台灣傾斜的跡象明顯，美台實質關係的發展更加密切，美台軍事關係也有進一步加強的趨勢。一年來，美國對克林頓時期奉行的「全面接觸」政策進行了調整，放棄了克林頓時期的「三不」政策，對中國實行「遏制性接觸」；雖然美國依然聲稱堅持一個中國政策，但國務卿鮑威爾表示，如何解讀「一個中國」是海峽兩岸自己的事情，表明美國政府「一個中國」政策的內涵正在悄悄地發生變化；去年4月布希政府向台灣出售了近十年來最大的一筆軍售項目，美台在軍事訓練、技術支持、人員交流、軍官培訓等方面都越發緊密；布希訪華期間還聲稱繼續執行《與台灣關係法》；與此同時，美國政府和國會還有人對台灣參與聯合國，加入世界衛生組織表示支持。這些都充分證明了布希政府已經將台灣問題作為遏制中國崛起重要的戰略考慮，要繼續維持兩岸「不統不獨」的局面，這與陳水扁當局「挾洋自重」的策略不謀而合。陳水扁上台後將發展美台關係放在突出重要的地位，多次表示其政策要「讓美國滿意」，甚至提出「面對共同的威脅，美日台應該共同分工研發導彈防禦體系」。美台實質關係的發展增強了台灣當局在「一個中國」原則和國家統一等問題上與大陸對抗的砝碼，加大了中國政府爭取實現和平統一的難度。

（四）美國的干涉政策和在世界各地軍事干涉的成功會使美國軍隊高估自己的在「維護台海安全」中的作用和能力，可能助長島內「台獨」勢力「以武拒統」的決心，在某種程度上增加了今後引發台海軍事衝突的潛在危險

「新干涉主義」是冷戰後美國全球戰略的重要組成部分，美國這次調整後的軍事戰略不僅沒有放棄軍事干涉政策，還在某種程度上降低了軍事干涉的門檻，其「前沿威懾」戰略的提出進一步方便了美軍今後的軍事干涉行動。雖然短期內美國的戰略對台海局勢的緩和有一定的幫助，但從長期來看，「新干涉主義」的存在和美國的所謂「安全承諾」對台海地區的和平與安全構成了潛在的威脅。美國學者、前駐華武官Monte R.Bullard認為台海局勢有三個誤判可能導致台海局勢的惡化，其中有兩個就是，美國軍隊相信可以用軍事手段保護台灣並能夠實現「無傷亡戰略」；台灣當局和很多台灣民眾深信，無論在什麼樣的情況，美國都會介入台海軍事衝突，給予他們援助。[11]冷戰後美軍在伊拉克、波黑、科索沃和阿富汗等地軍事干涉的勝利和美軍在戰爭中「零死亡」的實現，助長了美軍的囂張氣焰，使一些美國官員和軍官對台海地區發生軍事衝突的危險性和後果估計不足，盲目認為即使台灣海峽發生衝突，美軍也必須投入戰鬥並且能夠迅速取得勝利，從而加大對台灣的軍事支持，導致出現「外國侵占台灣」的局面，使中國政府不得不採取斷然措施。此外，美國在新戰略中繼續強調「準備應付同時發生的重大沖突並投入戰鬥」，可能會使一些「台獨」分裂分子有恃無恐，對美國的軍事介入過於信賴，採取冒險性和挑釁性的政策，加速其分裂行徑；台灣當局也有可能在美國的「安全承諾」下繼續「以武拒統」，「無限期地拒絕透過談判和平解決兩岸統一問題」，從而導致大陸政府不得不使用武力來實現祖國統一。無論哪一種情況在台海出現，都是各方所不願意看到的，美國只有改變對台海的軍事干涉戰略，才能夠真正維護中美兩國和台灣人民的利益，也必將有利於亞太地區的和平與安全。

　　（原載《台灣研究集刊》）

　　註釋：

①《2000年中國的國防》，《人民日報》2000年10月7日。

②《人民日報》2001年7月27日。

③《美防務政策調整阻力重重》，《解放軍報》2001年9月11日。

④閻學通等著：《中國與亞太安全》，時事出版社1999年版，第67～68頁。

⑤⑦宋以敏：《美國〈四年防務評估報告〉變在何處》，《瞭望》2001年第47期。

⑥《人民日報》2001年8月20日。

⑧《人民日報》2002年1月10日。

⑨《人民日報（海外版）》，2002年1月11日。

⑩《人民日報（海外版）》，2002年2月22日。

[11] Monte R.Bullard, Undiscussed Linkages: Implications of Taiwan Straits Security Activity on Global Arms Control and Nonproliferation, www.cns.miis.edu.

第三篇　海峽兩岸關係中的法律問題

加入WTO對兩岸經貿立法的影響

彭莉

　　WTO是一個以法律規則為基礎的經濟組織，具有一套系統的法律規範體系，WTO的使命之一就是透過一系列具有法律約束力的、充分體現市場經濟規則的多邊貿易協定在全世界範圍內的推行，以實現經貿活動的自由化。在WTO的法律架構中，《關於建立世界貿易組織的協定》是其核心，「協議」除本文外，還包括了四個附錄，附錄一由關於多邊貨物貿易協定、服務貿易總協定、與貿易有關的知識產權協議三部分組成，附錄二為對爭端處理規則和程序的諒解，附錄三為貿易政策評審機制，附錄四為諸邊貿易協議。上述四個附錄是「協議」不可分割的組成部分，其中貨物貿易協定、服務貿易協定、知識產權協議構成了WTO的三大實體協議，WTO規則對兩岸經貿立法的衝擊及影響主要即反映在這三個協議中。

一

　　1990年1月1日，依據GATT第33條之規定，台灣以「台、澎、金、馬獨立關稅區」名義向GATT祕書處提出入會申請，1995年1月1日世界貿易組織成立後，台灣又改依WTO第12條向WTO祕書處提出申請。歷經12年的跋涉，2001年11月12日「台、澎、金、馬獨立關稅區」加入WTO一案終於在卡塔爾部長會議得以通過，次年1月1日台灣正式成為

世貿組織成員。台灣入世雖僅半年時間,但自申請加入WTO(GATT)尤其是1990年代中期以來,台灣當局對其經貿法規中與WTO規則及入會承諾中不相吻合之處作了全面檢討和調整,具體而言,基於入世的需要,台灣當局共修正了55項相關法案,主要包括:

(一)貨物貿易領域

為與WTO多邊貨物貿易協定相接軌,台灣當局修正的法規主要有《貿易法》、《貨物稅條例》、《營業稅條例》、《關稅法》、《海關進出口稅則》、《加工出口區設置管理條例》、《科學工業園區設置管理條例》、《商品檢驗法》、《標準法》、《食品衛生管理法》、《商港法》、《藥事法》、《國庫署組織條例》、《農業發展條例》、《糧食管理法》等等,新增訂的法規有《煙酒管理法》、《煙酒稅法》,與此同時,還廢止了《台灣省內煙酒專賣暫行條例》、《違反糧食管理治罪條例》等法規。經過多次的調整,台灣工業產品的平均稅率已自入世前的6.03%調降至2002年的5.78%,並將分年調降為4.15%,①;農產品的平均關稅亦自入世前的20%調降至2002年的14.01%,並將分年調降到12.89%。②

(二)服務貿易領域

與貨物貿易問題一樣,為與GATS相接軌,近年來,台灣當局對其服務貿易法規進行了大幅調整,其中較為重要的有《公司法》、《證券交易法》、《電信法》、《公路法》、《航業法》、《會計師法》、《律師法》、《建築法》、《建築師法》、《獸醫師法》、《專門職業及技術人員考試條例》、《中央銀行法》、《銀行法》。2001年底為配合台灣金融再造工程的快速發展,迎接加入WTO的挑

戰，台灣立法機構又相繼通過了《存款保險條例》、《金融重建基金設置及管理條例》、《金融控股公司法》、《營業稅法》、《保險法》以及《票券金融管理法》等「金融六法」，這些法規雖非均屬55項法案之列，但它們的通過和修訂，為台灣金融機構的轉型提供了法源依據，將有助於台灣銀行業在入世後大規模的整合行動。

（三）知識產權領域

　　台灣TRIPS變法工程主要包括了修訂《專利法》、《商標法》、《著作權法》、《著作權中介團體條例》，及制定《集成電路布局保護法》、《光碟管理條例》兩方面的內容，與貨物貿易和服務貿易相比，知識產權問題涉及到的法規相對較少。目前，構成台灣知識產權法規體系的各單項立法，不論是傳統的《專利法》、《商標法》、《著作權法》還是新興的《光碟管理條例》都已與TRIPS的要求基本相吻合。

　　綜上可見，自關貿總協定到世貿組織的約半個世紀期間裡，各項議題的發展已由早期的關稅減讓邁向後期的非關稅減讓，由商品貿易擴及服務業貿易，由貨物流通延伸到投資、知識產權等問題，因此，入世對台灣經貿立法的影響是廣泛而深遠的，從工業、農業到服務業，從貿易、投資到知識產權保護，WTO基本原則及具體規則已滲透到台灣經貿法制的各個領域。為進一步履行入會承諾，承擔關稅減讓與市場開放等應盡義務，在未來一段時間內，台灣相關的法令章程仍有改弦易轍的必要，其修法層次將向下延伸至地方政府，另外，隨著WTO新一回合談判的開始，或其他成員要求諮商的展開，台灣現行經貿法律制度也有一定的修改空間。

二

台灣加入世界貿易組織後，除按照WTO規則及入會承諾，全方位修正相關法令，逐步降低原有的關稅及非關稅障礙外，另一迫切需要解決的問題是如何利用WTO這一經貿平台，調整現行大陸經貿政策法規，一定程度上改變與大陸的經貿互動方式，以符合島內政經發展的需要。與一般性經貿法規相比，台灣現行專項性大陸經貿立法與WTO間的距離是明顯的，但是，基於兩岸經貿交流日趨熱絡及WTO無歧視待遇等原則的壓力，不論入世前後，台灣限制性大陸經貿政策法規都有一定程度的鬆綁。

　　在正式成為WTO成員之前，台灣雖然一方面堅持「間接、單向」、「戒急用忍」的大陸經貿政策，另一方面也不斷就其具體內容作一定的放寬，如，陸續開放間接輸入大陸物品的項目、對大陸物品採取進口貨品原產地認定標準、擴大大陸物品輸入的免簽範圍，等等。但是，出於「安全」和防止「產業加速外移及經濟邊陲化」的考量，台灣當局有關兩岸經貿專項立法調整的深度和廣度都遠不如一般性經貿法規。為此，入世後台灣當局大陸經貿政策須進一步朝「開放方向」調整，對大陸物品進口和陸資入台，均將采「積極開放、有效管理」的原則。為落實這一政策，今年以來，台灣當局採取了以下措施：

　　（一）以《台灣地區與大陸地區貿易許可辦法》第7條第1款為依據，擴大開放大陸物品進口項目。2月15日，台灣經濟部公布了2058項大陸物品進口清單，若加上在此之前開放的5000餘項，大陸物品開放比率約為73%，大陸物品的免簽證數比例也上升為95%以上。其後，按照兩個月一次的例行檢討及每半年一次專案會議漸進檢討開放的原則，8月29日，台灣經濟部又開放了飼料氨基酸等21項大陸貨品准許輸入。

　　（二）修訂《台灣地區與大陸地區貿易許可辦法》及相關規定，

開放兩岸貿易商直接交易。2月13日,台「經濟部」修改了「貿易許可辦法」第5條,明定:台灣地區與大陸地區貿易,得以直接方式為之;其買方或賣方,得為大陸地區業者。但其物品之運輸,應經由第三地區或境外航運中心為之。為因應兩岸直接貿易後,台灣廠商與大陸從事貿易往來所衍生的匯款及進出口外匯業務需求,台「財政部」還修改了《台灣地區銀行辦理大陸地區間接進口外匯業務作業準則》及《台灣地區金融機構辦理大陸地區間接匯款作業準則》,作為兩岸直接貿易的配套措施。(三)修訂《台灣地區與大陸地區人民關係條例》,開放大陸部分產業投資台灣。4月2日,台「立法院」再次修正了「兩岸關係條例」,其中有關開放陸資投資台灣土地及不動產一項,新條例第69條將原來的「完全禁止」,修正為「大陸地區人民、法人、團體或其他機構,或其於第三地區投資之公司,非經主管機構許可不得在台灣地區取得、設定或移轉不動產物權」。以該條文為依據,台「內政部」於2002年8月出台了《大陸地區人民在台灣地區取得設定或移轉不動產物權許可辦法》,「不動產物權許可辦法」就大陸地區人民、機構或於第三地區投資的公司,申請取得或設定不動產物權的資格、許可條件及用途,以及申請程序、申報事項、應備文件、審核方式、違規使用的處理等事項作了具體規定。「兩岸人民關係條例」及「不動產物權許可辦法」的修正和制定,為開放陸資赴台投資建立了法律架構。

(四)修訂《在大陸地區從事投資及技術合作許可辦法》及相關法規,放寬台灣企業赴大陸投資的限制。為配合新的大陸投資審查機制,台灣「經濟部」於4月修正公布了「投資許可辦法」7條,將赴大陸投資產業類別由原來「許可類」、「專案審查類」、「禁止類」三類改為「禁止類」和「一般類」兩類,並於4月24日公布「在大陸地區從事投資或技術合作製造業及農業禁止類之產品專案」清單,對投資大陸的產品專案採取負面表列的方式進行規定,除列入公告「禁止

類」之外，其餘均屬一般類，予以開放。③

（五）修訂《台灣地區與大陸地區金融業務往來許可辦法》，放寬兩岸金融業務往來的限制。繼2001年底修訂「金融許可辦法」第2、5條放寬台灣地區銀行海外分支機構金融業務可往來對象，2002年8月，台灣當局又一次修訂了「金融許可辦法」第2、4條條文，同時增訂了第4條第1款、第5條第1款、第6條1款，放寬台灣外匯指定銀行（DBU）和郵匯局可直接與大陸地區金融機構進行金融往來，並再開放四類匯出款項目；此外，新辦法還允許國際金融業務分行（OBU）對大陸台商辦理放款及應收帳款收買業務。

由於目前台灣在調整兩岸經貿政策時仍堅持分階段開放、有所選擇、循序漸進的原則，因此，入世後台灣有關大陸經貿政策法規的第一波開放是有限度的。在貿易方面，迄今仍有大量大陸產品禁止進口，而且台灣當局在宣布開放大陸物品進口的同時，也明確強調將建立大陸地區物品進口防禦機制；在投資方面，第一階段台灣當局僅允許大陸的房地產業對台投資，並將視房地產業的成效，再進一步評估開放其他產業的實質投資。隨著入世後兩岸經貿關係持續發展，台灣現行各種對大陸投資、貿易壁壘勢必被迫進一步解除，以《台灣地區與大陸地區人民關係條例》為母法的「大陸經貿法規體系」面臨持續修訂的壓力，而台灣當局長期以來頑固推行「單向」投資政策而造成的有關陸資入台法律規範的不完善將是其中重要內容之一。

三

大陸自1986年7月10日正式提出申請恢復在關稅及貿易總協定的創始締約方地位起，至2001年底正式成為WTO成員，其間整整歷經了15年的時間。大陸原擬在1994年烏拉圭回合談判結束，世界貿易組織成立前復關，但卻因種種原因未能實現。1995年世貿組織成立後，經濟

全球化已成為世界經濟發展的主要趨勢，在這一背景下，大陸加快了加入WTO的進程。1999年11月5日，大陸與美國的雙邊談判達成了協議，2000年5月19日，大陸與歐盟的雙邊談判達成了協議，2001年12月11日，大陸正式成為WTO成員。入世對於大陸的市場經濟法制建設的影響是深遠的。1999年以來，根據國民待遇、最惠國待遇、透明度等原則的要求，大陸有關部門對與世貿規則和入會承諾不一致的法律、行政法規、規章和其他政策措施進行了清理。至2002年初，中央一級的清理工作已基本結束，需要立、改、廢的法律、行政法規、規章和其他政策措施共1150餘件。目前，國務院已廢除了《中國銀行對外商投資企業貸款辦法》、《重要生產資料和交通運輸價格管理暫時規定》等行政法規12件，停止執行其他政策措施30餘件，國務院各部門規章的廢、改、立工作也在持續進行，其中僅外經貿部即先後對外公布了四批廢止的規章，總件數達382件，此外，大陸立法機關還制定和修改了一系列法律、法規，主要包括：

（一）貨物貿易領域

根據加入WTO的承諾，大陸於2002年1月1日起大幅下調了5000餘種商品的進口關稅，關稅總水平由15.3%降低到12%，其中工業品的平均稅率由14.7%下降到11.3%，農產品（不包括水產品）的平均稅率由18.8%下降到15.8%。④在非關稅措施方面，今年年初以來，大陸取消了糧食、羊毛、棉花、化肥等產品的配額許可證管理。外經貿部、國家計委等單位陸續公布了《進口配額管理實施細則》、《特定產品進口管理細則》、《農產品進口關稅配額管理辦法》、《化肥關稅配額管理辦法》等規章。此外，鑒於國外產品傾銷、補貼每年給大陸造成巨額經濟損失，而大陸卻長期無「法」以對，大陸加快了這一領域的立法步伐，2001年底，《反傾銷條例》、《反補貼條例》、《保障措

施條例》正式公布,並於2002年1月1日起開始實施。

(二)服務貿易領域

1970年代末以來,大陸的經濟立法工作有了長足進展,但相對於其他立法而言,服務貿易領域的立法卻顯得較為薄弱。1990年代後,大陸加緊了服務貿易立法工作,制定並公布了一定數量的相關法律、法規。2001年底正式成為WTO成員後,為履行入世承諾,大陸又在一些重要的服務貿易部門頒布了新的審批外資進入的法規和條例,主要有:《外國律師事務所駐華代表機構管理條例》、《外商投資電信企業管理條例》、《外資金融機構管理條例》、《外資保險公司管理條例》、《國際海運條例》、《中外合作音像製品分銷企業管理辦法》、《電影管理條例》、《旅行社管理條例》等。

(三)知識產權領域

大陸知識產權立法起步於改革開放初期。為使知識產權保護制度更加完善,1990年代初期大陸立法機關分別對《專利法》、《商標法》及實施細則進行了修正。經過此番調整,大陸知識產權法與國際慣例間的距離有所縮小,但仍存在著許多與TRIPS不相吻合的地方。2000年以來,為進一步與TRIPS相銜接,大陸陸續完成了《專利法》及其實施細則、《商標法》及其實施細則、《著作權法》及其實施細則、《計算機軟體保護條例》、《半導體集成電路布圖設計保護條例》、《保護植物新品種條例》的制定和修訂,大陸知識產權立法已基本符合TRIPS的要求。

(四)投資領域

1994年結束的烏拉圭回合談判達成了TRIMS協議，第一次將投資問題引入國際貿易論壇和世貿組織機制，同時，世貿組織法律體系中的GATS、TRIPS也對國際投資法和各成員外資法產生了深遠的影響。大陸原有的外資法與WTO體制下的國際投資規範的要求存在著較大的差距，為此，大陸立法機關著力對《中外合資經營企業法》、《中外合作經營企業法》、《外資企業法》及其實施細則進行了全面修訂，取消了與TRIMS不符的有關外匯自主平衡、購買當地產品、出口業績、生產計劃上報等限制性條款，同時還廢除了對外籍人員購買飛機票、車船票、門票的雙重收費標準，使外資企業享有真正平等的待遇。大陸對外資體系三大法律的修改雖然字數不多，卻較好地體現了對加入WTO作出法律承諾的履行。此外，今年2月，國務院公布了調整後的《指導外商投資方向規定》和《外商投資產業指導目錄》擴大了鼓勵類投資項目，縮小了限制類項目的數量，凸顯出入世後大陸外資準入政策的調整方向。

大陸自1990年代末開始的大規模的WTO法律、法規清理工作成效顯著，在不久前世貿組織進行的第一次過渡性審議中，WTO成員對大陸所取得成績尤其是履行入世承諾予以了積極評價。與WTO規則所包涵的各項協議相對照，今後大陸需要修改和制定的法律主要有《對外貿易法》、《反不正當競爭法》、《反壟斷法》、《電信法》、《商業祕密保護法》等等，另外，對於已經出台的法律、法規，大陸政府各部門還將根據需要制定實施細則，以便使其更具操作性。

四

與台灣專項性大陸經貿立法設置了各種限制性條款不同，大陸專項性涉台經貿立法更多的是透過賦予台灣同胞優厚的待遇以增強台商的投資積極性，促進兩岸經貿關係的發展。因此，加入WTO後，台灣

在大陸經貿立法問題上面臨的壓力是如何逐步開放原有限制性條款，而大陸所面臨的問題則是在WTO的架構下，如何讓台灣同胞持續享有最優惠待遇。為確保台灣同胞的利益，不論入世前後，大陸方面曾多次強調將繼續貫徹鼓勵台灣同胞來大陸投資的政策。在今年9月舉行的「第六屆中國投資貿易洽談會」上，外經貿部台港澳司負責人更明確表示，台商在大陸投資享有的優惠待遇不會改變。大陸將繼續賦予台商不低於大陸企業的現行優惠待遇，不論台商以什麼名義來投資，大陸都將予以鼓勵和保護，將繼續落實《台灣同胞投資保護法》及其實施細則，仍會針對台商特點予以照顧。⑤基於這一精神，迄今為止，大陸涉台經貿立法體系及其具體內容都沒有大的變化，其體系構成仍然如下：

　　第一層次為全國人大及其常委會通過法定程序制定的法律，屬於這一層次的立法目前僅有1994年3月第八屆全國人大常委會第六次會議通過的《台灣同胞投資保護法》；第二層次為國務院頒布的行政法規，主要有1988年的《關於鼓勵台灣同胞投資的規定》，及1999年12月的《台灣同胞投資保護法實施細則》；第三層次為地方性涉台經貿立法，如1994年9月廈門市人大出台的《廈門市台灣同胞投資保障條例》。近10年來，大陸大多數省、直轄市和有立法權的市透過人大出台了大量的地方性涉台法規，這些地方立法大多以鼓勵台商投資為主要內容。第四層次是國務院各部委發布的有關規範兩岸經貿關係的行政規章和規範性文件，如2000年外經貿部制訂的《對台灣地區貿易管理辦法》。在大陸現行涉台經貿法律架構中，這一層面立法的數量多且涉及面廣。⑥

五

　　海峽兩岸調整兩岸經貿關係的法律、法規主要都包涵了兩方面的

內容，其一是一般性的經貿法律、法規，如大陸的《中外合資經營企業法》，台灣的《貿易法》；其二是專門性的兩岸經貿法律、法規，如大陸的《台灣同胞投資保護法》，台灣的《台灣地區與大陸地區人民關係條例》等。因此，要探討入世對兩岸經貿關係立法的影響，相應地也必須包含以上兩個方面。

　　大陸與台灣為因應入世而對自身一般性經貿法律、法規所作的調整將有利兩岸經貿關係的進一步發展。長期以來，海峽兩岸經貿法律制度有著明顯的區別。基於社會制度、經濟水平、法律體系及文化傳統的差異，這種不同在短期內原本難以大幅縮小，但入世為兩岸經貿法制在許多問題上的走向一致提供了契機。按照WTO第16條第4款規定，所有申請入會的成員均應使其自身的法規符合世界貿易組織的國際規範，因此，不論大陸還是台灣，一旦入世，就必須嚴格履行《關於建立世界貿易組織的協定》及其附件、子附件中的基本義務，必須嚴格履行各自的入世承諾。這與在此之前兩岸制定或修改經貿法律、法規時所泛泛提及的與國際慣例接軌有本質的不同。基於入世而導致的兩岸經貿立法差異的縮小無疑為兩岸經貿交流與合作提供了更為有利的法律基礎。另一方面，今年以來，台灣當局對其限制性的大陸經貿政策法規已有了一定程度的放寬，而大陸也明確表示入世後將繼續落實《台灣同胞投資保護法》及其實施細則，仍會針對台商特點予以照顧，這一態勢顯然也有利於兩岸經貿關係的良性發展。

　　當然，加入WTO並不能使兩岸經貿立法達到完全的統一，大陸和台灣經貿法制的差異將在相當長的一段時間內存在，由這種差異及缺乏正常的、制度化的溝通渠道而引發的法律癥結仍將困擾著兩岸的經貿交往。另外，雖然近來台灣方面對大陸經貿政策法規做了一定的修正和調整，但仍存在諸多限制，而大陸經貿法律環境的日益完善使得台商將面臨外商更強勁的競爭。這些都將成為影響兩岸經貿關係發展的因素。

（原載《台灣研究集刊》）

註釋：

①②《「我國加入WTO對經濟之影響及因應對策」政策說明》，http://www.trade.gov.tw。

③李非：《兩岸加入世貿組織對台商的影響》，見《WTO架構下兩岸經貿關係學術研討會論文集》，2002年，台北。

④《中國積極履行加入世貿組織承諾》，http://www.moftec.gov.cn。

⑤《台商投資大陸待遇不變》，http://www.moftec.gov.cn。

⑥彭莉：《WTO架構下大陸涉台經貿立法的完善》，《台灣研究集刊》2001年第4期。

WTO架構下大陸涉台經貿立法的調整——兼談入世後福建再創涉台經貿立法新優勢問題

彭莉

　　大陸調整涉台經貿關係的法律規範主要包括兩方面的內容，其一是一般性的涉外經貿法律、法規，如《中外合資經營企業法》、《對外貿易法》等；其二是專門性的涉台經貿法律、法規，如《台灣同胞投資保護法》、《對台灣地區貿易管理辦法》等。因此，就大陸角度而言，要探討入世對兩岸經貿關係立法的影響，相應地也必須包含以上兩方面的內容。對於前者，大陸法學界已作了大量的研究，立法機關也做了充分的準備工作。據初步統計，目前，全國人大常委會已修

改了專利法、中外合作經營企業法、外資企業法、中外合資經營企業法，審議了著作權法、商標法。全國人大還將根據入世的需要制定反壟斷法，修改對外貿易法、進出口商品檢驗法等。國務院對截至2000年底的現行756件行政法規也進行了全面清理，並正在制定反傾銷條例、反補貼條例和保障措施協議。這些新修訂及新出台的法律、法規將成為日後規範大陸包括對台經貿活動在內的一切對外經貿活動的重要依據。對於後者，則不論在理論上還是在實務上都未引起人們應有的注意，本文擬就此作初步的分析。

一、大陸涉台經貿立法體系及特點

大陸涉台經貿立法始於1980年代末期，大陸現行第一部涉台法規——國務院《關於鼓勵台灣同胞投資的規定》便系以經貿關係為規範對象。到目前為止，大陸已制定了數十項涉台經貿法律、法規和規章，其體系構成如下：第一層次為全國人大及其常委會通過法定程序制定的法律。1994年3月第八屆全國人大常委會第六次會議透過的《台灣同胞投資保護法》是一部專門性的保護台灣投資者的法律，也是迄今大陸唯一一部以「法律」形式出台的涉台立法。該法同《中外合資經營企業法》、《中外合作經營企業法》、《外資企業法》等其他一些涉外投資法構成了台商在大陸投資除《憲法》外最高位階的法律保護層；第二層次為國務院頒布的行政法規，主要有1988年的《關於鼓勵台灣同胞投資的規定》、1999年12月的《台灣同胞投資保護法實施細則》（以下簡稱《實施細則》）。該規定及細則與國務院出台的其他鼓勵外商投資的行政法規一併構成了大陸對台商投資的另一法律保護層。此外，國務院於1991年制定的《中國公民往來台灣地區管理辦法》雖非以經貿關係為主要規範對象，卻對兩岸經貿交往有重要影響；第三層次為地方性涉台經貿立法。近10年來，大陸大多數省、直

轄市和有立法權的市透過人大出台了大量的地方性涉台法規，如《北京市鼓勵台灣同胞投資的若干規定》、《廣東省實施＜台灣同胞投資保護法＞辦法》、《廈門市台灣同胞投資保障條例》等等，這些法規是對國家涉台法律、行政法規的一種補充和完善，其作用不可低估。第四層次是國務院各部委、台辦發布的有關規範兩岸經貿關係的行政規章和規範性文件。在大陸現行涉台經貿法律架構中，這一層面立法的數量最多，涉及面也最廣。具體而言，在貿易方面有外經貿部於2000年發布的《對台灣地區貿易管理辦法》，外經貿部、海關總署於1993年9月發布的《對台灣地區小額貿易的管理辦法》；在航運方面有交通部於1996年8月發布的《台灣海峽兩岸間航運管理辦法》，外經貿部於同期發布的《關於台灣海峽兩岸間貨物運輸代理業管理辦法》；在知識產權方面有國家版權局、專利局、工商局等部門先後制定的《關於出版台灣同胞作品版權問題的暫行規定》，《關於受理台胞專利申請的通知》及受理台胞商標註冊的規定。①

以上狀況顯示，大陸涉台經貿立法具有如下特點：首先從立法架構上看，涉台投資立法在大陸涉台經貿立法中占據著極其重要的地位。有學者在分析大陸涉台立法整體特點時提出，其重點和所採取的形式體現了對台政策的側重點，即以經貿投資領域的規定居多，需要制定涉台專門法來加以調整的領域，一般是在該領域的法律關係呈現相對特殊、穩定和相當規模的情況下，才以法律、法規的形式加以調整；相反，則一般更多地採取部門規章和地方立法的形式。②這一觀點同樣可以用來解釋在大陸涉台經貿立法中投資法之所以成為核心的原因。近10餘年來，台商在大陸的投資活動始終是兩岸經貿交往最重要的內容，相應地，由此衍生的法律問題也一直是兩岸經貿關係中一系列法律問題的核心部分。就大陸現行涉台經貿立法而言，不論從位階上看還是從數量上看，投資法的核心地位都顯而易見。其次從立法具體內容上看，大陸涉台經貿法律、法規為兩岸經貿交流活動提供了

寬鬆的法律環境。如前所述，大陸調整兩岸經貿關係的法律規範由一般性的涉外經貿立法和專門性涉台經貿立法構成。具體而言，兩岸經貿交流活動適用專門性的涉台經貿法律、法規，專門性法律、法規沒有規定的，參照適用國家其他相關的法律、法規。由於大陸專門性經貿立法對兩岸經貿交流活動均持積極鼓勵、充分保護和適當管理的態度，因此，大陸有關兩岸經貿交流的法律環境雖不能說已經完善，卻是極為寬鬆的。

二、入世對大陸涉台經貿立法的衝擊及其因應之道

世界貿易組織及其法律框架的出現是國際貿易法律制度的一大改革，它將關稅及貿易總協定分散的、零碎的、可由締約國選擇參加的國際貿易規則編纂成一部完整的、全體成員都必須遵守的國際貿易體系。WTO包括了關貿總協定原來的貨物貿易規則，並把以往未曾涉及的農產品、紡織品也納入了調整的範圍，不僅如此，它還將調整的領域擴大到服務貿易、技術貿易，以及與貿易有關的投資措施等方面。③為實現貿易全球自由化的宗旨，WTO確定了一系列的法律原則，要求成員必須嚴格加以遵守，這些原則主要包括了最惠國待遇原則、國民待遇原則、消除數量限制原則、關稅減讓原則、透明度原則等。大陸與台灣先後加入WTO後，海峽兩岸之間的經貿往來除了是一種「特殊的大陸經貿關係」外，同時也是WTO成員之間的經貿關係，因此，WTO所確定的原則和規則將適用於兩岸之間的經貿交往。這一變化對大陸涉台經貿立法將產生一定的影響，其焦點主要體現在無歧視原則的適用、雙向投資及兩岸金融合作中的法律問題等方面。

（一）無歧視待遇原則的適用

非歧視待遇是指，締約成員一方對另一方不得採用對任何其他締約方所不適用的限制或禁止；如果締約一方對另一方根據條約規定的某種理由進行限制或禁止，那麼這種限制或禁止同樣適用於其他所有締約方，而不僅僅針對某特定的締約方實現。非歧視待遇是世界貿易組織的基石，也是世界貿易組織法律體系的首要原則，它主要是透過「最惠國待遇原則」和「國民待遇原則」予以體現的。非歧視待遇作為是國際經貿關係中廣泛使用的一個概念，對大陸涉台經貿立法所產生的最大衝擊當屬台商在大陸投資所享受的待遇問題。

由於《台灣同胞投資保護法》及《實施細則》反覆重申，台灣同胞投資適用其規定，有未規定者，比照適用國家有關涉外經貿法律、行政法規；《台灣同胞投資保護法》第13條更進一步規定：台灣同胞投資企業依照國務院關於鼓勵台灣同胞投資的有關規定，享受優惠待遇」，而國務院1988年出台的《規定》第5條又明確指出：「除適用本規定外，參照執行國家有關涉外經濟法律、法規的規定，享受相應的外商投資企業待遇」，因此，就大陸現行涉台投資立法而言，台商在大陸投資所享受的待遇和所擁有的保障並不低於外商投資企業，在許多問題上，台灣投資者還享有特別的稅收優惠、「公民待遇」甚至是「超公民待遇。」④此類規定如《實施細則》第16條：台灣同胞投資者個人及其隨行家屬和台灣同胞投資企業中的台灣同胞職工及其隨行家屬，可以依照國家有關法律、行政法規的規定，向公安機關申請辦理一定期限多次入出境手續和相應期限的暫住手續；同法第19條規定：台灣同胞投資企業在購買機器設備、原材料以及獲得水、電、熱、貨物運輸、勞務、公告、通信等服務方面，享有與大陸其他同類企業等同的待遇。台灣同胞投資者個人和台灣同胞投資企業中的台灣同胞職工在交通、通信、旅遊住宿等方面，享有與大陸同胞同等的待遇。《北京市鼓勵台灣同胞投資的若干規定》第10條規定：台胞投資企業生產的出口產品，除國家限制出口的外，免繳進口稅。《廣東省

實施台灣同胞投資保護法辦法》規定,台灣同胞投資者投資非農業項目使用的土地,應當辦理土地使用權出讓手續。台灣同胞投資企業符合規定的,經省人民政府批準,土地使用權出讓金可以減收10%-20%。以上條款中有關超「公民待遇」及特別稅收優惠的規定在入世後將面臨著WTO規則的有力挑戰。按照WTO非歧視原則,締約一方給予另一方的投資優惠必須自動、無條件地給予所有締約成員,因此,這些原來僅給予台灣特別投資者的優惠措施,在兩岸入世後,就必須自動給予WTO其他成員。其結果,既易造成政府財政收入的流失,同時也難以造成吸引台商大陸投資的專項目的。那麼,原有這些優惠措施取消後,台商在大陸投資是否還享有最優惠待遇呢?答案應該是肯定的。首先,由於台商在大陸的投資既不屬於外資,又在某種程度上有別於大陸其他各省之間的相互投資,而是「一個中國」原則下的一種「特殊的大陸投資」,因此,《實施細則》所確定的「同等優先,適當放寬」原則,及其與一些地方涉台經貿法規賦予台灣同胞投資者的「公民待遇」,在兩岸都成為WTO成員後仍可找到繼續保留的依據。其次,日前,國家有關部門負責人已明確表示,今後大陸吸引外資工作的重點應放在提高利用外資水平上,這就需要在改善投資環境的同時,用優惠政策吸引外資、高新技術、高科技人才,因此加入WTO後,在同等情況下,提供給予外商投資企業的待遇,不低於大陸企業待遇,對國家鼓勵並急需發展的產業和地區,可以給予也應該給予優惠政策。⑤簡言之,在加入WTO後的一段時間內,大陸將繼續對包括台商投資企業在內的境外企業實行優惠政策,因此,台商投資企業所享有的優惠不會低於大陸本地企業或外商投資企業,在同等情況下還可取得優先的待遇。

(二)「雙向投資」中的法律問題

近20多年來，海峽兩岸的經貿關係有了長足的發展，但是，迄今為止，台灣當局的大陸經貿政策卻始終沒有真正全面突破「間接、單向」的限制，台灣當局規範兩岸關係的基本法《台灣地區與大陸地區人民關係條例》更明確以立法的形式將「間接、單向」的大陸經貿政策法律化，違者將處以民事、行政的處罰。在這種不合民意與潮流的政策法規的規制下，長期以來，兩岸間的經貿交往並沒有體現WTO自由、平等與公正的原則。投資關係方面，基本上是台灣方面的人、物、資金等生產要素單向流入大陸，而大陸廠商則不能入島投資設廠。兩岸貿易關係儘管實現了一定程度的雙向交流，卻長期存在著嚴重的不平衡。⑥兩岸加入WTO後，台灣當局雖然不可能很快從根本上改變其現行政策，但將被迫作出一定程度的調整，調整的主要內容之一即開放大陸資金對台灣投資，使兩岸投資關係從目前的「單向」轉為「雙向」。對此，在今年8月台經發會全體委員會上透過的「兩岸組共識」中已有所體現，該共識明確提出將循序開放陸資去台投資，具體內容包括：開放陸資投資台灣土地及不動產；配合加入世界貿易組織（WTO），開放陸資赴台從事事業投資；逐步開放陸資赴台從事證券投資，並以QFII制度對陸資作有效管理。可見，開放大陸資本入台已是台灣當局無法阻擋的潮流，但是，台灣當局的陸資入台政策會是一個從原則開放、嚴格管制到逐步放鬆的過程，而具有限制性作用的「安全條款」有可能成為台灣當局局部限制大陸對台投資的工具。不同於台灣當局的保守心態，在兩岸經貿交流問題上，大陸始終堅持「直接、雙向」的原則。然而，值得注意的是，當前大陸對陸資赴台投資並沒有完整的政策說明，更沒有出台任何法律規範。若兩岸之間的雙向投資一旦真正實現，欲赴台灣投資的大陸廠商找不到明確可循的政策依據和法律依據，那麼，這些廠商只能適用《境外投資企業的審批程序和管理辦法》、《境外投資外匯管理辦法》、《加強海外投資管理的意見》等普遍適用於海外投資行為的法律規範。其結果將容

易使大陸在這一問題上失去主動權。針對台灣方面可能採行的種種做法，大陸應盡快拿出符合自身經濟發展及兩岸經貿交流需要的對策來。

（三）兩岸金融合作的法律問題

長期以來，台灣當局一直人為地限制兩岸金融的往來與合作，其逐步開放的速度與程度遠遠不如貿易和廠商投資。1990年代以前，兩岸金融合作與交流基本上是空白，近數年來才有了初步的發展，目前尚處於低層次、單方面的間接往來階段。⑦由於一定時期內台灣當局可能繼續採取一定的限制措施，以及GATS條款中一些模糊的規定等原因，兩岸金融合作落後的態勢在短期內能有多大的突破尚不明朗，上述經發會中所達成的有關開放兩岸金融往來若干共識的落實程度和實際意義也有待觀察，但可預見的是，隨著入世後大陸與台灣經貿交流的進一步擴大和深化，金融合作將日漸成為兩岸經貿關係中的重要一環，加強這一領域的合作是一種必然的趨勢。對於金融這一相對敏感的行業，台灣當局一向高度重視，分別於1993年、1994年、1996年出台了《對大陸地區從事金融業許可辦法》、《台灣地區與大陸地區保險業務往來許可辦法》和《台灣地區與大陸地區證券及期貨業務往來許可辦法》。上述法令雖然頗為保守，給兩岸金融交流與合作設置了許多人為障礙，但它畢竟是台灣當局人陸金融政策的法律化，為台灣金融業者提供了一定的「遊戲規則」。與「雙向投資」問題一樣，大陸對兩岸金融合作始終持積極鼓勵的態度，卻一直沒有明確的法律依據。鑒於金融業的特殊性，大陸似應考慮在兩岸金融交流與合作事務上專項立法，對台資金融機構設立、新台幣兌換等眾多問題作出具體的規定。

三、入世後福建再創涉台經貿立法新優勢淺

　　基於地緣相鄰、血緣相親、方言相通、習俗相近等原因，加之福建長期以來實現特殊的開放政策，在1978年以後兩岸關係逐步恢復和不斷發展的過程中，福建一直是台灣工商界人士眼中最理想的進行經貿交流和合作的區域之一。1990年代中期以前這一特點更為明顯，其間福建引進的台資額占全國的比重一度高達70%，且多年位居大陸引進台資金額榜首。正是因為與其他省份相比，閩台經貿關係起步早、項目多，相應地，福建的涉台立法不論在時間上、數量上還是質量上在全國都頗居優勢。早在1989年7月，福建省人大常委會和省人民政府即召開聯席會議，專門就地方涉台立法工作進行研究，並確定了一批涉台立法項目。此後，在有關部門的積極努力下，一系列涉台經貿法規相繼出台。迄今為止，福建共制定了9項專門性涉台地方法規，其中7項系以經貿關係為調整對象。由於1990年7月率先出台的《福建省台灣同胞投資企業登記管理辦法》、《福建省台灣同胞投資企業勞動管理辦法》已被廢止，故現仍行之有效的法規有：《福建省實施〈台灣同胞投資保護法〉辦法》、《福建省閩台近洋漁工勞務合作辦法》、《福建省台灣船舶停泊點管理辦法》、《廈門市台灣同胞投資保障條例》、《福州市保障台灣同胞投資權益若干規定》。此外，近10餘年來，福建省還制定了10多項與閩台經貿關係相關的地方法規。這些法規的頒行為閩台經貿交流提供了較為寬鬆的法律環境，也為日後中央及其他省市的立法造成了一定的借鑑作用，如，《福建省實施〈台灣同胞投資保護法〉辦法》和《廈門市台灣同胞投資保障條例》中的不少內容即被後來全國人大制定的《台灣同胞投資保護法》所吸收。然而，近些年來，福建對台經貿交流的步伐有所緩慢，尤其是在引進台資方面出現了較為明顯的滑坡。2000年，台商對大陸投資呈現高速增長的態勢，福建省引進台資卻出現了較大的負增長。在引進台資大幅

下滑的同時，福建原有的涉台立法優勢也日趨淡化，時至今日，全國大多數省市都制定了專門性的涉台經貿立法，許多地區賦予台商的優惠措施已不低於甚至超過福建。

對台交流是福建的最大優勢，因此，上述形勢引起了相關部門的高度重視。近年來，福建省採取了種種手段加大引進台資力度，擴大閩台經貿交流規模，以確保福建在兩岸經貿關係發展總體格局中的龍頭地位，其主要思路之一即充分把握兩岸加入WTO這一歷史性機遇，突破閩台經貿合作持續發展的瓶頸，促使閩台經貿關係再上新台階。

要實現上述目標，一個完善的法律環境至為關鍵，為此，如何以入世為契機，增創福建涉台立法新優勢就成了擺在我省面前的重要任務之一。從WTO規則及閩台經貿關係發展的實際情況出發，筆者試提管見如下：首先，在深入瞭解WTO基本規則的基礎上，釐清我省現有涉台政策、法規及實際做法哪些是符合WTO規定的，哪些是違反WTO規定的，從而根據中國做出的入世承諾進行修訂。與全國性立法一樣，福建涉台經貿立法與WTO規則最大的衝突也體現在非歧視待遇原則的適用上，現行《廈門市台灣同胞投資保障條例》及《福州市保障台灣同胞投資權益若干規定》等法規中都存在著一定數量的不符合WTO下《與貿易有關的投資措施協議》中「國民待遇」的條款，這些條款今後能否繼續保留值得商榷。第二，把握因入世而可能出現的閩台經貿發展新動態，適時出台新規範。例如，閩台農業合作立法即大有可為。眾所周知，基於自然環境的得天獨厚，與台灣一水之隔的福建一直是台灣與大陸進行農業合作的最重要區域。兩岸都成為WTO成員後，一方面台灣農業為避免衝擊將不得不加速對外投資，另一方面福建的農業投資環境則將更加完善，加之閩台農業依然具有較強的互補性，福建將很可能再次成為台灣農業投資大陸的重要區域。然而，從福建現有的涉台立法來看，其側重點在於鼓勵台灣同胞投資創辦企業，並給予相應優惠，較少考慮如何引導和規範農業合作。這與閩台

農業迅速發展,農業合作進入新時期的良好態勢不相適應。這種狀態持續下去,將影響農業新品種、新技術、新設備的研究、吸收、消化和創新,不利於形成具有地方優勢的農業產業。⑧若能以立法手段將閩台農業合作向更深層次方向引導,對於福建經濟發展無疑大有助益。第三,力求突破閩台經貿交流中的法律癥結。自1990年代初台灣當局逐步將其經貿政策由嚴格管制調整為「管理與輔導並重」以來,台灣當局及民間有關簽訂投資保障協定的要求就從來也沒有停止過。海峽兩岸之間沒有雙邊投資保護協定既成了台灣當局阻撓台商前往大陸投資的一種藉口,也確實在一定程度上影響了台商的投資積極性。作為對台灣方面的一種善意回應,江澤民總書記在1995年初所發表的重要講話中明確指出:贊成在互利互惠的基礎上簽訂保護台商投資權益的民間性協議。但是,由於台灣當局領導人不接受「一個中國」的原則,自1993年「汪辜會談」後,兩岸事務性商談一直無法繼續進行,簽訂民間性的雙邊投資保護協議也一直無法落實。值得注意的是,今年年初,閩台之間先後達成了兩份地方性民間協議,其一是2001年1月28日在深圳簽訂的《福建馬尾——馬祖關於加強民間交流與合作的協議》,其二是同年3月在廈門簽訂的廈門金門民間合作協議。作為兩岸地方對口合作的第一、第二份雙邊協議,它們的達成無疑是兩岸民間交流的一大突破,因此,協定的簽訂不僅具有宣示性的意義,即福建在兩岸關係上的「先鋒」作用,同時也具有實質性的意義,對促進閩台在漁事、漁業、文化、貿易、旅遊、醫療等方面的合作都將有所裨益。由於入世對地方立法權限而言是一種縮小而非擴大,過於泛濫的地方立法並不符合世界貿易組織統一性、透明度等基本精神,因此,僅靠制定單邊性地方法規是難以再創福建涉台立法新優勢的。有基於此,加入WTO後,福建應抓住機遇,在堅持「一個中國」原則的前提下,創造條件進一步與高雄等市縣簽訂民間性的協議,協議應側重於經貿內容,並廣泛涵蓋一些最基本的程序法規範和

實體法規範。

（原載《台灣研究集刊》）

註釋：

①中共中央台灣事工作辦公室編：《中國台灣問題》，九洲圖書出版社1998年版，第171頁。

②王建源：《在事實與規範之間——論國家統一前的兩岸交流秩序》，《台灣研究集刊》2001年第2期。

③董世忠：《世界貿易組織的法律框架》，載《國際經濟法論叢》第1卷，法律出版社1998年5月。

④關於該問題，林發新先生有較詳細的論述。參見《適用WTO非歧視原則與涉台立法的完善》，載《台灣法研究學刊》2001年第3期。

⑤《廈門晚報》2001年9月10日，第1版。

⑥鄧利娟：《WTO框架下兩岸經貿關係走勢分析》，《台灣研究》2001年第1期。

⑦蘇美祥：《加入WTO對兩岸金融服務業的影響及兩岸合作之探討》，《台灣研究集刊》1999年第4期。

⑧林發新：《論發展閩台關係的涉台地方立法》，《台灣研究集刊》1999年第3期。

TRIPS對兩岸商標法的影響及兩岸合作保護商標權的探討

彭莉

自世界貿易組織1995年1月1日成立以來，與之相關的一攬子協議也已實施多年。TRIPS作為世貿組織一攬子協議的重要組成部分之一，對促進世界各國及地區加強對知識產權的保護有著重要作用。

WTO及其前身GATT在國際法領域是十分特殊的。在WTO成立之前，所有世界性知識產權公約都只允許以國家為主體參加，而WTO下的知識產權協議（以下稱「TRIPS」）則允許以非國家出現的「特別關稅區」參加。①因此，TRIPS不僅對大陸商標法有著深遠的影響，而且對長期以來不能成為商標國際公約成員的台灣地區的商標法也產生了深刻的影響。這種影響顯然有助於緩解兩岸商標法的差異與衝突。為此，如何把握這一契機，進一步增強兩岸商標權的相互保護與合作，無疑是一值得研究的問題。

一、TRIPS有關商標權的規定

TRIPS除目錄外，包含了七部分內容，依次為：（1）總條款與基本原則；（2）有關知識產權的效力、範圍及利用標準；（3）知識產權執法；（4）知識產權的獲得與維持及當事人之間的程序；（5）爭端的防止與解決；（6）過渡協議；（7）機構安排；最後條款，其中第二部分分別對版權及有關權、商標、地理標誌、工業品外觀設計、專利、集成電路布圖設計、未披露過的訊息的保護、協議許可證中對限制競爭行為的控制等問題作了規定。TRIPS中有關商標權的規定主要有如下特點：

（一）引入了最惠國待遇原則及透明度原則

TRIPS除重申了國民待遇等原有知識產權國際公約已經確立的基本原則外，還引入了GATT/TRIPS中的一些基本原則，其中較為典型的有

最惠國待遇原則、透明度原則等。最惠國待遇原體現在GATT第1條中，TRIPS在第4條中規定：除但書中所規定的4種例外之外，「在知識產權保護上，某一成員提供其他國家國民的任何利益、優惠、特權或豁免，均應立即無條件地適應於全體其他成員之國民」。透明度原則原體現在GATT第10條中，TRIPS在第63條中規定：各成員所實施的、與本協議內容有關的法律、條例，以及普遍適用的終審司法判決和終局行政裁決，均應以該國文字頒布；如果在實踐中無頒布的可能，則應以該國文字使公眾能夠獲得，以使各成員政府及權利持有人知悉。一方成員的政府或政府代理機構與任何政府或政府代理機構之間生效的與本協議內容有關的各種協議，也應予頒布。

（二）適用了世界貿易組織中的爭端解決機制

TRIPS還適用了世界貿易組織的爭端解決機制。協議第64條明定：除非有特別規定，1994年「關稅及貿易協定」文本就解釋及適用總協定第22條和第23條以及依照這兩條所設立的關於糾紛解決規則和程序的諒解備忘錄適用於知識產權問題的協商和爭端解決。據此，對不實施或不完全實施TRIPS的成員，情況嚴重的可透過全體成員一致行動，進行集體抵制和交叉報復。在此之前，世界知識產權組織主要任務是促進國際上對知識產權的保護及加強知識產權聯盟間的合作，就成員爭端解決而言，雖然有透過國際法院解決爭端的規定，但僅限於解決對公約的解釋和適用方面的爭端，成員有權對此規定的適用予以保留。比較起來，TRIPS規定的程序更具體、內容更完美。②

（三）規定了強有力的執行措施及過渡協議

TRIPS除對保護知識產權的實體問題作了規定外，還在第三部分

「知識產權執法」中分別就民事與行政程序及救濟、臨時措施、邊境措施及刑事程序等知識產權執法問題作了詳細的規定。這是以往的知識產權國際公約所不具有的。另外，協議還有條件地將不同類型的成員加以區別對待，規定了相應的過渡安排，但最終所有的成員應達到基本相同的知識產權保護水準。

（四）對商標權的保護超越了以往國際公約的水準

上述幾點既是TRIPS中有關商標規定的特點，實際上也是TRIPS整體性的特點。除此之外，TRIPS還在第二部分「有關知識產權的效力、範圍及利用的標準」中對商標權的保護作出了突破以往國際公約水準的規定。首先，在商標註冊問題上，TRIPS除沿用巴黎公約許多規定的同時，增加了兩方面的新內容，一是明定申請註冊的商標必須具有「識別性」；二是要求成員建立商標註冊的公告和異議制度。其次，在註冊商標的轉讓問題上，與巴黎公約要求商標的轉讓只有連同該商標所屬的廠商牌號同時轉讓方為有效的規定不同，TRIPS規定註冊商標可以連同商標所屬企業的業務一併轉讓，也可以不連同商標所屬企業的業務轉讓。第三，在馳名商標保護問題上，TRIPS與巴黎公約均要求成員對馳名商標給予特別保護，前者更進一步的是：（1）宣布巴黎公約的特殊保護延及馳名的服務商標；（2）把保護範圍擴大到禁止在不類似的商品或服務上使用與馳名商標相同或近似的標識；（3）對於如何認定馳名商標也作了原則性的簡單規定。第四，在註冊商標的期限問題上，TRIPS明定註冊商標的有效期為7年，期滿後可無限地續展，續展期亦為7年，而巴黎公約卻沒有限定商標權期限的條款。最後，為保證註冊商標所有人的權益，TRIPS對各成員有關貿易的特殊要求作了一定的限制，這在以往的國際公約中幾乎是見不到的。TRIPS之所以如是規定，主要是由於該協議是從貿易角度規定商標國際保護制度。③

二、TRIPS對台灣商標法的影響

自1990年台灣申請「入關」以來，其商標法歷經了1993年和1997年兩次較大規模的修正。據相關資料顯示，1993年台灣當局之所以對其商標法作大幅度的調整，主要是因為舊法已不足因應當時工商企業高度發展及社會形態急速變遷的需要，亟待檢討並加以全面的調整，以使其能更合理的保障商標專用權及消費者的利益，更適合社會的進步及工商企業發展的需要，並且符合國際間保護智慧財產權的趨勢。④可見，1993年台灣商標法的修改未如同一時期著作權法、專利法一樣，一明確將「入關」作為重要動因之一，但實際上，經過此次修正後的台灣商標法與TRIPS有了一定程度的靠攏。具體表現在以下幾方面：

（一）導入了「優先權」制度

巴黎公約第4條規定了商標的「優先權」制度，其作用在於使商標權的申請人在一國或一地區第一次提出申請後，有足夠的時間考慮還需在那些其他國家再提出申請，他的第一申請日是優先的。台灣舊商標法⑤沒有類似「優先權」的條款，基於對外貿易迅速發展，商標制度國際化乃必然趨勢的考量，⑥1993年台灣當局修訂商標法時在第4條條文中導入了「優先權」制度。

（二）放寬商標專用權移轉的限制

台灣舊商標法第28條規定，商標專用權的移轉，應與其營業一併為之。由於該條文中「營業」一詞語意不明，實務上不易審酌，徒增困擾，⑦1993年修正後的台灣商標法遂將其以刪除，從而使得商標專

用權的移轉即可與營業一併為之，也可不與營業一併進行，這種變動顯然是符合TRIPS精神的。

（三）延長未使用商標專用權的續展註冊時間

商標權的保護期限雖然較版權、專利權短，但商標權可續展且續展次數無限，只是這種續展是有條件的，條件之一便是沒有在一定時間內連續不使用。至於這一「時間，」台灣舊商標法規定為兩年，1993年後被延長為三年，這一期限與TRIPS第19條的要求是一致的。

1997年台灣當局再一次對其商標法進行了修正。台灣商標法的此次調整在極大程度上是為與TRIPS接軌而進行的，換言之，TRIPS對此次台灣商標法的修正有著極其重要的影響。1997年台灣當局修正商標法時共變動了15條條文，其中絕大多數條文是為與TRIPS相銜接而進行的。

（一）擴大了商標權保護的範圍

TRIPS第15條第1款指出：凡具有「識別性」的標記或標記組合均應能構成商標。這類標記，尤其是文字字母、數字、圖形要素、色彩的組合，以及上述內容的任何組合，均應能作為商標獲得註冊。本來不具「識別性」的標記，成員可依據其經過使用而獲得的「識別性」，確認其可否註冊。1993年後的台灣商標法在這一問題上有兩處不符合或不完全符合上述規定之處，其一是沒有將顏色作為商標標記之一；其二是以列舉方式來規範「第二含義」商標有欠周延。新法就此予以了全面的修正，除增列了顏色組合外，還明定不具「識別性」的圖樣，「如經申請人使用且在交易上已成為申請營業上商品之識別標識者」，視為具有「識別性」。

（二）加強對著名商標或標章的保護

　　加強對馳名商標的保護，不僅是近年來的熱門話題，也一直是一個國際性的問題，巴黎公約第6條之二及TRIPS第16條之二、之三都對此有所規範。長期以來，台灣商標法一直沒有關於保護馳名商標的規定，這與台灣的商品經濟發達程度相比明顯是滯後的。1997年後這一狀況有所改變，新法在第37條第1款中增訂，商標圖樣「相同或近似於他人著名之商標或標章有致公眾誤信之虞者」，不得申請註冊商標，自此開啟了台灣保護馳名商標的先例。

（三）對商標權權利作了一定限制

　　在以往的國際條約與多數國家商標法中，均未對商標權作出權利限制的規定，反倒是對於商標權不允許實行「強制許可」制度。但近年來，在許多地區性商標條約及一些國家大陸法中，明文規定了的商標權的權利限制。⑧TRIPS也有類似限制，該協議地17條明訂允許成員規定商標權的有限例外，只要這種例外顧及了商標所有人及第三方的合法利益。1993年修正後的台灣商標法第23條中雖有商標權限制的規定，但原規定僅就惡意使用姓名或商號時方認為受他人商標專用權約束，不夠周密，且條文中「普通使用」等用詞不甚明確，新法遂參照TRIPS及先進國家立法例，將原條文修改為：凡以善意且合理使用之方式，表示自己之姓名、名稱或其商品之名稱、形狀、品質、功用、產地或其他有關商品本身之說明，附記於商品之上，非作為商標使用者，不受他人商標專用權之效力所拘束。

（四）加大侵害商標專用權銷毀標的的力度

TRIPS「執法」部分對損害賠償的具體規定並不多，大量條款確對停止侵權生產、停止侵權銷售活動、銷毀冒牌及盜版產品等，作了相當具體的規定。⑨協議在第46條條文中明定：在一定條件下，司法當局應有權將已發現的正處於侵權狀態的商品排除出商業渠道，有權責令銷毀該商品，有權責令將主要用於製作侵權商品的原料與工具排除出商業渠道。實際上，早在台灣舊商標法時期便有侵害商標專用權銷毀標的的規定，但處分的標的僅限於商標與有關文書，未涉及商品及其原料或器具，為此，新法特增加規定，對於侵害商標專用權之物品從事侵害行為之原料或器具，得請求銷毀或為其他必要的處置，從而擴大了侵害商標專用權銷毀標的的範圍，加強了的商標專用權的保護力度。

三、TRIPS對大陸商標法的影響

大陸商標法制定於改革開放初期的1982年。作為大陸第一部知識產權法，它的頒布不僅標誌著大陸商標事業由此開始步入有法可依的嶄新階段，而且也向世人昭示了大陸知識產權法律體系的初步建立。大陸商標立法雖然起步晚，但由於在構建之初便注重與國際標準接軌，因此，在10餘年的時間裡即走完了一些發達國家幾十年才走完的立法進程。就頒布之初的商標法而言，其所確立的商標專用權註冊標準、保護期限、優先權原則等，均與國際上通行的做法基本一致。

為使商標制度更加完善，1993年大陸立法機關分別對商標法及商標法實施細則修正，涉及的內容主要有：（1）明定企業、事業單位和個體工商業者需取得商標專用權的，應申請服務商標註冊，即增加了服務商標的規定；（2）在形式審查中增訂了補正程序，在實體審查中建立了審查意見書制度，從而健全了商標審查機制；（3）商標註冊實行「一表多類」原則，以使商標註冊申請國際化；（4）引入在先權制

度；（5）在加強對商標違反行為行政處罰力度的同時，還加大了對商標犯罪的打擊力度，提高了此類犯罪的法定刑。經過此次修訂，大陸商標法與TRIPS、巴黎公約、馬德里協定等國際公約都有了進一步的靠攏。但是，由於大陸商標法的基本框架構建於1980年代初，計劃經濟痕跡濃重，加之1993年的調整幅度又較小，因此，就現行法而言，仍存在著許多與TRIPS不相吻合的地方，主要表現在如下方面：

（一）關於在先權和服務商標

TRIPS在第16條第1款中規定了在先權問題，明確將「不得損害已有的在先權」作為取得商標註冊甚至使用商標的條件之一。雖然大陸商標法在1993年修訂之後已在第25條中引入了「在先權」的概念，但與TRIPS仍存在著一定的差距，這種差距主要在於大陸商標法及實施細則均強調了行為人的「主觀狀態」，如果行為人不是「以欺騙手段或其他不正當手段取得註冊的」，那麼所有的在先權人就無能為力了。實際上，至少對於版權、外觀設計權、肖像權等在先權來講，不應強調在後者的主觀狀態。TRIPS就沒有把在後申請者的主觀狀態作為保護在先權的前提或要件。⑩同樣的，1993年後的商標法雖然增加了對服務商標的保護，但也不完全符合TRIPS的精神，因為該法第4條第3款規定「本法有關商品商標的規定，適用於服務商標」，而不論從理論上看還是從實務上看，服務商標與商品商標都是有一定區別的，服務商標比照適用商品商標的規定，不利於服務商標的發展。

（二）關於馳名商標的保護

對馳名商標的保護不僅台灣商標法長期疏忽，大陸商標法亦始終涉及這一問題。但與台灣不同的是，大陸國家工商局於1996年頒布了

《馳名商標認定和管理暫行規定》，對馳名商標的認定、保護和管理作了規範。《規定》雖然系以TRIPS為基礎而制度的，但並沒有完全反映TRIPS的精神實質，另外，以國務院下屬的工商局所頒發的行政法規來調整馳名商標的保護問題，顯然法律位階偏低，權威性不夠，只能是權宜之計。

（三）關於聯合商標與防禦商標

聯合商標和防禦商標是企業運用商標策略的產物，是在反不正當競爭中發展起來的。目前，世界上許多國家及地區透過註冊申請審查中認定馳名商標，而給以防禦商標和聯合商標的註冊，即在註冊時就預先給馳名商標以縱向和橫向的擴大保護。[11] TRIPS在第16條第3款中也規定：「巴黎公約1967年文本第6條之二，原則上適用於與註冊商標所標示的商品或服務不類似商品或服務，只要一旦在不類似的商品或服務上使用該商標，即會暗示該商品或服務與註冊商標所有人存在某種聯繫，從而註冊商標所有人的利益可能因此受損。」在大陸現行商標法中，沒有註冊保護防禦商標和聯合商標的規定，這顯然不符合TRIPS要求的，同時無法滿足大陸商標管理實踐的需要，因為大陸的商標實務中已有聯合商標和防禦商標的實例，如「娃哈哈」、「唐老鴨」、「米老鼠」等。

（四）關於商標權的權利限制

TRIPS第17條規定了對商標權限制問題，對此，本文第二部分已有分析。與台灣相比，大陸商標法在這一問題的規定明顯滯後。迄今為止，大陸商標法對權利限制未置一詞。這不僅表現出商標法與TRIPS的差距，也表現了與大陸其他知識知識法的差距，大陸專利法、版權法

都規定了權利限制。[12]

（五）關於行政終局的司法審查與監督

TRIPS在知識產權執法問題方面極為重視司法機關的審查。協議第41條4款和第62條第5款分別規定：「對於行政的終局決定，以及至少對案件是非的初審司法判決中的法律問題，訴訟當事人應有機會提交司法當局覆審」，「經本條第4款所指的任何程序作出的終局行政決定，均應接受司法或準司法當局的審查」。就大陸現行知識產權法而言，商標法在這一問題上與TRIPS的距離是最明顯的。雖然在1993年商標法修訂的全過程中，不斷有人提出「確權」之權應在法院，但有人援引了1992年的專利法，故商標權的最後確認仍留給了工商行政管理局。在工商行政管理機關調處侵權糾紛上，最終效果也與專利法一樣，即對那一部分可能被告反訴商標註冊無效的案子，終局決定權又回到了商標局，而且不再接受司法覆審的監督。[13]

（六）關於侵權責任

TRIPS第45、46等條款主要涉及侵權責任問題。在損害賠償責任方面，TRIPS明定：「對已知或有充分理由應知自己從事之活動系侵權的侵權人，司法當局應有權責令其向權利人支付足以彌補因侵犯知識產權而給權利持有人造成之損失的損害賠償費。」此外，TRIPS還對停止侵權生產、停止侵權銷售活動、銷毀冒牌商品及排除製作侵權商品的原料與工具進行了具體規定。大陸商標法不論對賠償責任還是其他侵權責任的規定都不夠明確，不夠完善。例如，對商標侵權行為的查處，現行法只有「責令封存」有關物品這種單一手段，且沒有絕對禁止假冒、侵權商標的商品再進入流通領域，而只要求將有毒、有害且

沒有實用價值的商品予以銷毀。[14]這些規定一方面不足以對侵權行為產生有效的威懾作用，另一方面也和TRIPS標準不符合。

此外，大陸商標法還在地理標誌、通告權、註冊商標構成等方面和TRIPS存在著距離，限於篇幅，不作一一分析。眾所周知，近年來大陸一直在積極研擬修訂商標法。由於與TRIPS相銜接是大陸此次修訂商標法所欲達成的重要目標之一，因此，現行法與TRIPS間的諸多差距將成為此次修法的最重要的內容之一，也就是說，TRIPS將對大陸商標法產生重大的影響。

四、入世後兩岸相互合作保護商標權的探討

自1980年代末台灣當局開放台胞赴大陸探親以來，海峽兩岸的經貿交流迅猛發展，並由此衍生的一系列的法律問題。商標等知識產權即為其中最為引人關注的法律問題之一，因為商標權關係到工商業者的切身利益，健全的商標權制度對於兩岸投資、貿易、科技的正常交往都有著重要的影響。正因為如此，早在1989年大陸商標局就曾對台灣企業到大陸申請商標作出過規定，台灣當局也在1994年出台了《大陸地區人民在台申請專利及商標註冊作業要點》。在1993年舉行的「汪辜會談」中，商標等知識產權的保護問題更被提上議事日程，成為該此會談達成的《汪辜會談共同協議》所確立的五個議題之一，其餘四個議題分別為「兩岸司法機關之相互協助」、「違反規定進入對方地區人員之遣返問題」、「有關共同打擊海上走私、搶劫等犯罪活動」、「協商兩岸海上漁事糾紛之處理」。時至今日，大陸經過十幾年的長途跋涉已來到了世貿組織的大門前，「入世」對於台灣而言亦非遙遠之事。伴隨這一新形勢而將出現的經貿交流熱潮必將使兩岸合作保護商標權的重要性更加凸顯。

長期以來，海峽兩岸商標法有著明顯的區別，有學者在總結1990

年代初兩岸知識產權法的差異與衝突時作了如下歸納：第一，由不同的社會性質所決定，兩岸的知識產權制度在側重保護社會整體利益和側重保護私人利益兩方面各有傾向；第二，根源於兩岸知識產權性質認定上的差異以及兩種經濟制度上的區別，兩岸的知識產權法對知識產權的實行方式作了兩種截然不同的規定；第三，由於受舊法傳統的不同影響以及知識產權法頒布的時間不同，兩岸的知識產權法在反映當代世界知識產權立法新趨勢方面也存在著差距；第四，由不同的國際資格所決定，兩岸的知識產權法對外國人的待遇採取了各不相同的態度；第五，根源於兩岸社會實際情況的差異，兩岸知識產權法所實行的具體制度和作法也不甚一致；第六，根源於兩岸立法體例、立法傳統上的差異，兩岸的知識產權法在體例結構和條文內容的技術處理等方面也大不相同。[15]以上幾點也基本反映了兩岸商標法不同之所在，這種不同正是多年來兩岸商標權紛爭不斷的重要因素之一。基於社會制度、經濟水平、法律體系及文化傳統的差異，這種不同在短期內原本難以大幅縮小。然而，「入世」為兩岸商標法在許多問題上的走向一致提供了契機。由於WTO第16條第4款規定，所有申請入會的成員均應使其自身的法規符合世界貿易組織的國際規範，因此，不論大陸還是台灣，一旦「入世」，就必須嚴格履行《關於建立世界貿易組織的協定》及其附件、子附件中的基本義務。就商標法而言，則必須符合TRIPS中所確定的最低要求。這與在此之前兩岸制定或修改商標法所泛泛提及的「參考國際最新立法體例」、「與國際上最新做法相銜接」有本質的不同，在台灣方面更是如此，因為長期以來，台灣始終不是任何一個國際商標條約的成員。1997年修正後的台灣的商標法已與TRIPS有了實質性的靠攏，不久將修訂通過的大陸商標法亦將最大限度的符合TRIPS的基本要求。

　　基於「入世」而導致的兩岸商標法律制度的前所未有的一致無疑為兩岸合作保護商標權提供了堅實的法律基礎。但是，加入WTO並不

能使兩岸商標法達到完全徹底的統一。首先，TRIPS及其所認可的國際公約並沒有對商標制度的方方面面都予以規範；其次，TRIPS與其他一些知識產權公約一樣，在具體內容上可分為基本原則、最低要求和一般要求三部分。對於前兩部分內容，協議要求成員必須遵守並執行，就此兩岸商標法較容易取得一致；對於第三部分的內容，由於協議允許成員選擇是否適用，因而兩岸立法還將有所區別。

總之，大陸和台灣商標法的差異在短期內並不可能完全消除，由這種差異及其他各種原因引起的商標糾紛仍將困擾著兩岸的經貿交往，因此，如何進一步加強雙方商標權的相互保護以因應「入世」的需要是亟待解決的問題之一。現試就此略提管見如下：

（一）以平等、務實的態度來構建調整兩岸知識產權的特別法

從理論上看，解決兩岸商標法律衝突的方式主要有：（1）制定兩岸都能接受的實體法；（2）制定兩岸都能接受的衝突法；（3）雙方分別制定以調整兩岸知識產權為內容的特別法；（4）雙方分別適用各自的衝突規範以解決法律衝突。就近10餘年的實踐而言，第三種方式一直是解決兩岸商標權衝突的重要途徑之一，預計在短時間內，這種方式仍將起主導作用。但就兩岸現有的專門性商標特別立法來看，情況並不能令人滿意。以台灣方面的《大陸地區人民在台申請專利及商標註冊作業要點》為例，該規定不僅只涉及商標註冊問題，內容簡略，而且過於強調以「互惠」作為處理大陸人民在台灣註冊商標及相關活動的原則，這不僅不利於切實保障大陸地區人民的利益，也與WTO所倡導的「國民待遇」原則（兩岸間可稱「居民待遇」）不相符合。另外，雖然上述《要點》允許大陸人民依台灣商標法及相關法令在台申請商標專用權，但由於受限於台灣方面的法令，大陸相關人士

赴台並非易事，加之不諳台灣司法訴訟程序及兩岸生活費用水準不同等原因，如何在台灣有效保護大陸人民的商標等知識產權事實上有其困難，以致雖經開放申請但申請案並不多。[16]因此只有放寬立法限制，平等、務實地制定調整兩岸知識產權及相關問題的法令，才能有助於兩岸商標權的保護及相互合作。

（二）盡快恢復兩岸知識產權事務性會談

如前所述，「入世」雖然縮小了兩岸商標法的距離，但並不能使兩岸商標法趨於完全一致，而隨著兩岸經貿交往的進一步發展，商標權的相互保護問題更顯重要。要突破這一困境，僅靠單方面立法是不夠的，只有海峽兩岸盡恢復事務性商談，求同存異，制定雙方共同認可的「遊戲規則」，才是解決問題的更深層次的辦法。從另一方面看，兩岸就商標保護問題達成協議，也是有可行性的。首先，自1990年以來，大陸與台灣陸續達成了《金門協議》、《汪辜會談共同協議》、《兩岸公證書使用查證協議》、《兩岸掛號函查詢補償事宜》等，這些協議的成功執行，為兩岸簽訂知識產權協議打下了基礎；其次，在目前的形勢下，雙方要就敏感問題達成協議尚有一定難度，但知識產權是一個技術性較強的法律問題，這種純事務性的事項，理應成為兩岸制定共同「遊戲規則」的首選議題。另外，由於兩岸兩會屬民間組織，其所簽定的協議並不具有嚴格意義上的法律效力，因此，兩岸當局間能否及如何就某一議題達成共識一直是存有爭議的問題之一。值得注意的是，以「經濟合作及發展組織OECD關於避免雙重徵稅協定」範本為藍本，1998年2月，大陸與香港簽訂了避免兩地雙重徵稅備忘錄並經換文正式實施。此項協議內容有所側重並以備忘錄形式簽署，它的達成及達成方式對海峽兩岸類似問題似乎有一定啟示作用。

（三）加強兩岸商標權的資訊交流

　　商標權作為知識產權之一種，深受國際大環境影響，系法律領域中發展最迅速的部門之一，所以及時跟蹤瞭解國際及對岸的最新資訊，對於海峽兩岸而言都是至為重要的。大陸自1982年出台商標法以來，在立法、執法及學術研究上都取得了有目共睹的成績，不僅參加或簽字了巴黎公約、馬德里協定、尼斯協定、TRIPS等國際公約，還經常派員參加WIPO或國外的訓練，在吸收國際最新資訊方面較容易。台灣商標立法歷史悠久，近年來為因應加入WTO的需要，除從制度上全面檢討相關法規外，在執法上亦加大力度，積極取締仿冒等侵權行為，也有值得大陸借鑑之處。因此兩岸似應建立渠道，使雙方官方機構的實務運作、法令制度及所掌握的國際文獻資料能相互交流。

（原載《台灣研究集刊》）

註釋：

①⑨⑩[12]參見鄭成思：「世界貿易組織與中國知識產權法」，載《中國知識產權報》，2000年2月18日，第2版。

②劉劍文、張傳兵：《淺析〈世界貿易組織知識產權協議〉對中國知識產權立法的影響》，《法學評論》1997年第2期。

③本段落系根據趙生祥《WTO對知識產權國際保護制度的繼承和發展》一文改寫，該文載於《現代法學》第22卷第3期。

④⑥⑦參見台灣《立法院公報》第82卷第53期。

⑤為行文方便，本文將1993年修正前的「台灣商標法」稱為「舊商標法」。

⑧鄭成思：《世界貿易組織與貿易有關的知識產權》，中國人民大學出版社1996年版，第151頁。

[11][14]王連峰、王彥喜：《我國商標法的修改應與商標國際條約接軌》，《鄭州大學學報》第31卷第4期。

[13]同注⑧，第259頁。

[15]陳祥健：《海峽兩岸知識產權制度的衝突及其解決》，《台灣研究》1992年第1期。

[16]楊崇森：《兩岸智慧財產權的保護及相互合作》，台灣《兩岸經貿通訊》1995年6月。

第四篇　海峽兩岸經貿交流問題研究

關於「兩岸更緊密經貿關係安排」的構想

李非

解決台灣問題、實現國家統一，是21世紀中國面臨的三大任務之一。隨著兩岸相繼加入世界貿易組織以及「內地與香港、澳門更緊密經貿關係安排（CEPA-Closer Economic Partnership Arrange-ment）」的啟動，進一步推動「兩岸更緊密經貿關係安排」，加速兩地生產要素的流動和配置，促進區域經濟合作機制的形成，對中國和平統一進程具有重要的戰略意義。

一、「兩岸更緊密經貿關係安排」的經濟背景

在「和平統一、一國兩制」的政策框架下，推動「兩岸更緊密經貿關係安排」，促進區域經濟合作，不僅有利於增強大陸對台灣的吸引力，加深兩岸經貿的依賴度，縮小兩岸經濟差距，而且有利於加強兩岸民間交往和溝通，化解政治對立態勢，增加互信和瞭解，有效遏制島內分離主義傾向，從而為祖國和平統一奠定堅實的經濟基礎。因此，盡快推動「兩岸更緊密經貿關係安排」，是時代賦予的使命。

（一）世界經濟區域化浪潮的推動

在21世紀國際經濟格局中，經濟區域化趨勢日益明顯，地區性經濟整合逐漸成為國際經濟運行的新形式，並賦予國際分工新的內容。它除了追求比較經濟利益外，更為側重對區域內的經濟資源加以合理配置與利用。地區之間的經濟利益錯綜交織、相互影響，形成了「你中有我、我中有你」的局面①。本世紀初，東盟「10+3」會議初步達成建立「自由貿易區」的協議，計劃至2010年全面實施「自由貿易協定」，形成東亞地區經濟合作的新機制。2003年10月，中國正式加入《東南亞友好合作條約》，成為《條約》區域外加盟國，從而進一步加強與周邊地區的經濟合作。

在區域經濟合作日益增強的背景下，海峽兩岸經濟不斷走向日益深化的區域分工，以尋求最佳的資源配置，取得相對的競爭優勢。兩岸相繼入世後，進一步推動「更緊密經貿關係安排」，加快區域經濟合作，有利於在區域之間形成一種新型的經濟協作關係，從而確立在世界經濟發展格局中的地位。

（二）中國區域經濟聯繫的需要

從中國經濟發展格局看，入世後大陸改革開放的領域和範圍正在不斷擴大和深入，以經濟關係為紐帶的區域經濟協作日益增強。各地根據自身的資源條件、產業優勢與技術基礎，不斷加強區域之間的經濟聯繫，從而出現多種形式的區域經濟合作。從珠江三角洲到閩南金三角，從長江三角洲到環渤海經濟區，從東北三省到西部地區，區域之間既出現相互合作的趨勢，又形成相互競爭的態勢。

在區域經濟合作浪潮的推動下，港澳台地區也積極加入與內地的經濟合作。2003年「內地與香港更緊密經貿關係安排」和「內地與澳門更緊密經貿關係安排」相繼正式簽署，粵港澳經濟一體化進程進一步加快。台灣有識之士也紛紛提出建立「兩岸自由貿易區」、「兩岸

共同市場」等主張，以促進兩岸生產要素的自由流動。因此，在國家80年代「開放華南」、90年代「發展華東」、20世紀末「開發西部」、21世紀初「振興東北」的戰略步驟下，提出「繁榮海峽西岸」的發展策略，進一步推動「兩岸更緊密經貿關係安排」，也是中國區域經濟發展的客觀需要。

（三）台灣經濟發展的出路

從台灣經濟發展趨勢看，隨著島內經濟從「中增長」步入「低增長」階段，甚至可能從「長盛期」轉入「長衰期」，其產業結構面臨進一步的調整，不僅過去支撐經濟成長的勞力密集型輕紡工業和資本密集型石化產業已大批向大陸轉移，而且以電子資訊為代表的技術密集型產業也不斷湧向大陸，以繼續保持在生產成本上的競爭優勢。

在兩岸經濟交流日益頻繁的背景下，推動「兩岸更緊密經貿關係安排」，促進雙方生產要素的自由流動，能為台灣廠商外移提供更加廣闊的發展空間，從而促使大陸在勞力、土地、市場和資源等方面的優勢與台灣在資本、製造、管理和行銷等方面的優勢進一步相互結合，形成互補、互利、互惠以及相互依存的經濟關係。

二、「兩岸更緊密經貿關係安排」的初步設想

推動「兩岸更緊密經貿關係安排」，應遵循一定的原則，具有明確的目標和具體的內容，並有相應的方式和推進的步驟。

（一）基本原則

推動「兩岸更緊密經貿關係安排」，應遵循以下幾項基本原則：

1.一個中國原則。「兩岸更緊密經貿關係安排」必須在一個中國的框架下推動,其性質是中國主體與台灣單獨關稅區之間的經濟合作關係。在這一前提下,可採取「政經分離」、「經貿優先」的做法推動合作事宜。

2.WTO基本規則。入世後兩岸都必須嚴格遵守對世界的承諾。「兩岸更緊密經貿關係安排」不僅在國際經濟法上必須是可行的,即不違反WTO基本規則,而且相關政策也應符合國際慣例②。

3.全面合作原則。「兩岸更緊密經貿關係安排」必須有利於擴大兩岸經濟交流的規模,提高合作層次,從而促進形成某種經濟合作機制,實現兩岸經濟在各個領域、各個層面的全面合作。

(二)戰略目標

「兩岸更緊密經貿關係安排」的戰略目標,根據發展進程,可分為近期、中期、遠期。

近期目標是:在「試點直航」和「金馬直航」的基礎上,以兩岸直接「三通」為突破口,對兩岸經濟交流與合作做出某種類似CEPA的貿易優惠和投資便利化的安排,實現共同繁榮和發展。

中期目標是:透過建立某種經濟聯繫機制,協調經濟政策,統一關稅,以提高兩岸經濟合作水平,實現兩岸全面、直接、雙向的經濟交流。

遠期目標是:透過建立共同市場以至統一貨幣,實現兩岸區域經濟一體化,從而為中國的和平統一奠定堅實的經濟基礎。

(三)主要內容

「兩岸更緊密經貿關係安排」的內容不是固定的，而是隨著經濟關係的推進表現出不同的具體內涵。要做到既不違反WTO貿易自由化原則和非歧視原則，又賦予兩岸貿易和投資活動一定的優惠待遇和便利條件。目前最可行的做法是：利用WTO第24條款的「例外」規定，即GATS經濟一體化的規定，參照CEPA框架協議，推動「兩岸更緊密經貿關係安排」。其基本內容可分為兩個方面：

1.實行優惠的商品和服務貿易政策。在貨物貿易方面，對雙方商定的商品，只要符合原產地規則（包括材料、加工等，30%～40%當地生產），可享受比WTO規定更加優惠的關稅或零關稅，並不對貿易貨物實施限制性法規。在服務貿易方面，部分服務業，如銀行、保險、證券、零售、運輸、物流、旅遊、影視、展覽、房地產、諮詢、會計、律師、醫療等行業，可優先進入對方市場，並相應降低準入門檻。

2.提供便利的貿易和投資條件。雙方可在許多領域加強合作，提供更加便利的貿易和投資環境，並不對貿易和投資者引入新的針對性歧視措施。具體合作範圍包括：貿易投資促進、通關便利化、商品檢驗檢疫、電子商務、法律和政策透明度、中小企業合作、中醫產業合作等方面。

（四）推進方式

「兩岸更緊密經貿關係安排」的推動，應從區位條件出發，立足於現有的經濟基礎，著眼於未來的發展潛力，突出地緣經濟的重要作用，充分發揮區位優勢，發展對台經濟關係。其建立方式有兩種：

首先，在目前「台商投資區」、「保稅區」、「經濟特區」、「加工出口區」實踐的基礎上，建立帶有「自由貿易區」政策的「兩

岸經濟合作區」，並與台灣的「加工出口區」、「科學園區」、「自由貿易港區」進行對接，賦予更加多樣、更加靈活以及更加變通的功能，如設置轉運發貨中心、發貨倉庫，準予區內設立金融等服務業，並放寬貨物進出口等規定，提供台灣企業更多的發展空間。

其次，在兩岸協商條件成熟時，按照WTO所認同的授權原則，由中央政府特派或授權地方政府及有關部門，負責與台灣有關方面商談一國之內單獨關稅區之間的有關經貿合作協議，最後加以落實、執行。

（四）實施步驟

「兩岸更緊密經貿關係安排」是一個從初級不斷向中級以至高級發展的過程。其實施步驟應從低層次的「優惠貿易安排」開始，逐步推進到中層次的「自由貿易區」，最後再發展到高層次的「經濟一體化」，從而做到短期的臨時安排與長遠的戰略考慮相結合。從推動時間看，可分三個時期：

1.近期為初創期。在鞏固現有經濟合作成果的基礎上，進一步發揮原有民間形式的經濟交流與合作機制，透過實現投資環境的改善，進一步吸引更多的台商到大陸投資；在條件成熟時，兩岸透過簽訂促進區域經濟合作的臨時性協議，為兩岸的商品、資金、人員等生產要素的自由流動做出某種優惠和便利性安排，以擴大兩岸「三通」的規模，並為向「自由貿易區」過渡創造條件。

2.中期為擴展期。在「優惠貿易安排」的基礎上，「兩岸更緊密經貿關係安排」走向「自由貿易區」階段，並逐步向「關稅同盟」過渡，從縱深方向全方位地拓展區域經濟合作的範圍和領域。

3.遠期為成熟期。兩岸逐步建立「統一市場」，並向「貨幣聯

盟」發展，從而在經濟上不斷融合，形成緊密相關、高度依存、共生共榮的經濟整體。

三、「兩岸更緊密經貿關係安排」的區位選擇

「兩岸更緊密經貿關係安排」的推動，可以首先在局部地區、局部領域和局部產業中進行初步的試點。透過試行，取得經驗，在條件成熟時，再擴大到其他區域。從區位條件看，區位選擇首推海峽西岸。

（一）區位條件

海峽西岸是一塊以台灣海峽為紐帶，東臨台灣島，西接內陸廣闊腹地的具有特殊地緣經濟利益和政治涵義的小型經濟板塊。其所處的區位優勢構成了推動「兩岸更緊密經貿關係安排」的獨特條件。

從地緣關係看，海峽西岸與東岸同屬中亞熱帶向南亞熱帶過渡帶季風性氣候，自然生態條件十分相近，宜於開展兩岸農業合作。兩地之間的咫尺海峽，為雙方進行交流活動提供便捷的海上通道。廈門距嘉義僅120海里，距高雄165海里，福州距基隆也僅149海里，是大陸距台灣最近的地區。

從人文關係看，兩岸深厚而密切的人緣、親緣關係，對加強區域經濟合作具有強大的凝聚作用。海峽西岸是台灣人的主要祖籍地，在台灣人口中，講閩南話的占75%，客家話的占13%，兩種語系的人口構成了台灣移民社會的主體。由於血緣相親，語言相通，民情、風俗相近，不少姓氏宗族也相同，從而孕育了獨具特色的民俗文化。這種一脈相承的人文關係，為推動「兩岸更緊密經貿關係安排」提供天然的紐帶。

從經濟條件看，兩岸區域經濟合作已具有一定的基礎。福建作為海峽西岸的主體，改革開放後社會經濟快速發展，經濟實力明顯增強，成為重要的工業生產和外貿出口基地，2003年「大陸生產總值」達600多億美元，在全國各省市中居第11位，約為台灣的五分之一；人均GDP達1800美元，居全國第7位，約為台灣的七分之一。福建是台商投資的重要聚集地，至2003年累計批準設立的台資項目8000多家，協議利用台資150億美元，實際到資約100億美元。這些投資從製造業開始，逐步向其他行業全面滲透，使海峽西岸成為國際市場上低成本的輕型產品生產和出口基地。

從政策優勢看，海峽西岸作為大陸對台經貿的重要基地，是全國開放度最高、政策最優惠、功能最齊全的地區之一，在兩岸經濟交流與合作中扮演著越來越重要的角色。1981年國務院批準廈門設立經濟特區；1985年福州經濟技術開發區也成為享有特殊優惠政策的國家級開發區；1989年國務院批準在廈門的杏林、海滄和福州的馬尾設立「台商投資區」（後又增加集美）；1997年廈門和福州成為大陸對台「試點直航」口岸。2001年初福建沿海地區與金門、馬祖實現直接往來。在政策優勢下，海峽西岸完全有條件進一步成為「兩岸更緊密經貿關係安排」的試驗區。

（二）區域布局

「兩岸更緊密經貿關係安排」的區域布局，大致可從縱向和橫向兩個方面考察。

從縱向格局看，以第一層次的東南沿海開放區（包括廈門、福州、泉州、漳州、汕頭等）為主軸，依託經濟特區、經濟技術開發區、台商投資區、經濟中心城市，對台發揮海運、空運便捷的優勢，對內透過鐵路、高等級公路等交通運輸網絡，將第二層次的山區腹地

（包括龍岩、三明、南平、寧德等）和第三層次的周邊地區（包括粵東、贛南、浙南等）有機地聯為一體，使之成為兩岸經貿交往的聚集地，並發展為繼長江三角洲、珠江三角洲、環渤海灣之後的又一經濟繁榮帶。

從橫向格局看，南部地帶以汕頭為「龍頭」，韓江流域為軸線，粵東、贛南為腹地；中部地帶以廈門為「龍頭」，九龍江流域為軸線，漳州、泉州為兩翼，閩西、贛東南為腹地；東部地帶以福州為「龍頭」，閩江流域為軸線，莆田、寧德為兩翼，閩北、浙南地區為腹地。在功能定位上，「龍頭」地區因具備加工裝配、轉口貿易、運輸倉儲、金融服務、訊息諮詢以及產業升級等優勢，鼓勵台商投資向技術型、服務型產業集中；兩翼地帶向資本密集型、規模經濟型產業集中；內陸腹地發揮自然資源豐富、勞動力價格低廉以及地域廣闊的優勢，積極接應海峽兩岸沿海地區勞動密集型產業的梯度轉移，大力進行資源加工型產業的開發，形成多層次、梯度推進的發展布局。

四、「兩岸更緊密經貿關係安排」的政策機制

推動「兩岸更緊密經貿關係安排」，應在不違反一個中國原則的前提下，實行「同等優先、適當放寬」的政策，有步驟地讓一些帶有探索性的經濟合作議題在一定範圍內試行，積極發揮「政策試驗」的功能，取得經驗和總結，逐步完善經濟合作機制，再向各地推廣。這些政策機制主要包括：

（一）資本開放政策

1.政策審批機制

承諾入世後對WTO會員開放的行業、領域、範圍等，先行一步對台商開放。對台商投資項目審批也予以政策傾斜，對於不需要國家宏觀調控的項目由地方主管部門自行審批；如涉及國家宏觀調控的項目，可採取個案審批，優先安排；大型項目的審批標準適當放寬，審批權限從3000萬美元提高到1億美元。

2. 產業合作機制

根據各地產業發展和結構調整的需要，採取不同的產業傾斜政策，在一定區域內形成各具特色的產業鏈或產業帶；有計劃、有步驟地引導台商投資資本密集、技術密集和知識密集型產業，吸引台灣服務企業前來投資設點，開辦分支機構或辦事處，放寬台灣商業零售企業、貿易公司、旅行社、訊息諮詢服務企業、醫療機構以及其他工商服務企業的準入條件和進入範圍；推廣兩岸農業合作示範區的政策，擴大對台農業合作的廣度與深度。

3. 金融合作機制

兩岸金融合作中一些帶有「試驗性」的政策，可在沿海重要城市先試行操作，總結經驗後再推廣至其他地區。如：放寬台資銀行、保險、證券機構進入條件，可不把設立代表處作為先決條件，適當降低台資銀行設立門檻，資產規模以不低於60億美元為限；允許台資參股地方股份制金融機構，適當放寬股東資格、持股比例、審批程序等條件；允許台資銀行開辦人民幣業務和台幣兌換業務，增加台資企業融資渠道；允許台資保險、證券機構進入，開展相關業務；允許在福建試辦對台離岸業務，批準福建指定一家商業銀行作為兩岸貨幣清算的我方指定銀行，推動人民幣在閩台兩地的使用和結算。

（二）經貿交流政策

1. 貿易對接機制

　　強化東南沿海地區對台通商口岸的地位，使福建真正成為兩岸貿易貨物流動的重要通道。除了繼續辦好每年一度的「台交會」和「投洽會」外，還應進一步發揮福建對台貿易窗口的作用，將地方的「保稅區」、「加工出口區」、「台商投資區」等特定區域與台灣的「加工出口區」、「科學園區」、「自由貿易港區」進行對接，放寬台商開設商貿企業，吸引台灣貿易商、經銷商、代理商以及倉儲企業的進入條件；有步驟地建立對台貿易渠道和網絡，鼓勵、促進台資企業產品返銷台灣；建議對福建開展對台貿易涉及的配額許可證管理的商品，由中央單列「切塊」下達，允許福建經營煤炭等大宗商品的出口業務；支持福建對台小額貿易的發展，進一步落實福建沿海與金、馬、澎直接貿易進口稅收的政策。

2. 交通聯繫機制

　　在對台通航取得初步成效的基礎上，努力探索實現兩岸全面直接「三通」的有效途徑，將東南沿海地區建成對台通航的主要基地和重要通道。根據「試點直航」的政策，擴大直航口岸的功能和範圍，盡快批準福建省沿海一類海港口岸中未開放對台經貿直航的其他四個口岸和具備口岸監管條件的部分二類口岸，按照《台灣海峽兩岸間航運管理辦法》，開展對金、馬、澎的貨運直航，爭取大陸貨物直接進入島內市場；建議將廈門、福州機場列為首批兩岸直航空港，廈門航空公司作為兩岸空運直航的承運單位。

3. 經貿協商機制

兩岸之間的經貿問題，如投資者權益保障、貿易糾紛調解及仲裁、知識產權保護、商品訊息交換、產品市場準入以及反傾銷等事宜，可先進行溝通和協調，初步達成共識後，形成框架性協議。

（三）民間交流政策

1. 人員交流機制

為促進兩岸人員往來，在開放台灣同胞「落地簽證」、「落地簽注」的基礎上，授權福建省簽發五年期《台灣居民來往大陸通行證》；將大陸一般人員（副省級以上和特殊行業人員除外）組團赴台審批權下放給地方台辦，由當地根據實際情況進行靈活操作；授權福建直接審批福建赴金、馬、澎的交流活動，包括經貿考察、商務洽談、商品展銷、事務洽談等，推進以民間名義的直接往來；利用「金馬直航」先行的優勢，盡快批準福建省組織實施省內居民赴金、馬、澎的旅遊，開拓對台旅遊通道。

2. 城市交流機制

在條件成熟時，海峽西岸的一些城市，如福州、廈門、漳州、泉州等，可與台灣某個城市，如基隆、高雄、宜蘭、台南等，建立某種城市聯繫機制，促進城市交流，解決區域經濟交流與合作中出現的問題。海峽西岸的中心城市，如廈門、福州等地，可成為兩岸人員交流、事務性協商以及政治對話與談判的主要基地。

總之，推動「兩岸更緊密經貿關係安排」，就是推行「自由貿易

區」的某些特殊政策，造就兩岸經貿交流的特殊環境和對台經濟政策的試驗場所，以作為兩岸經濟合作的發展方向。

（原載《CEPA與區域經濟合作研究》，中國評論學術出版社）

註釋：

①胡元梓：《全球化與中國》，中央編譯出版社1998年版，第24頁。

②王新奎：《世界貿易組織與發展中國家》，上海遠東出版社1998年版，第335頁。

台灣區域經濟轉型的兩岸視角

石正方

一、戰後台灣區域經濟地位演變「三階段」

自1950年代至今，台灣對外經貿關係經歷了三個演進階段，其間台灣的產業梯度得以提升，區域經濟角色、地位也由此得以轉變。但新世紀以來，面對全球化和東亞經濟重組的挑戰，台灣經濟的區域角色和地位面臨轉型升級的挑戰。

（一）1980年代中期以前台灣經濟深度依賴美、日市場，以美、日勞動密集型產業加工基地的角色處於以美、日為核心的西方經濟體系的「邊緣」地位。

台灣經濟自1951年以「美援」為契機，納入了西方資本主義生產體系，也由此逐步構建起以美、日市場為依託的台灣經濟再生產循環系統。在1980年代中期以前，與美、日之間的經貿往來構成了台灣對

外經濟交往的主旋律。從貿易來看：美國自1966年以後成為台灣最大的出口市場，直至2002年這一重要地位才被大陸所取代；日本一直是台灣重要的進口供應國，自1965年上升為第一大供應國以來，其地位一直保持至今。從投資來看，美、日一直是台灣外資主要來源地。據統計，美、日兩國在台企業約占台灣外資企業數的80%，資金占外資總額的70%左右，台灣的私營企業中有60%至70%是與美國合資的企業。在台灣的美資企業中股權完全為美方所有者占60%，美方占有半數以上股權者占21%[1]。可以說，從1950年代到80年代中期以前，隨著台灣經濟的成長，台美、台日內部貿易格局雖不斷發生變化，但始終是以「日、台、美三角貿易」關係的形成、發展、深化為實質的。此階段台灣經濟的發展主要是利用島內廉價和素質較高的勞動力，從日、美等發達國家進口原料及中間產品，經過加工裝配後，再銷往美國市場。其中台灣作為美、日的製造基地，對美、日經濟存在技術和市場兩方面的依賴關係。以沃勒斯坦的「世界體系理論」觀之，當時的台灣經濟處於以美、日為核心的西方經濟體系的邊緣地位；而在亞太國際產業分工體系內，台灣扮演著勞力密集型產品加工出口基地的角色，處於所謂「雁行」的尾部[2]。

（二）1980年代中期以來台灣當局實施「分散市場」策略，逐漸將對外經貿重心轉向亞洲，並透過引進美、日資本和技術，對東南亞、大陸實施直接投資等環節推進產業升級換代，逐漸以技術密集型產品加工基地角色在亞太國際產業分工體系發揮技術及產業中介功能。

1980年代中期以後，由於國際貿易保護主義盛行、新台幣對美元匯率被迫升值、歐盟、北美自由貿易區關稅壁壘衝擊，以及東南亞、大陸等發展中經濟體有力競爭，台灣經濟的內、外部發展環境出現雙重惡化。於此，台灣當局推行「國際化、自由化、制度化」，實施「分散市場」策略，主要是大幅放寬對外投資政策和外匯政策，透過

投資促進、貿易拓銷策略推進與目標市場的經濟關係——重點是發展與亞太地區經濟關係，從而促使台灣的出口貿易和對外投資重心迅速由美國轉向亞洲地區。根據台「經濟部」投審會的統計數字，1987年台灣對亞洲投資占其總對外投資的比重為20.3%，對美投資所占比重為68.2%，此後亞洲份額逐年增長，美國份額逐年下降，1990年亞洲所占比重38.8%，而美國所占比重則為27.6%，亞洲替代美國居台灣對外投資首位。此後二者所占份額雖各有消長，但亞洲一直保持作為台灣對外投資重心地區的地位。投資拉動貿易，1990年代以來，台灣對亞洲、美國出口貿易所占比重也經歷了此消彼長的變化過程：1986-1990年間，台灣對亞洲出口占總出口比重為32.1%，對美出口占總出口比重為39.8%，美國高於亞洲地區7.7個百分點；但接下來的五年內雙方對比形勢發生了轉折性變化：亞洲所占比重上升到47.7%，美國所占比重則下降到27.2%，亞洲領先美國達20.5個百分點，台灣對外出口貿易中亞洲板塊成長至為迅速，1996-2000年的五年間，二者的差距更拉大到25.6個百分點③。

在此經貿重心「東移」進程中，台灣的對外經貿關係發生了深刻變化：隨著台灣對外投資規模的快速擴張，台灣由此前的資本淨流入地區轉變為資本淨輸出地區，對外經貿關係從以商品輸出為主的單向性擴張，轉為以資本輸出為主，同時帶動商品、技術、勞務等輸出的多向性擴張①，其結果是使台灣經濟快速融入東亞經濟，並且透過「技術導向」、「投資驅動」貿易戰略的實施，在加速傳統產業外移的同時實現本土產業升級換代，從而逐漸改變其在亞太產業分工體系中原來所扮演的傳統的勞動密集型加工出口基地角色，轉而成為技術密集型加工出口基地，其對外貿易模式也由「日、台、美三角貿易」關係轉向「日、台、東南亞和大陸、美國」的「菱形四角」模式⑤。由此，台灣區域經濟地位上升到新的層次——作為介於美、日等先進經濟體和大陸、東南亞等發展中經濟體之間的產業分工層次，在東亞

乃至亞太區域經濟中扮演承上啟下的中介者角色。

（三）1990年代以來，大陸市場重要性不斷增強並逐漸確立其主導地位。特別是新世紀以來，台灣經濟發展形勢逆轉，兩岸經貿更成為支撐台灣經濟成長的重要動力。但出於「政治優先」的考慮，台灣當局將限制兩岸經濟關係作為其對外經濟關係的戰略主軸，致使台灣經濟不能充分融入大陸經濟並借助大陸經濟的成長效應加快產業升級轉型，導致台灣經經濟在全球化、區域化浪潮衝擊下日益顯現邊緣化走勢。

兩岸關係「解禁」以來，台灣對大陸經貿往來經歷了持續、快速的增長歷程，1992年起更進入快速擴張期。投資方面：1992年台商投資大陸資本占同期台灣對外直接投資總額的比重為21.8%，2002年增加到66.65%，大陸成為台商投資的首選地；近年來，大陸更成為台灣最重要的海外生產基地：據台灣「經濟部」最新公布的調查，台商對外製造業投資中，其中對大陸投資占了77.7%；2003年，台灣資訊硬體企業在大陸的生產比重從2002年的47.5%上升到63.3%；兩岸在產業轉移、承接互動中業已建立起以垂直分工為主、兼具水平分工的發展格局。這些現象表明，兩岸經濟關係越來越緊密，其日益顯現的功能性一體化，對促進台灣產業升級和經濟轉型發揮著巨大的推進作用。貿易方面：在台商投資拉動下，兩岸貿易呈快速發展態勢。1991年，台灣對大陸出口額為69.3億美元，占其出口貿易總額的9.1%；1995年上述兩項指標分別上升為179.0億美元和16.0%；2000年則達到了261.4億美元和17.6%，2003年，台灣對大陸、香港出口額占台灣出口總額的比重已上升為34.5%；1992年大陸作為台商生產資料的主要輸出地，取代美國成為台灣最大貿易順差來源地，2002年又替代美國一躍成為台灣最大出口市場，2003年進而成為台灣最大貿易夥伴。這些都說明，大陸市場越來越成為支撐台灣經濟增長的重要動力。特別是2000年以來，台灣經歷50年來最嚴重的經濟衰退，平均年經濟成長率僅有2.58個百分

點,而其中至少有2個百分點源於兩岸貿易的貢獻。

　　兩岸經濟關係快速成長並最終占據台灣對外經濟的主導地位,實質上是台灣經濟向大陸腹地的歷史性回歸,是台灣經濟「大陸化(中國化)」⑥的體現,是全球化下兩岸經濟資源按照市場經濟邏輯轉換為經濟互補優勢的結果。顯然,這種經濟的「中國化」與台灣當局政治的「去中國化」是背道而馳的,因此招致台灣當局的遏制和阻撓。一直以來,台灣當局將限制兩岸經貿關係作為其對外經濟的戰略主軸,如遲遲不開放兩岸「三通」、限制陸資入島、積極拓展與大陸以外地區經濟關係等⑦,致使台灣經濟不能盡快、充分地融入大陸經濟,無法利用大陸經濟成長效應促進經濟轉型、提升經濟競爭力,無法借助兩岸經濟一體化橋樑融入東亞區域經濟整合潮流,從而在全球化、區域化的衝擊下,日益顯現「邊緣化」走勢——其一是在經濟全球化催生新世界產業分工體系的大形勢下,台灣在亞太產業分工鏈中的技術及貿易「中介」優勢日漸流失;其二是面對東亞區域經濟整合新格局,台灣經濟游離於外而難免遭受投資、貿易轉移等負面效應,存在市場空間縮小及區域經濟活力減弱的危險。

二、台灣區域經濟轉型目標新定位

　　面對台灣經濟競爭力下滑、區域經濟地位日漸邊緣化的局面,民進黨當局對台灣經濟發展方向與策略進行了探索,提出「綠色矽島」發展目標,「全球布局」發展戰略,以及制定「全球運籌中心發展計劃」、「知識經濟發展方案」、「高附加價值產業推動方案」、「兩兆雙星產業計劃」、「挑戰2008:六年發展重點計劃」等。綜觀這些「目標」、「戰略」、「計劃」、「方案」,更多的是制定產業發展方向與策略,其中比較綜合反映台灣區域經濟功能定位的有以下幾方面:

（一）建設台灣成為全球高附加價值產品的生產及供應中心

近年來，隨著經濟全球化浪潮的推進、跨國公司供應鏈管理模式的實施，以及「入世」的衝擊，台灣越來越感受到產業轉型的挑戰和壓力。以往台灣產業的「核心競爭力」主要在於製造流程，但近年來由於大陸、東南亞等發展中經濟體在這方面成長迅速。特別是大陸作為「世界工廠」、「世界市場」的崛起，更是以低要素成本、廣闊市場空間的雙重優勢，以巨大的磁吸力量匯聚全球資本、物流、訊息流，集成而為亞太區域經濟增長的新極核，從而促進了亞太乃至全球產業分工鏈重組，客觀上形成對台灣傳統「代工」角色的替代競爭。同時由於專業人才短缺、研發能力不足、產品週期壓縮、土地取得困難以及島內政治動盪不安等不利因素的影響，造成島內企業營運困難，不但傳統產業紛紛外移，以資訊產業為主導的高科技產業也在新世紀初出現大規模外移趨勢，造成台灣產業核心競爭力提升無力的局面。總之，在面對經濟全球化以及新世界產業分工體系逐漸形成的大形勢下，台灣在亞太產業分工鏈中的技術及貿易「中介」優勢日漸流失，不但在產業核心技術及高附加價值領域落後於歐、美、日等先進經濟體，在中間價值領域面對新加坡、韓國、香港等強勁對手的挑戰，而且在低附加值領域還受到大陸以及東南亞迎頭趕上的威脅。

針對上述趨勢，台灣當局提出以擺脫傳統的「代工製造模式」、培植自有技術能力、營造創新環境、建構研發、設計、製造、行銷並重的產業發展環境、創造產業發展新動力為目標，發展台灣成為全球「高附加價值產品的製造和供應中心」。借用時下流行的「微笑曲線」的說法，「高附加價值製造和供應中心」意味著未來台灣在全球、亞太產業分工鏈中將不再是以往的代工生產或設計（OEM/ODM）角色，而是向研發創新與品牌營銷等高值化服務方向提升；其區域經

濟地位也將由於產業競爭力的提升而上升到新的層次。而與「高附加價值製造和供應中心」功能相對應的是發展以知識經濟為主體的製造及服務產業體系，既包括發展新興產業和技術（包括落實原有的「兩大、兩高、兩低」重點策略性產業；獎勵新興重要策略性產業；探索未來新興產業項目等方面⑧）、確立和擴張「兩兆雙星」核心產業優勢；也包括推動傳統產業升級轉型，提升附加價值；此外還包括建設「數字化台灣」，建構網際網路基礎環境、加速訊息科技及網際網路的創新、擴散與運用，提升政府服務、企業營運的「E化」水平。

（二）建設台灣成為「全球運籌中心」

全球運籌是廣義物流的概念，涵蓋廠商自原料取得，經設計、生產、行銷至售後服務、後勤補給、庫存管理等效率及成本效益流程，指借助商流、物流、訊息流、金流等作業體系的整合，透過供應鏈管理模式，達成企業及時交貨、及時服務的目的。台灣當局推動「全球運籌發展計劃」，其主旨是透過健全與全球運籌管理相關的電子商務、實體物流及基礎建設等環境，一方面協助企業發展全球運籌管理，使台灣成為國際產業供應鏈的重要環節，一方面運用台灣製造業優勢，全力提升台灣的物流、資訊流、金流效率，協助企業整合跨區域資源，發展高附加價值轉運服務⑨；同時強化台灣「電子運籌」的全球競爭實力，規劃建立一個島內系統商、零組件廠商、銀行、物流及國際採購商接軌的共同網路平台，使在台灣採購、傳遞設計概念、電子錶單轉換、品質報告以及運籌業者資訊連接，均可透過網路達到省時、省錢的效益，進而吸引國際採購商來台下單以掌握資源⑩，最終達成促進經濟增長、增加就業機會，提升台灣的全球經濟地位的目的。

實際上，為推進台灣經濟轉型，台灣當局自1990年代中期開始，

就制定並實施了「發展台灣成為亞太營運中心計劃」，其主要目的之一就是強化台灣經濟的區域功能，使台灣「在亞太經濟整合中扮演關鍵角色，擔負先進國家與發展中國家『中介者』的責任」。按照台灣當局的總體規劃，亞太營運中心的建設將從促進貿易、投資自由化，減少人員進出障礙，減少資金進出限制，以及便利促進資金流通等四大方向著手，將台灣建設成為一個高度自由開放的經濟體，從而吸引各跨國公司在台灣設立它們的亞太區域營運總部，以台灣為區域營運中心，統領分布於亞太區域各國（地區）的分公司或分廠的生產經營活動；並在區域營運中心這一總體目標下，以生產製造、貨物及旅客轉運與服務三大類營運活動為主導，發展製造、海運、空運、金融、電信、媒體等六大專業營運中心。自1995年初至2000年，「亞太營運中心計劃」第一、第二階段工作相繼告一段落，雖然由於島內外政治、經濟因素的制約，特別是兩岸關係因素的影響，此期間的工作推動未能取得預期的成果，但藉由相關法規的修訂、專業營運中心建設的啟動，以及開發智慧型工業區、加強航港航空等基礎設施建設、推動金融及貿易自由化，特別是調整大陸經貿政策等配套計劃的實施等環節，台灣經濟總體環境得以改善，其經濟自由化、國際化的程度均有所提升[11]。公允而論，建設台灣為「亞太營運中心」的思想基本上切合台灣經濟內外部發展環境、資源稟賦、現實發展基礎以及經濟轉型的需要，特別是其以大陸為腹地依託的考慮更是值得肯定。然而，民進黨執政後，為避免台灣經濟「大陸化」，逐步放棄了以大陸為腹地的「亞太營運中心」計劃，轉而提出以發展兼具研發、行銷、資金調度等完善功能的全球運籌中心為願景的「全球運籌發展計劃」。實際上，「全球運籌中心」要依託台灣既有的地理位置優勢以及製造業相關優勢，利用亞太營運中心之「海運」、「空運」、「製造」等專業化中心的建設成果，因此，在某種意義上，「全球運籌發展計劃」可以看作是「亞太營運中心計劃」的局部延伸。

（三）建設台灣成為亞太區域資源整合的「營運總部」

「營運總部計劃」是台灣當局提出的「挑戰2008：國家重點發展計劃」中的一個重要組成部分。其出發點主要是為了因應近年來由於台商對外投資所引發的生產線大舉外移，及所造成的失業率升高、本土生產活動萎縮、產業競爭力下降等經濟「空洞化」走勢，希望藉由改善台灣投資硬、軟環境，提供整合性的作業平台等，吸引台商及跨國企業在台灣成立「企業營運總部」，將研發、設計與行銷等高附加價值的營運活動留在台灣；以「穩固台灣作為企業的價值創造和經營管理的基地，統御其在全球各地的生產和銷售據點」[12]，進而落實當局「深耕台灣，布局全球」的企業跨國經營戰略。此外，強化對周邊國家和地區「營運總部」的競爭力，特別是抵沖大陸的「磁吸效應」，強化台灣在區域或全球經濟體系中的重要地位，避免陷入「邊緣化」困境，也是台灣當局推行「營運總部計劃」的重要動機。

營運總部計劃是在2000年規劃、實施的「全球運籌發展計劃」的基礎上，參照原有的「亞太營運中心計劃」擬定的。「營運總部」強調研發設計、高附加價值商品的製造和後勤支持三方面的功能，雖與「亞太營運中心」重視企業的後勤支持功能、「全球運籌中心」重視「運籌管理」功能有所不同，似乎更加重視企業創造價值和全球營運的能力，但其總體功能的發揮仍然離不開高素質專業人才、優良的電子訊息化環境、強大的研發創新能力以及高附加價值的生產製造優勢的支撐。因此，與亞太營運中心、全球運籌中心一樣，「營運總部」建設有賴於充分利用台灣的區位條件、港口優勢以及製造研發基礎。台灣當局計劃到2011年能吸引1000家企業在設總部，並支撐20萬個就業機會。提出的推動措施包括：「規劃自由港區」，賦予港區單一窗口、區內貨物自由流通、廠商自主管理等功能；獎勵企業營運總部，

提供租稅優惠、彈性調整營運總部區內地價、擴大人才供給等；建設海空聯港，在台灣南部建設「高雄雙港」、在台灣北部建設「台北港」和桃園航空貨運園區、在台灣中部建國際機場，同時提供無障礙通關和產業全球運籌電子化等[13]。

三、「中心」還是「飛地」——最終取決於兩岸經貿關係的發展走勢

綜觀上述台灣區域經濟角色新定位，無論是「高值化生產及服務中心」、「運籌中心」還是「營運總部」，計劃的擬定和實施都體現了對台灣地理區位條件的充分利用與著力強化。在區域經濟學中，區位優勢常常用來描述特定經濟空間中由於與「特惠地點」的獨特地理關係而能夠為經濟主體帶來額外利益的經濟屬性，通常具體化為由此所反映的市場、供求、運輸成本等方面的優越性。區位優勢是動態的而不是一成不變的，其內涵隨著區域經濟空間運動而不斷演變。台灣位於大陸東南海運及西太平洋南北航線的戰略要沖，是遠東—美洲、遠東—歐洲等國際航線的轉運樞紐，這種地理位置的重要性，在特定的歷史時期，與特定的區域經濟中心相聯繫，轉化為特定的區位經濟優勢。「清領時代」，台灣的區位優勢在於與大陸一衣帶水的陸島關係；「日據時期」，台灣的區位優勢主要體現在對於宗主國日本的航運和轉運便利；二戰後，以美援為契機，台灣納入西方經濟體系，其區位優勢則凸顯為對於美、日兩個亞太經濟中心貿易往來的便利以及作為東亞海運樞紐的重要地位。如今，台灣的區位優勢則進入以大陸這一亞太新經濟增長中心為「特惠地」的時代[14]。不可否認，善於利用區位的、地緣的優勢，與區域主要經濟體（區域經濟增長中心）建立廣泛的經濟聯繫，是促成台灣現代經濟快速成長的一個重要因素。歷史上，台灣經濟是大陸經濟體系的一部分，「日治」以後台灣被納

入日本經濟體系，從而逐漸阻斷了與大陸的經濟聯繫；「冷戰」格局下，台灣經濟不斷融入美國經濟體系，加之兩岸政治的嚴峻對立，造成兩岸經濟關係完全斷絕的局面。20世紀後半葉，世界經濟進入以亞太經濟為增長重心的時代，台灣經濟重心也相機東移，在發展戰略上實施「脫美入亞」。以此為契機，伴隨冷戰結束後兩岸政治關係鬆動，兩岸經濟關係逐漸恢復並逐步增長，經過1990年代的快速擴張，最終確立了其在台灣對外經濟中的重要地位。

無論按照歷史的邏輯、市場的規律，還是發展的現實，21世紀的台灣經濟都已進入以大陸為主要發展依託的歷史階段，這是全球經濟一體化與大陸「磁吸作用」「推一拉」動力系統耦合作用的必然結果。台灣要實現其區域功能的轉型提升，成為亞太乃至全球意義上的「中心」，就必須以兩岸經貿關係健康發展為前提，把大陸作為企業全球布局的重要基地；必須更緊密地整合到以大陸為主體的中華經濟圈，並以此為橋樑盡快融入到區域經濟整合浪潮中去，如果不能正視兩岸經貿合作對於台灣經濟的重要意義，或者為了政治「台獨」一味加以阻撓，則必將使台灣經濟在兩岸政治矛盾的糾結中喪失良機，在全球化、區域化浪潮衝擊下走向邊緣化，最終成為游離於亞太區域經濟版圖的一塊「飛地」。

（一）大陸是台灣實現區域功能轉型最重要的腹地依託

近年來大陸憑藉勞動力、土地等生產要素低成本優勢、不斷深化的改革開放政策以及伴隨持續的高經濟增長所日益顯現的內銷市場潛力，特別是「入世」後外資準入門檻降低、經濟市場化水平日益與國際接軌等因素，不但業已成為台灣海外製造基地——據台「行政院」主計處相關統計，在1991—2003年間台商對外製造業投資中，對大陸

投資所占比重平均達到73.9%；2000—2003年這以比率更上升到80.4%；同期資訊硬體產業委由海外生產的比重由50.9%上升到79.1%，其中大陸所占比重由31.3%上升到63.3%；而且正在成長為全球跨國資本爭相進駐的「世界工廠」——僅2003年大陸新批設立外商投資企業就有41081家，比2002年增長20.2%；全年吸引合約外資1150.7億美元，同比增長39.03%；實際使用外商直接投資535.05億美元，同比增長1.44%。近年來流入中國的外資不僅在數量上迅猛增長，而且在質上也有明顯提升：伴隨日、韓等跨國製造商而來的往往是他們的配套研發部門和一些高端產品。種種跡象都表明，中國正在成長為東亞乃至全球的製造業中心。

　　大陸作為台灣海外加工製造中心、成長中的全球製造基地，對於台灣區域功能轉型而言，無疑意味著最重要的腹地依託。因為諸如「全球高值化生產與供應中心」、「全球運籌中心」、「企業營運總部」等目標的實現，實質上是台灣經濟由工業化向後工業化的轉型。落實到產業結構升級方面，則體現為台灣在區域乃至全球產業分工鏈中地位的提升：一方面是在產業的垂直分工鏈中占據高端位置，成為高科技產業繁榮發展的「綠色矽島」；一方面是在產業的水平分工鏈中掌握高附加值化的環節，占據研發、設計、營銷服務等所謂「微笑曲線」的兩端，而在總體營運策略上則是採取「島內研發、服務」，「島外生產製造」，主要面向美國與大陸市場的模式。換言之，「中心」、「總部」等功能是面向台灣的海外製造基地以及其他國家或地區的區域跨國生產基地。離開這些製造基地的支撐，所謂的運籌管理等高附加價值的經濟活動則成了「空中樓閣」。然而，前述諸多計劃中，除了已被陳水扁當局摒棄的「亞太營運中心計劃」對於遵循市場準則逐步放寬兩岸經貿限制有較為長遠的規劃外，其他對於以大陸為腹地依託並沒有給予特別的關注，甚至迴避兩岸經貿的重要性，只把大陸視為台灣企業全球布局的一環。如此導向勢必影響到台灣區域經

濟轉型計劃實施的實效。

（二）兩岸經貿交流障礙是台灣區域經濟功能轉型的最大「瓶頸」制約

台灣的「全球運籌」主要是面向台、外商的跨國經營活動而提供的「供應鏈」管理服務。供應鏈管理包括商流、訊息流、物流、資金流、增值流的管理，關注企業上、下游的供求關係，統籌生產、分銷、零售等職能的分工與合作[15]。因此，自由經濟制度、暢達的物流運作系統、先進的電子商務平台等即成為打造「全球運籌中心」功能的基本條件。台灣當局一貫倡導經濟自由化，但為避免台灣經濟過渡依賴大陸壓縮其「台獨」政治空間，對兩岸之間的投資、貿易活動設置了許多障礙，如遲遲不開放兩岸直航，限制兩岸金融業務往來、限制陸資入島等，從而極大地影響了兩岸生產要素的自由流動，使兩岸經貿往來在「間接」「迂迴」之中徒增交易成本。這種現狀與供應鏈管理所追求的低成本、高速度、高效益的核心精神相去甚遠，將大大削弱台灣對周邊國家或地區（如新加坡、香港）「運籌中心」的競爭力。

總之，「三通」問題等兩岸交流障礙橫亙於海峽兩岸之間，成為制約台灣「運籌中心」與其主要經濟腹地之間的聯繫瓶頸，由此所導致的兩岸企業之間、駐台外企總部與其大陸加工基地之間物流、資金流、訊息流的溝通不暢，對於台灣的「運籌管理」無疑是致命的打擊，將會引發駐台企業總部外移、外商投資減少，最終導致台灣「運籌中心」、「企業總部」計劃泡沫化。實際上，台灣當局也深知「三通」對於台灣提升區域競爭力的重要性，但出於政治的考慮遲遲不加推動，僅採取「境外航運中心」、「自由貿易港區」等替代模式。然而，「不直航，自由港區是空談」[16]，唯有「直航」才能從根本上解

決台灣在亞太海運市場日漸邊緣化的困境，唯有「直航」才能避免台灣邊緣化為「本地市場」的命運[17]。

（三）整合兩岸三地資源有利於台灣加快區域經濟轉型

全球化、訊息化時代，企業的競爭已經是跨越區域依託「供應鏈」的全球競爭，國家、地區等經濟體的競爭也不再是單打獨鬥，而是依託區域資源整合的合作共贏。台灣作為「大中華」經濟圈的一分子，業已在兩岸三地經濟的功能性一體化中受益，如今其區域經濟轉型更要借助於兩岸三地經濟資源的加速整合。其一，科技研發資源的整合。在科技產業發展方面，大陸基礎研究實力雄厚、科技人才眾多、內銷市場潛力巨大；台灣則加工技術水平相對較高、研發與行銷能力較強，資金充足——兩岸優勢互補，存在互動發展、合作雙贏的利益基礎。台灣要發展成為「全球高附加價值產品生產及供應中心」，需要大力發展高新技術產業，如能與大陸建立合作研發（即大陸提供基礎性科學研究技術，台灣提供應用性商品生產技術）與人力資源共享的機制，必將有利於加快台灣產業結構向更高層次提升。其二，航港資源整合。為了落實「運籌中心」及「營運總部」計劃，台灣正在著力整合空港、海港聯運，建設海空複合運送系統，主要是擴充公共基礎設施，加強港埠和機場設施及其聯絡道路建設等。這種海、空港聯運模式如能在開通兩岸直航的前提下，延伸到兩岸三地，形成以上海、香港、高雄等港口為主要支點，覆蓋東北亞、東南亞乃至整個亞太海運市場的捷運網絡，則既有利於提高兩岸三地整體物流運籌效能，又有利於提升高雄港在亞太海運市場的地位，改變其因兩岸不能直航而由亞太主要「灣靠港」淪為「支線港」的邊緣化走勢。其三，從台灣發展「營運總部」的條件來看，其所依託的是優越的地

理區位條件和厚實的製造研發優勢，但其在自然資源、生產成本、市場腹地方面遜於大陸，在金融自由化和行政效率等方面遜於香港，而且面臨新加坡、香港、上海、廣州等地「營運總部」建設的競爭[18]。因此，如果兩岸三地能夠達成共識，建立資源整合的機制，以差別化競爭的思維統籌兩岸三地「營運總部」的設置及建設，無疑將使台灣的營運總部在兩岸三地互補、互利、互惠，共同繁榮的基礎之上，獲得發展實效。

（原載《台灣研究集刊》）

註釋：

①林長華等：《戰後美台經濟關係概論》，九州出版社2001年版，第81頁。

②張冠華：《亞太經濟整合過程中台灣角色的轉變》，《台灣研究》1997年第3期。

③石正方：《台灣對外經濟關係的「全球布局戰略」》，《台灣研究》2004年第3期，第32-38頁。

④李非：《台灣經濟發展通論》，九州出版社2004年版，第374頁。

⑤許介麟等：《台灣的亞太戰略》，台灣「國家政策研究中心」1991年版，第17-18頁。

⑥吳南平：《台灣經濟「邊緣化」與「大陸化」的困惑》，http：//www.crf.org.cn/newsletter/200402/007.htm。

⑦石正方：《台灣對外經濟關係的「全球布局戰略」》，《台灣研究》2004年第3期，第32-38頁。

⑧王建民：《民進黨執政後的台灣經濟發展戰略規則及前景評

估》,《台灣研究》2002年第2期,第48-56頁。

⑨台灣「經建會」網站:「全球運籌發展計劃」,http/www.cedi.cepd.gov.tw,2002年12月8日。

⑩同⑧。

[11]鄧利娟:《台灣實施「亞太營運中心計劃」的進展和前景》,《亞太經濟》1998年第5期,第17-20頁。

[12]陳添枝:《企業在台設立營運總部的意義》,http://www.superlogos.com.tw。

[13]《台灣「營運總部計劃」研討會關心「三通」問題》,http://www.xinhuanet.com,2002年7月6日。

[14]石正方:《高雄港城經濟發展的困境與出路》,《亞太經濟》2004年第3期,第85-88頁。

[15]崔介何:《「物流管理」和「供應鏈管理」是「異名同質」嗎?》《中國流通經濟》2004年第6期,第9-12頁。

[16]高孔廉:《不直航自由港區是空談》,http://www.npf.org.tw,2003年7月12日。

[17]《美商會警告台當局:不開放「三通」將自我邊緣化》,中新網2004年6月2日。

[18]李非:《台灣經濟發展通論》,九州出版社2004年版,第327頁。

21世紀以來兩岸貿易關係的新發展

張傳國

進入21世紀，兩岸貿易關係經歷了不平凡的發展歷程。一方面，台灣當局基於「台獨」的政治理念，否定「一個中國」原則，全面推行「去中國化」的「漸進式台獨」政策，不斷為兩岸貿易關係發展投下新變數；另一方面，兩岸貿易關係是在全球經濟增長乏力、兩岸加入世貿組織、東亞區域經濟加快整合等複雜的國際大陸環境中發展的。儘管如此，兩岸貿易關係還是取得了一系列新進展。全面系統地分析與總結這四年兩岸貿易關係所取得的成果與經驗，對推動兩岸經貿關係進一步發展，早日實現祖國和平統一具有重要的現實意義。

一、兩岸貿易關係的新發展

2000年以來，在台商大陸投資的帶動下，兩岸貿易額不斷增長，兩岸貿易依存度持續攀升，目前兩岸貿易關係已達難分難解的地步。自2002年以來，大陸已成為台灣第一大出口市場，台灣是大陸第二大進口市場。截至2003年，兩岸貿易總額累計3256.3億美元，其中大陸對台出口623.5億美元，自台進口2632.8億美元，累計逆差達2000億美元以上。

（一）兩岸貿易規模加速擴大，大陸成為台灣最大的出口市場

長期以來，台灣產品主要出口美國，截止2001年，台灣對美國的出口仍然位居第一，達220億美元。2002年台灣對大陸出口295億美元，占台灣出口總量的25.3%，美國只占20.5%。也就是說，2002年台灣出口總量的1300億美元中，有1/4輸往大陸，大陸取代美國成為台灣最大的出口市場①。據台「陸委會」統計，2003年，台灣對大陸出口284億美元，大陸繼續保持著台灣最大出口市場的地位（如圖1）。從

進口方面看，2000以來，美國、日本與香港對台進口都呈現下降趨勢，而大陸對台進口呈現上升趨勢（如圖2）。從貿易總量看，也表現出口與進口相似的特徵。目前，大陸已成為台灣第一大出口市場，第三大貿易夥伴，最大貿易順差來源地；台灣則是大陸第四大貿易夥伴，第二大進口市場，兩岸貿易關係日益密切。

兩岸貿易快速成長的原因是多方面的①：一是在全球經濟中只有大陸經濟一枝獨秀，持續保持高增長態勢，帶動了大陸貿易需求的擴張；二是兩岸先後入世，台灣當局逐步放寬了原有限制性的兩岸貿易政策，改善了兩岸貿易發展的環境，兩岸貿易關係逐步朝「雙向、直接」的方向發展，為兩岸貿易的持續擴張奠定了良好基礎；三是台商對大陸投資大幅增長，進一步拉動兩岸貿易的快速增長。兩岸貿易關係的發展帶有明顯的投資帶動型的特點，主要表現在：一方面，台商在大陸的投資分布決定著兩岸的貿易構成。2000年以來，在兩岸的貿易構成上，主要是用於製造業的初級加工品或零部件，其所占比重高達50%以上。無論是台灣輸往大陸，還是大陸輸往台灣的20項主要產品中，均屬於此類產品，這其中電子零部件產品居首位。另一方面，兩岸投資規模的擴張推動了兩岸貿易總量快速成長。2000年以來，在台商大陸投資的帶動下，兩岸貿易總量不斷增長，成為聯繫兩岸關係最重要的紐帶之一。

圖1　台灣對大陸與美國的進口額

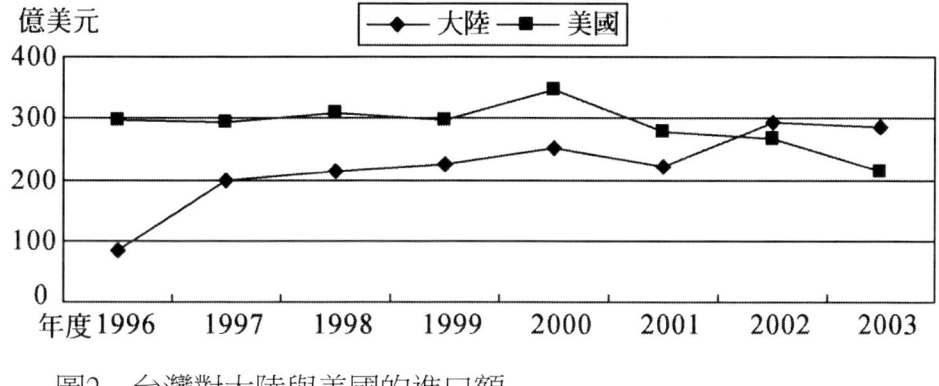

圖2　台灣對大陸與美國的進口額

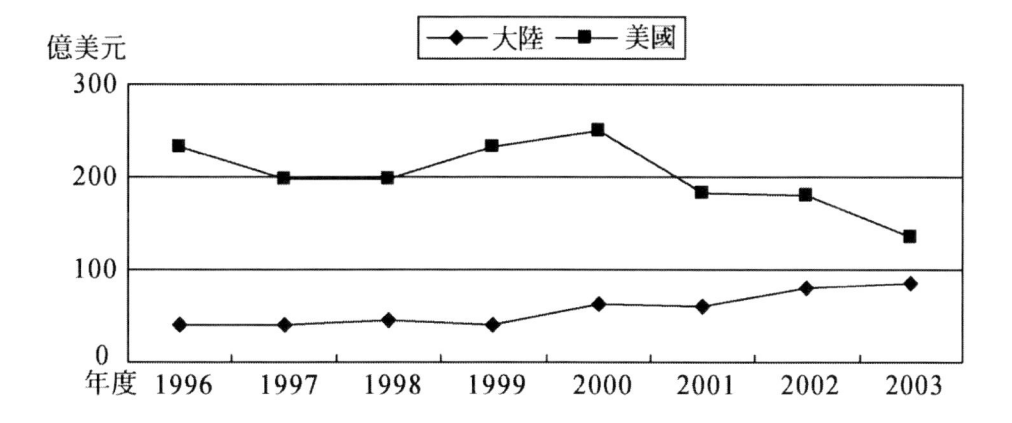

（二）台灣對大陸貿易依存度不斷提升，對大陸市場的依賴日益增強

　　2000年以來，伴隨兩岸貿易規模的持續擴大，台灣對大陸的貿易依存度不斷提升，從2000年的10.84%上升至2003年的16.97%，其中出口依存度從16.87%上升至24.39%，進口依存度也由4.44%上升至8.47%。與此同時，大陸對台灣的貿易依存度卻呈現持續下降趨勢，從2000年的6.60%降至2003年的5.42%，同期出口依存度從2.49%降至2.47%，進口依存度從11.18%降至8.50%。

可見，兩岸在貿易依存度方面存在明顯的差異，這一方面顯示了大陸在台灣對外貿易中處於舉足輕重的地位，大陸對台灣經濟發展的重要性與日俱增，台灣經濟對大陸市場的依賴程度日益增強；另一方面也顯示了在兩岸相互依賴的貿易關係上，台灣處於相對劣勢，若兩岸貿易發生變動，對台灣經濟的影響相對較大，這也是台灣當局對大陸經貿政策強調台灣經濟「安全」的重要原因②。這也從經濟層面揭示了為什麼兩岸經貿關係發展始終無法擺脫兩岸政治因素干擾的根本原因，反映了兩岸政治關係對兩岸貿易關係發展的強烈制約性。

圖3　台灣對大陸貿易占其外貿的比重

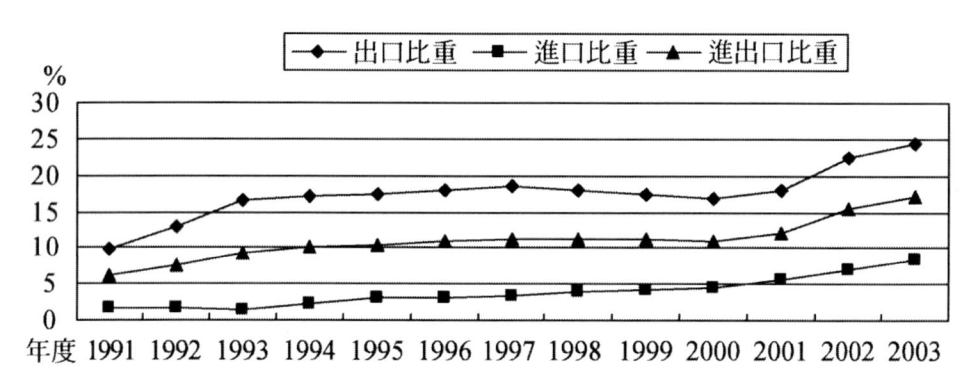

圖4　大陸對台灣貿易占其外貿的比重

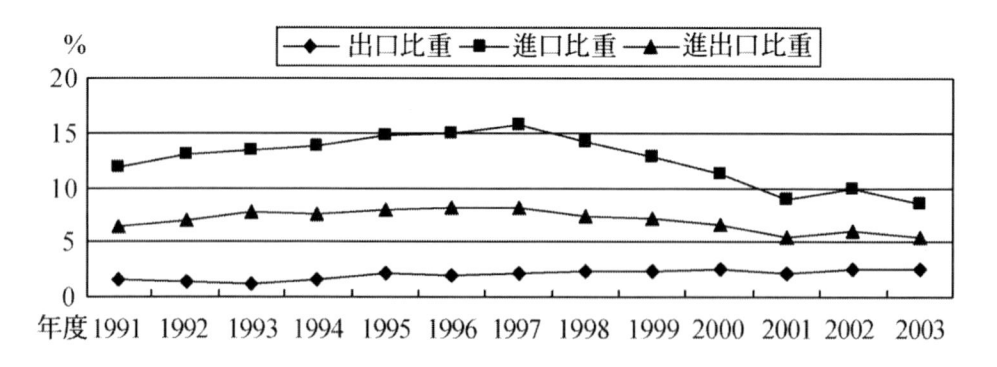

（三）兩岸貿易產品技術含量提高，呈現產業內貿易的新特徵

在兩岸的貿易構成上，主要是用於製造業的加工品或零部件，其所占比重高達50%以上。無論是台灣輸往大陸，還是大陸輸往台灣的20項主要產品中，均屬於此類產品。2000年以來，隨著台商對大陸投資技術層次的提高，台灣對大陸的出口貿易結構中技術資本密集化程度相應提高。在筆記型電腦及液晶顯示器相關零組件對大陸出口大幅增長的帶動下，電機設備及其零件類占對大陸出口的比重快速提高，同時台灣自大陸進口產品的技術含量也逐步提高。經過對前20項產品的進一步歸類分析（表1與表2）發現：電子零部件產品高居首位，在台灣經香港轉口輸往大陸前20項產品中電子電器配件比重都在50%以上，2003年竟高達81.9%，在台灣自大陸輸入前20項產品中電子電器配件比重都在80%以上，2000年竟高達90%，近一兩年兩岸貿易中電子電器配件比重已很接近，在80%左右。從金額看，也表現出同樣的特徵（表1與表2）。

由此可見，兩岸貿易存在顯著的集中性與重合性，已呈現出產業內貿易的新特徵。出現這種新特徵主要是因為大陸加入世界貿易組織後，價格體系進一步與國際價格接軌，提高了兩岸資源配置的效率，促進了兩岸產業分工，推動了兩岸的產業內貿易，這也從另一個側面反映了兩岸經貿關係已從垂直分工開始向水平分工的產業分工模式轉變，兩岸之間的經貿合作層次在快速提升。特別是大陸台商企業本土化策略的推行，將加快這種分工模式轉變的進程。兩岸向水平分工模式轉化將進一步推動與深化兩岸之間的貿易關係，對兩岸貿易關係的發展將產生積極影響。

表1　台灣經香港轉口輸往大陸前20項產品的歸類統計　單位：百萬美元、%

年份	1999		2000		2001		2002		2003	
項目	金額	比重	金額	比重	金額	比重	金額	比重	金額	比重
電子電器配件	1571	46.7	2359	56.7	2758	67.6	3078	70.7	4360	81.9
化工產品	1691	50.3	1688	40.6	1221	29.9	1020	21.5	893	16.8
牛皮革	102	3	112	2.7	100	2.5	82	1.7	71	1.3
合計	3364	41.1	4158	43.3	4080	46.3	4750	46.1	5323	54.8

資料來源：香港「海關」統計資料。

表2　台灣自大陸輸入前20項產品的歸類統計　　單位：百萬美元、%

年份	1999		2000		2001		2002		2003	
項目	金額	比重	金額	比重	金額	比重	金額	比重	金額	比重
電子電器配件	1149	84.6	2329	90.1	2154	81.9	2986	85.0	3440	87.2
棉花							58	1.7		
煙煤	133	9.8	256	9.9	476	18.1	471	13.4	464	11.8
玩具	35	2.6								
合計	1358	30.0	2585	45.0	2630	44.6	2630	44.6	3944	45.8

資料來源同上。

（四）台資企業產品回銷台灣比率顯著提高，有助於緩解兩岸貿易的非均衡

　　加入世界貿易組織後，為兩岸生產要素的有序流動和經貿關係的正常發展創造了良好的條件。一方面兩岸關稅持續調降，非關稅措施大幅減少，台灣對大陸產品進口限制的逐步減少，加大了對大陸輕紡製品、農產品以及農工原料的進口；另一方面大陸入世，在給台資帶來巨大商機的同時，也給台商帶來了巨大的競爭壓力，這些壓力主要來自大陸當地企業，特別是其中的私營企業。面對嚴峻的競爭形勢，不少台資企業為了拓展市場，出現了把在大陸生產的產品回銷台灣島內的趨勢，目前這種趨勢正迅速增長。據統計，2002年的回銷比率比

2001年增長了1倍，由8.9%增至17.5%；而就地銷售比率卻減少了（由47.8%減至44.5%）。回銷的商品以食品、紡織等勞動密集型商品居多。比如聞名大陸的康師傅方便麵，2002年冬天進入台北市場僅一個月，銷售量就達70萬箱（800多萬包）。康師傅返銷台灣預示著加入世貿組織之後的市場新變局，以後將會有更多的台資企業產品在島內銷售。大陸台資企業的產品之所以能夠回銷台灣，主要是因為台資在大陸所產商品的成本較低，品質也不亞於台灣本地生產的產品。

在目前的政治關係條件下，提高台資企業回銷台灣的比率是緩解長期以來兩岸貿易失衡的一條重要途徑。在成衣和其他紡織品及勞動密集型的各種產品方面，台資企業在大陸生產的產品在台灣具有很強的競爭力，有很大的返銷空間。隨著台商大陸投資的增長，大陸台資企業返銷能力會進一步加強，從而帶動大陸產品對台的出口，而使台灣對大陸貿易順差狀況得到改善。與此同時，台商投資大陸的增長可帶動其他配套產品零部件生產性投資的擴大，那些原來依靠從台灣進口的零部件、配套產品不再需要進口，而在大陸當地生產，這樣也會在一定程度上減少台灣對大陸的出口，緩解大陸與台灣貿易不平衡的狀況。

二、兩岸貿易的新發展對台灣經濟的影響

2000年以來，台灣經濟由衰退轉為低增長，台灣經濟整體呈現呈「外溫內冷」態勢。從支撐經濟增長的需求結構看，主要來自外部需求，主要是靠出口恢復較快增長支撐整體經濟的低速增長，而這種增長主要源於兩岸間貿易的大幅增長。兩岸貿易成為台灣外部需求回升的主要來源，大陸市場已成為台灣經濟增長的主要支撐。如前所述，台灣對美國、日本及歐洲的出口持續衰退，兩個關鍵指標表明，兩岸貿易在台灣外貿中占據舉足輕重的地位，已成為台灣經濟增長的決定

性因素。其一，台灣對大陸出口占台灣出口總額的比重持續上升，2002年超過美國成為台灣最大的出口市場；其二，2000年台灣對大陸貿易順差首次突破200億美元，達204.5億美元，而同期台灣外貿順差僅為38.1億美元。若扣除兩岸貿易，2000年台灣外貿將產生121.4億美元的逆差，外部需求對台灣經濟增長的貢獻將成為負數。2001年至2003年，伴隨台灣對大陸出口的快速增長，台灣對大陸的貿易順差也持續增大，2003年對大陸出口已達493.7億美元，貿易順差403.7億美元，若扣除兩岸貿易，2003年台灣將產生256.5億美元的逆差（表3）。總之，兩岸貿易的快速發展，進一步凸顯了大陸市場對台灣經濟的重要性。

表3　台灣對大陸及全球貿易順差　單位：億美元

年份	自大陸進口	對大陸出口	台灣對大陸的貿易順差	台灣對全球的貿易順差	除大陸後的貿易順差
1999	39.5	195.3	155.8	109.4	-46.4
2000	50.4	254.9	204.5	83.1	-121.4
2001	50.0	273.4	223.4	156.6	-66.8
2002	65.9	380.3	314.4	180.7	-133.7
2003	90.0	493.7	403.7	147.2	-256.5

資料來源：http://www.gwytb.gov.cn/

兩岸貿易對台灣經濟的重要性也引起了許多台灣學者的關注，多數認為在目前的經濟形勢下，台灣應積極發展兩岸貿易關係。如台灣經濟學家、政治大學李紀珠教授在分析台灣的經濟形勢時說：台灣經濟形勢並不樂觀，2000年至2003年，台灣的經濟衰退率達到了-3.07%，位居亞太地區衰退率第一名，同時近兩年台灣的外來投資減少了大約1000億新台幣，而且還面臨經濟邊緣化等問題，目前大陸是台灣最大的出口地，也是台灣最大投資地，發展兩岸貿易關係對台灣極為重要。關於兩岸貿易對台灣經濟的重要性問題，台灣媒體也有所報導，認為現在台灣的年經濟增長率至少有2%要靠與大陸的來往，大陸成為台灣經濟發展的重要支撐點。伴隨兩岸貿易關係的日益密切，大陸對

台灣經濟的支撐與拉動作用將越來越顯著。

三、兩岸貿易關係發展存在的問題

2000年以來兩岸貿易儘管在規模上迅速擴張，但在結構上基本還是「間接、單向、民間」的不正常狀況，日益密切的兩岸貿易關係依舊存在諸多問題，這些問題制約了兩岸貿易關係的深入發展。

（一）無法擺脫政治因素的干擾，兩岸貿易總體仍處於間接局部的格局

兩岸經濟是在不同的政治經濟制度下發展起來的相對獨立的經濟實體，兩岸在政治與意識形態方面存在差異。台灣當局出於拖延和阻撓兩岸統一的政治目的，否認「九二共識」，背離了一個中國原則，加快了漸進式「台獨」的步伐，推動「台灣正名」、「公投制憲」與「防禦性公投」等涉及「台獨」的舉動，破壞了祖國和平統一的基礎，兩岸政治關係陷入了低谷，兩岸政治關係成為兩岸貿易關係發展難以踰越的最大障礙，目前兩岸貿易關係總體上仍處於間接、局部的格局。兩岸船舶、飛機不能直接往來；兩岸人員旅行仍需經香港、澳門等地中轉；加入WTO後，兩岸最期望的兩岸「三通」、兩岸經貿直接交往也未能順利達成，雖然開放兩岸貿易商直接交易，不須再經第三地企業，而且試點直航也已啟動，但兩岸貨物的運輸仍需經日本、香港等第三地或「境外航運中心」中轉，造成了船通貨不通，貨通船不通的怪象。

（二）缺乏良好的政策環境，兩岸貿易嚴重失衡

2000年以來，受大陸入世後種種有利因素的影響，台灣對大陸的出口進一步擴張，而台灣放寬大陸產品入島的進程緩慢，導致台灣對大陸的貿易順差持續增長，兩岸貿易嚴重失衡。2000年台灣對大陸的貿易順差首次突破了200億美元（204.5億美元），創下歷史新高。截至2003年，台灣對大陸累計貿易順差2000億美元以上。導致兩岸貿易失衡的原因十分複雜，但兩岸缺乏良好的政策環境是其中的重要原因之一。

從理論上說，入世後台灣限制大陸產品進口的措施會逐步解除，但實際上，台灣當局在大陸貿易政策方面繼續推行限制性貿易政策，實行「出口放寬、進口嚴控」的貿易傾斜政策。儘管迫於強大壓力也採取了一些具體措施放寬兩岸貿易往來的限制，但總體上是阻礙與拖延兩岸貿易關係的正常發展。大陸市場向台灣企業和商品全面開放，而大陸產品輸台受到諸多歧視性的限制，許多大陸較具優勢及台灣同胞迫切需要的商品不能進入台灣。台貨源源不斷進入大陸，而大陸商品卻不能貨暢其流，從而導致目前的這種嚴重的貿易失衡現象。

（三）缺乏正常的仲裁渠道與規範性協議，兩岸貿易磨擦表面化

儘管兩岸加入WTO後，兩岸貿易往來有了共同遵守的行動準則，在理論上這是有利於減少經貿磨擦與爭端，但實際情況卻未盡如此。過去大陸為了加強兩岸交流，促進和平統一，對於巨額貿易逆差問題及其他經貿糾紛均持較克制的態度。而在WTO框架下，基於公平競爭的原則，原來被政策所掩蓋的經濟矛盾趨於浮現。同時，台灣在入世後，雖然逐步放寬大陸產品進口，但在兩岸貿易往來中大陸依舊承受不公平待遇，這就使兩岸貿易磨擦與爭端發生的可能性增加。隨著兩岸經貿關係的日益密切與熱絡，兩岸貿易磨擦逐漸浮上台面。2003年3

月30日,大陸對台灣聚氯乙烯PVC產品提出反傾銷調查,5月24日宣布對進口鋼產品實施臨時性保障措施,這是大陸入世後第一次公布對台灣產品向大陸傾銷展開調查與實施臨時性保護措施。為避免將兩岸貿易爭端拿到WTO機制處理引起爭議及複雜化,兩岸民間行業公會積極協商,希望妥善解決這一爭端。為此台灣鋼鐵公會與大陸中國鋼鐵工業協會在2003年2月就兩岸鋼鐵貿易糾紛在台北達成四項共識。在大陸對台鋼產品出口展開反傾銷調查及實施臨時性保障措施後,6月初,台灣區鋼鐵業公會前來北京,與大陸鋼鐵工業協會展開協商,就大陸實施臨時性防衛措施達成一系列協議。這些貿易爭端都由民間出面協商得到瞭解決。

雖然透過民間協商機制可以處理部分貿易爭端,但並不是所有的問題都能完全透過民間妥善解決,比如在如何處理專利優先權的問題上,就有可能成為兩岸之間新的貿易爭端,因為台灣並非「巴黎公約」締約者及兩岸未簽署專利優先權互惠協議,加上目前兩岸官方無法接觸,這一問題就很難解決。

受制於兩岸政治因素,目前兩岸貿易關係還是基於經濟上比較利益而自發進行的民間性質的合作。兩岸只是根據各自的立場和需要進行推動、規範或限制,並未共同建立起正常的協調與仲裁渠道。目前兩岸貿易發展的現實客觀上需要對其從官方的機制與制度層面加以規範。具體講,大陸駐WTO大使與台灣駐WTO代表可參照WTO的相關規定與兩岸的實際情況,協商訂定兩岸從事經貿往來活動時應共同遵守的行動準則,並相應成立兩岸經貿糾紛仲裁委員會,對兩岸貿易中出現的越來越多的各種問題、糾紛與爭端,透過兩岸經貿糾紛仲裁委員會可以得到及時、有效、合理的解決。進一步講,兩岸也可以簽署類似「關於建立更緊密經濟關係的安排」(CEPA)等規範性協議以進一步推動兩岸貿易關係的健康發展。

四、結語

2000以來兩岸貿易關係在複雜的國際大陸環境中取得了許多新進展，儘管目前仍存在諸多問題，但兩岸貿易關係進一步發展符合兩岸人民的根本利益，反映了兩岸經濟融合的強勁趨勢。在經濟全球化區域化的浪潮下，兩岸貿易關係迅速發展的大趨勢是不可阻擋的。特別是在大陸經濟持續高速增長，兩岸產業分工日趨密切的背景下，兩岸貿易將持續呈擴張之勢，我們有理由繼續對兩岸貿易關係發展的前景充滿信心。相信隨著兩岸貿易關係的進一步發展，它在打破兩岸之間的政治僵局中也將發揮越來越重要的作用。

（原載《台灣研究集刊》）

註釋：

①鄧利娟：《大陸成為台灣經濟發展的重要動力》，《兩岸關係》2004年第2期，第18頁。

②李非：《海峽兩岸經濟合作問題研究》，九州出版社2000年版。

參考文獻：

①鄧利娟：《2002年台灣經濟形勢分析》，《台灣研究集刊》2003年第1期，第40頁。

②張冠華：《台灣經濟惡化狀況及成因分析》，《台灣研究》2001年第4期，第43頁。

③李非：《加入WTO與兩岸經貿發展》，廈門大學出版社2003年版。

④曹小衡：《台灣經濟走向與兩岸經濟合作思考》，《亞太經

濟》2001年第1期,第67頁。

海峽兩岸直航問題

李非

兩岸直航是兩岸「三通」的重要環節,也是兩岸經貿交流中日益突出且亟待解決的現實問題。21世紀初期,兩岸入世在即,台商掀起第三波投資大陸的熱潮,雙方的經貿聯繫更加頻繁,經濟關係更形密切,直航問題終於走到突破的邊緣。本文在闡明當前海峽兩岸通航形勢的基礎上,著重論述直航對兩岸經濟關係以及台灣經濟發展的重要性,並分析兩岸對直航問題的政策方案。

一、當前海峽兩岸通航形勢

自1979年初全國人大常委會發表《告台灣同胞書》後,大陸方面一貫主張實現兩岸直接「三通」,積極推動兩岸通航事宜。儘管台灣當局千方百計拖延兩岸直航進程,但是,在經濟利益的驅動下,經過兩岸同胞的共同努力,兩岸通航經歷了一個不平凡的發展歷程,從1986年之前的互不通航到之後的間接通航,從1995年起分步開放通航到2001年的沿海局部直航,20多年來不斷取得進展與突破。

(一)兩岸海上通航的進展

兩岸海上通航是兩岸貿易貨物運輸的主要方式,在兩岸經貿交流中扮演著不可或缺的角色。目前,間接通航程序不斷簡化,「試點直航」取得初步成效,沿海局部直航也已啟動。

1. 海上間接通航取得進展

1986年以來形成的兩岸海上方便旗船舶的間接通航，雖然仍是當前兩岸海上通航的基本形態，但是，在實際操作上，間接通航的程序已越來越簡化。兩岸航運界在通航的實踐中，逐步摸索出一種「轉單不轉運」的「準直航」模式，並成為兩岸通航的重要形式之一。在客觀形勢的壓力下，台灣當局對兩岸通航的政策也不得不作相應的調整，採取「直運不直航」的做法，准許外籍和權宜籍貨船以過境（即彎靠）的方式直接行駛兩岸。除原已開通的兩岸間接不定期航線外，近幾年來，兩岸間接通航的進展主要有：

（1）1997年1月起，上海、天津、青島、大連、福州、廈門、鹽田等主要港口與台灣基隆、台中、高雄等港口之間開通運送兩岸貨物繞經第三地而不需換船的集裝箱班輪航線，兩岸貿易貨物運輸成本因而大幅度降低。

（2）1997年6月百分之百大陸資本的方便旗船舶可以進入台灣港口。在香港和台灣註冊的船舶，在進入對方港口時，可以不懸掛帶有國家標誌的尾旗。

（3）1998年6月台灣航運企業可以赴大陸設立代表機構；試點直航船舶可以將航線延伸至第三地；隨船赴台灣的大陸船員可集體登岸觀光遊覽。

（4）從1998年9月起，兩岸船公司經營的外貿集裝箱班輪可以同時掛靠兩岸港口，並可簽發本公司的提單、結匯，國際航線網絡布局更趨合理，經營環境進一步改善。

（5）從2001年8月6日起，兩岸試點直航的中轉貨物可實行海空聯運，大陸貨物運抵高雄港後可透過桃園國際機場轉出口至國際市場。

從貨運方式看，主要是集裝箱運輸。兩岸轉運或過境貨物大多是台商用於在大陸投資設廠的小型成套機械設備、企業生產所需的原材料和零部件以及台商在大陸購得的農工原料和企業生產的半成品，而集裝箱運輸形式由於便於此類物資的中轉、裝卸以及水、陸、空聯運，因而在兩岸間接海運中居於主導地位；散裝運輸主要是從大陸轉運台灣的煤炭、沙石等大宗物資。從貨運方向看，主要是台貨轉運大陸。隨著入世後台灣方面逐步放寬大陸貨物入台的限制，兩岸海上貨運方向將發生變化，由傾斜趨向平衡。

2. 海上「試點直航」獲得成效

1997年4月19日，廈門輪船總公司的「盛達輪」集裝箱船，裝載大陸的外貿出口貨物從廈門出發，橫渡台灣海峽直駛台灣高雄港；4月25日，台灣立榮海運公司的「立順輪」集裝箱船也自高雄直航廈門。兩岸海上試點直航的正式啟動，結束了近半個世紀兩岸沒有任何商船直接往來的歷史，標誌著海上通航取得階段性成果，兩岸航運關係從此進入一個新的發展階段。

兩岸「試點直航」4年多來，共有10家船公司計10艘船舶參加兩岸集裝箱班輪運輸（其中大陸與台灣各獲准6家，每家各1艘船，而台灣只有4家參與營運），營運業績穩步增長，運送集裝箱數量不斷增加，至2001年6月，累計運營6335航次，運量達144萬TEU，實載率超過50%，其中福州至高雄近20萬TEU，廈門於高雄57萬TEU，合計77萬TEU；高雄至福州19萬TEU，至廈門48萬TEU，合計67萬TEU。經過兩岸航運界的共同努力，雙方船公司、聯檢、船代、裝卸等部門配合默契，參與經營的船舶航行安全、順利，並從初期虧損到保本，再至微利，逐步朝良性循環的軌道發展。

雖然「試點直航」是兩岸海上通航的突破性步驟，但是，由於台

灣當局的政策限制，兩岸直航仍有許多障礙。例如，直航船舶不能運送兩岸之間的貿易貨物和旅客；能夠運送兩岸貿易貨物和旅客的船舶不能直航；在兩岸登記註冊的船舶不能參與兩岸航運業務；大陸航運企業尚不能在台灣設立辦事代表機構；台灣還只開放高雄一個港口進行「試點直航」等。

表1　兩岸「試點直航」營運量統計

| 年度 | 航次 | 集裝箱運量（TEU） |||||||
| | | 總計 | 出口 ||| 進口 |||
			合計	福州-高雄	廈門-高雄	合計	高雄-福州	高雄-廈門
1997	820	126937	70138	17206	52932	56799	16505	40294
1998	1487	275563	151664	37180	114484	123899	36197	87702
1999	1541	363957	200785	48605	152180	163172	46921	116251
2000	1573	432658	224970	60926	164044	207688	55488	152200
2001.1-6	914	244728	127133	34932	92200	117596	34562	83034
合計	6335	1443843	774689	198849	575840	669154	189673	479481

資料來源：福建省運輸管理局。

3. 沿海局部直航正式啟動

從2001年1月2日起，基於金門、馬祖民眾的切身利益和生活需要，並且有利於加強兩岸同胞交流交往和促進雙方共同發展，福建沿海與金、馬地區實現海上直接往來，即「沿海局部直航」，金、馬地區民眾與大陸的交流與交往從而有了及時、便捷、順暢的渠道。金廈、兩馬直接往來已取得初步成效，截至9月5日止，直航近100個航次，運載旅客15162人次。

沿海局部直航的啟動充分證明，台灣當局實施的所謂「金馬小三通」，只是對早就在進行的兩岸民眾交往和小額貿易實施所謂的「除罪化」，即合法化，目的在於緩和台灣民眾要求直接「三通」的壓

力，製造兩岸關係緩和的假象，而實際上卻遠遠不能滿足兩岸大量人員往來和經貿交流的客觀需要。對目前福建沿海與金、馬地區直航的實際運作，由於台灣方面僅限於開放金門、馬祖民眾和貨物的直接往來，金、馬民眾並不滿意。在客觀形勢的壓力下，未來台灣當局對兩岸直航的政策限制將不得不有所鬆動，可能進一步准許大陸物品經金門、馬祖簡單加工（包括包裝）後進入台灣，台灣產品經金門、馬祖進入大陸，使金門、馬祖地區成為兩岸貨物運輸的中轉地之一，並開放台灣人經金門到大陸旅行①。

表2　福建沿海與金馬地區海上直航進口港旅客統計*

	港口	合計	到港旅客	離港旅客	備註
福建沿海	馬尾港	2726	1407	1319	馬尾客運碼頭
	廈門港	12267	6280	5987	廈門和平碼頭
	泉州港	169	0	169	後渚客運碼頭
	總計	15162	7687	7475	
金馬地區	金門	12436	6156	6280	料羅灣碼頭
	馬祖	2726	1319	1407	福澳碼頭
	總計	15162	7475	7687	

資料來源：福建省運輸管理局。*自2001年1月2日至2001年9月5日。

（二）兩岸空中通航的進展

1. 空中間接通航仍是兩岸空運往來的主要形式

1981年10月，中國民航總局做出兩岸空中通航的決定，並採取積極措施予以推動。由於台灣當侷限定兩岸空中不能直接飛航，兩岸空運交往不得不採取間接通航的模式，目前大多經香港中轉，約占空運市場的80%以上。由於兩岸間空運市場潛力巨大，許多航空公司紛紛

角逐這一市場，目前直接參與的航空公司主要來自三個方面：一是台灣的華航、長榮等航空公司，主要從事台灣至第三地（港、澳等）航空中轉港的飛航業務；二是大陸的國航、南方、東方等航空公司，主要從事第三地（港、澳等）至大陸各航空港的飛航業務；三是第三地（港、澳等）的航空公司，包括香港國泰、港龍和澳門航空公司等，業務範圍包括第三地至大陸和台灣的直接飛航。因此，獲利最大的還是第三地的航空公司，它們可以直接飛航於大陸或台灣，而台灣或大陸的航空公司只能在各自的範圍內從事飛航業務。

兩岸間接航空運輸以客運為主，同時也兼營郵件以及部分貨物運輸。隨著兩岸經濟交往日趨頻繁，貨物透過空中渠道轉運於兩岸之間已越來越普遍，尤其是高檔產品或保鮮產品空運數量呈大幅增長趨勢。從航空運輸量看，客運市場需求量大，增長也快。在1987年底台灣開放民眾赴大陸探親以前，兩岸航空間接客運量累計不過20萬人次，1988年猛增至45萬人次，1991年又增至近百萬人次；此後呈穩定增長態勢，至1999年客運量達259萬人次，目前大致維持在每年250萬人次左右。就空運周轉量而言，因無確切的航程統計，無具體數據。若以台灣—香港—上海的平均航程計算，兩岸間接航空客運周轉量大致為40-50億人公里。由此可見兩岸空運市場需求潛力巨大。

2.「換班不換機」的「準直航」客運模式應運而生

間接通航不僅徒增空運成本，也給民眾旅行帶來極大的不便。隨著兩岸人員交往日益密切，旅客流動量不斷增大，中轉旅行的規定愈加不能適應形勢發展的需要。1995年8月兩岸航空公司做出了台灣旅客赴大陸時仍在第三地經轉、但行李直掛和一票到底的安排，並建立了電腦連線、票務結算等民航業務關係，從而突破兩岸空中直航的技術障礙。同年12月，澳門航空公司與台灣有關方面達成有關通航協議，

雙方同意澳航班機飛行兩岸時,以「經澳門、換航班號、不換班機、一機到底」的方式飛行兩岸。1996年8月起,港龍航空公司的班機飛行兩岸時,也可以採用這一辦法。據此,兩岸空中通航出現「換班不換機」的「準直航」模式。

可見,海峽兩岸通航聯繫是割不斷的,在1980年代中期就形成了「不通航而通運」的局面,至90年代中期逐步摸索出「試點直航」和「準直航」等模式,21世紀初期又出現福建沿海地區和島嶼局部直接通航的局面,並面臨進一步突破雙向直航限制的新機遇。

二、兩岸直航是客觀形勢發展的必然要求

隨著海峽兩岸經濟合作與交流的規模日益擴大,台灣當局逆「三通」潮流而動的阻力越來越無法抵擋兩岸直航的發展要求。基於台灣經濟利益的現實需要,新世紀之初,客觀形勢已發展到突破直航的臨界點,並逐漸走向兩岸全面直接「三通」的不歸路。

(一)兩岸直航是兩岸經濟關係持續發展的必然結果

1.兩岸直航存在著巨大的市場需求

近年來,海峽兩岸經濟、文化、科技以及人員交往日益密切,已經達到相當規模。至2000年底,兩岸貿易總額已達324億美元,其中台灣對大陸的出口為262億美元,占台灣總出口的17.7%②。台商到大陸協議投資項目累計約4.71萬項、金額達487億美元,實際開業或投產已近3萬家,到資額達264億美元。據估計,目前常年在大陸居住的台胞有50萬人之多;台灣到大陸探親、旅遊以及從事經貿活動的人員累計

近2000萬人次,大陸涉足台灣的也有56.6萬人次。大陸或台灣每年都有上千萬噸的貿易貨物、上百萬個集裝箱透過轉口、轉運或過境的方式來往於兩岸之間。如此規模的經貿與人員往來,產生了對兩岸直航的客觀需求。隨著兩岸各項交流不斷加深,貨物流通量加大,人員往來日增,間接通航的不合理性愈加明顯,暴露出來的問題也越來越多,已到了非突破不可的關口。

2. 兩岸直航蘊藏著豐厚的經濟利益

目前航行兩岸的船舶,無論是間接通航,還是試點直航,都只是掛方便旗的船舶。但是,「方便旗船不方便」,是兩岸航運界、企業界的共識。兩岸不能直航給島內工商界和兩岸人民造成巨大損失,不僅多付出數倍的費用,也花費更多的時間。高雄、台中至廈門、基隆至福州的海運距離均不超過200海里,一艘輪船行駛一趟約10多小時,1個標準集裝箱的運費只要300美元左右;經香港或其他第三地繞道彎航(過境貿易),航程增至600至1000海里,時間增至3-4天以上,費用增至700-900美元;若經第三地港口中轉,花費時間更多,所需費用更高,每個集裝箱增至1000美元的運費以及7-10天的運輸時間。

表3　兩岸間接通航與直接通航情況比較

航線	間接通航							直接通航			
^	航程距離(海里)	所需時間(天)		估計運費(美元)				航程距離(海里)	所需時間(天)	運費(美元)	
^	^	^	^	20英尺集裝箱		40英尺集裝箱		^	^	20英尺集裝箱	40英尺集裝箱
^	^	灣靠	中轉	灣靠	中轉	灣靠	中轉	^	^	^	^
福州至基隆	943	3-4	7-10	840	1020	1580	1850	150	1	280	320
廈門至高雄	632	3-4	7-10	700	880	1310	1580	170	1	300	350

資料來源：《未來兩岸可能直航之港航問題研究》，台灣「交通部運輸研究所」，1994年，第6-7頁。

兩岸人員往來透過香港等第三地中轉，既費時、費錢，又增加民眾諸多不便與困擾。根據測算，由台北直飛廈門的往返機票費用不到200美元，時間在2小時以內；而經香港中轉的費用則需500美元，所花時間至少在6小時以上，兩者相差數倍之多。

美國博爾大學鄭竹園教授從經濟角度分析指出，兩岸直航估計可節省1000億元新台幣。根據台灣「經建會」效益評估分析，兩岸開放直接「三通」，每年海上貨運、空中客運、電信、通匯等費用至少可省7.33億美元，其中海運直航可省2.48億美元；空運直航票價可省4.38億美元，時間可省695萬小時；電信直通可省轉接費2400萬美元；直接通匯可省2200萬美元，並加速企業的資金取得與利用[3]。兩岸實現直接「三通」，對於兩地民眾，尤其是台灣廠商而言，無疑是巨大的經濟利益。

3. 兩岸直航是兩岸入世後的必然選擇

兩岸加入WTO後，台灣當局的「三通」禁令勢將難以為繼。按世貿組織的規定，會員之間不僅需要達成雙邊協議，而且在正常情況下不能對另一會員採取歧視的「排他條款」。但是，台灣現行的大陸經貿政策與WTO的基本精神和規範相牴觸。台灣以「單獨關稅區」加入WTO當然需要遵守其協定的規定，並承擔各項相應的義務，尤其是必須重新修改其長期堅持的間接、單向的大陸經貿政策，放寬台灣資金流向大陸，開放中資入台，取消大陸產品進入台灣的限制，對經貿人員交往、經濟資源流動、經濟糾紛處理等做出符合WTO有關規定的調整。

另一方面，入世所帶來的市場開放將促進兩岸經貿關係的發展。加入WTO後，兩岸都承諾將實施《與貿易相關的投資協定》和《與貿易相關的知識保護協定》，取消貿易、投資、技術等領域的限制。如果台灣方面自我設限，繼續限制台商赴大陸投資，拒絕兩岸直接「三通」，台灣企業將失去商機。台灣宏碁集團董事長施振榮認為，台灣應把大陸視為全球策略夥伴之一，並積極取得大陸的資源與市場。在新世紀台商投資大陸的熱潮中，島內電子資訊廠商紛紛將生產據點西移，不僅是為了擴充產能，降低生產成本，更重要的是進行全方位的市場布局，以搶占兩岸入世後的新商機、新市場。

（二）兩岸直航是台灣經濟走出困境、實現經濟轉型的現實選擇

1. 兩岸直航是台灣經濟擺脫困境的主要出路

21世紀伊始，台灣經濟的龍頭——電子資訊產業受美國經濟減速的影響開始迅速衰退，整體經濟發展出現「三低二高」現象。一方面，經濟增長率持續走低，2001年第1季度僅增長1.06%，第2季度更跌至負2.35%，預計全年為負0.37%，是台灣自1952年開始統計經濟增長率以來的首次負增長，也是近50年來最低的一次；貿易業績逐月下滑，預計2001年出口衰退14.88%，進口衰退19.13%，將雙雙創下歷年最大減幅；股市連遭重挫，從近萬點跌破4千點，民眾及企業財富大幅「縮水」，嚴重影響島內企業的集資能力。另一方面，台灣失業率不斷攀升，民眾痛苦指數居高不下。由此可見，台灣經濟確實「病得不輕」。

台灣經濟出現的問題，從非經濟層面看，主要是島內政黨紛爭、政局不穩以及兩岸關係持續緊張造成的。民進黨上台以來，著力於政

治鬥爭，面對經濟問題，行政決策和辦事效率低下，只會做諸如召開「經發會」之類的表面文章，拿不出來實質性的解決方案和措施。台灣民眾當前最希望的是求和平、謀發展，盡快改善經濟現狀，而當局卻置民意於不顧，強於推行得不到大多數民眾認同的政治理念，進行「台獨」施政，從而導致島內社會秩序持續動盪，政局不穩，民眾對執政當局和台灣經濟的發展前景缺乏信心。

在兩岸關係上，台灣當局遲遲不開放直接「三通」，並採取種種政策限制兩岸經濟合作關係的發展。尤其是，陳水扁上台執政以來，一直拒絕接受「一個中國」原則，否認兩會有「九二共識」，致使兩會協商與談判不能恢復，兩岸關係持續緊張的根源無法消除，從而不能為台灣經濟發展提供良好的社會經濟環境，島內外投資者均望而卻步。

面對台灣經濟遇到的困境，台灣國民黨、親民黨、新黨等黨派提出，盡快開放兩岸直接「三通」，調整「戒急用忍」政策，以恢復民眾信心，促進台灣經濟提升。正如民進黨前主席許信良所言，台灣經濟擺脫困境的重要出路在於開放兩岸「三通」，不開放「三通」，只會讓台灣死掉。親民黨政策中心主任張顯耀表示，拒絕「三通」與「戒急用忍」，已經不是「政府」對大陸政治談判的籌碼，而應視為單純的兩岸經貿政策。新黨在「經發會」上則認為，開放直接「三通」可以有效解決目前台灣經濟出現的問題，主張盡速開放兩岸海空、客貨運試點直航，並具體提出：空運至少開放四條航線，海運開放廣州、大連、上海、青島、天津五大港口，降低兩岸往來的成本與時間；兩岸「三通」時機越快越好，以「特殊航線」的新模式和大陸談判；同時擴大境外航運中心的功能。

台灣《中國時報》社論指出，過去幾年的經驗證明，「戒急用忍」政策與拒絕「三通」，並沒有擋住台灣產業的外移，也沒有抑制

台灣經濟競爭力的流失,反而因為先機的一再錯過,使台灣經濟越來越失去順勢宏觀調控的能力。台灣當局若不及早在政策上主動因勢利導,積極輔導,只知一味防堵,屆時若再出現企業出走趨勢,台灣產業就真的難免於空洞化了。

大陸台商協會代表在台灣召開的「經發會」上,除了口徑一致地要求開放「三通」、鬆綁「戒急用忍」政策外,異口同聲地主張台灣當局應回到「九二共識」。東莞台商葉春榮等指責台灣當局施政全然無顧主客觀環境與時空的轉變;希望這次「經發會」能夠真的做出點改變,不要只是弄一場戲欺騙老百姓。廣東佛山台商協會會長黃國華強烈主張,現在經濟低迷,根本原因就在於兩岸關係持續緊張,相信兩岸統一後,台灣經濟會逐步好轉。

2. 兩岸直航是台灣經濟轉型的現實需要

從台灣經濟轉型看,島內有限的經濟資源和空間,要求其將視野擴大到海峽西岸,透過融合併吸納大陸的資源,拓展台灣經濟的發展空間,為其產業升級與貿易轉型開闢一條出路。隨著兩岸經貿交流愈趨密切,台灣經濟對大陸市場的依賴度不斷加強。從80年代中後期從事下游工業生產的中小企業大量湧入大陸東南沿海地區設立加工出口基地,到90年代供應原材料的中上游工業生產大企業不斷進入大陸拓展市場空間,再到21世紀初期以電子訊息產業為主的高新技術企業紛紛到大陸投資設廠,都顯示兩岸經貿對台灣經濟發展有著越來越重要的作用。據台灣有關經濟研究機構評估,兩岸經貿對台灣經濟增長的影響度達到30-40%。實際上,台灣的外貿循環已從過去「日本提供技術—台灣加工生產—外銷美歐市場」的「傳統三角模式」轉變為「日本進口—台灣設計—大陸加工—美歐銷售」的「四角模式」。這是近10多年來台灣經濟發展的重要原動力,21世紀初期將進一步向「日本

進口―台灣設計―大陸加工與銷售」的「新三角模式」轉化，對大陸的市場依賴度將進一步加深。從長遠趨勢看，這種循環關係將最終走向「兩極模式」，即從利用日本高科技與大陸市場，逐漸轉變為直接運用大陸技術與市場的「大陸―台灣」之間的貿易循環。在這一趨勢下，開放兩岸直航，進一步推動兩岸經貿交流與合作，將有利於促進雙方互補、互利、互惠以及相互依存關係的形成。台灣提出的所謂「亞太營運中心」以及「經貿特區」的構想，均無法迴避以大陸為經濟腹地的客觀現實。可見，台灣對外經濟貿易轉型的實際需要，要求其加速開放兩岸直航的步伐。

　　台灣「經建會」委託「中華經濟研究院」完成的一份研究報告指出，開放兩岸直航有利於台灣吸引外資。現階段台灣吸引外資面臨相當大的困難，當局故步自封的兩岸經貿政策是問題的主因。台灣要達成「亞太營運中心」及「人文科技島」目標，須依賴兩種重要投資來源：一是跨國企業將台灣作為經營大陸市場的跳板，另一則是本土企業繼續根留台灣投資。這兩項投資來源與兩岸直航關係密切。據調查，無論是跨國企業，還是本土企業，幾乎都對台灣進口大陸成品或半成品設限、大陸員工來台技術受訓限制太多、申請不易等問題表示不便。若以台灣作為「亞太營運中心」，廠商最在意的是有否開放兩岸直航以及兩岸貿易貨物的自由進出④。

　　台灣島內許多國際電子資訊大廠，如DELL、IBM、PHILIPS等，因不滿兩岸無法直接「三通」，正在或已經將在台灣的採購中心移至香港或中國大陸。台灣「經濟部」官員坦承，「三通」再不鬆綁，台灣不僅喪失國際採購中心的地位，而且隨著大陸生產基地的發展，國際大廠勢必將採購中心移出台灣，屆時台灣將有邊陲化的危機。由於兩岸無法直航，大陸台資企業從台灣進口半成品、零組件及原材料的成本明顯增加，從而促進其生產原料本地化。根據台灣「經濟部」的調查，1999年由台灣提供的原材料比重由上一年度的50.3%降至43.2%，

首次低於台商在當地就地取材的比重達44.7%（其中當地台商與當地非台商各占一半比重）⑤。這顯示，台商在大陸投資設廠後，為因應市場激烈競爭的需要，越來越多地採取原料供應本地化的策略，以降低產品生產成本。可見，兩岸無法直航的現實使大陸台資企業「就地取材」的趨勢越來越明顯。

三、兩岸對直航問題的政策方案

兩岸直航是在間接通航模式越來越無法適應客觀形勢發展需要而提出來的一個不可迴避的現實問題。在目前兩岸政治對立狀態尚未結束的情況下，雙方在解決直航問題時，無論是在直航定位上，還是在具體目標上，或是開放時間、程序以及口岸方面，都存在極大的反差。這一政策差距實際上是兩岸政治矛盾的集中表現。

（一）台灣方面對兩岸直航的態度與政策

台灣當局對兩岸通航的定位，起初是刻意模糊，即兩岸間的航線「既不是大陸，也不是國外」，「轉運作業將限於外籍輪船經營」，並有意識地將其視為國際航線，在1999年李登輝拋出「兩國論」以及2000年陳水扁上台執政後，更趨向定位為「特殊的國際航線」，與大陸「特殊的大陸航線」的定位正好相反。在具體目標上，台灣當局一直則把「中共放棄武力犯台」、「承認台灣是對等政治實體」、「平等參與國際組織」作為開放直航的政治籌碼，與大陸把加速實現直航看作「是兩岸經濟發展和各方面交往的客觀需要，也是兩岸同胞利益之所在」的目標定位形成強烈的反差。在開放時間上，台灣當局有意儘量拖延兩岸直航進程，淡化開放直航的時間概念，並強調在直航問題上也要「戒急用忍」，與大陸不斷呼籲和倡議開放兩岸直接「三

通」，推動兩岸直航，並採取實際步驟加速實現這一進程的做法完全相反。

儘管台灣當局百般阻撓兩岸直航發展進程，但是，隨著兩岸經濟交流與合作日益頻繁，兩地之間各種變通形式的通航不斷呈現。在客觀形勢的壓力下，台灣當局不得不於1994年提出以「境外轉運中心」的方式權宜解決兩岸直航問題。從1995年5月8日起，高雄港開始受理航商申請境外轉運業務，按照「境外航運中心設置作業辦法」進行運作。境外轉運作業限於外籍船舶（包括兩岸航商的權宜船）經營，貨物暫不得通關入境。外輪可以使用儲裝箱船直接航行於大陸港口之間，轉運大陸輸往第三地或第三地輸往大陸的貨物；大陸集裝箱也可直接進入台灣港口，免其在第三地換箱，以減少運輸時間和成本。這實際上是對兩岸通航的部分解禁。

隨著客觀形勢的發展，直航日益成為台灣當局無法迴避的現實問題。2000年3月21日，台灣「立法院」三讀透過了「離島開發建設條例」，提出金門、馬祖、澎湖三離島可先試行兩岸直航，並闢為免稅特區。當地營業人在當地銷售並交付使用的貨物、提供的勞務免徵營業稅，進口到當地銷售的商品免徵關稅。2001年1月2日，台灣當局正式開放金門、馬祖與大陸的直航，試圖以這種所謂的「小三通」來應對「（大）三通」的壓力，在戰略上「以小緩大」。由於這種直航僅限於離島地區與大陸的「通人、通貨、通訊」，不僅解絕不了台灣企業與民眾要求直航的問題，也滿足不了離島地區民眾對「供水、求醫、求學」的要求。因此，無論是直航規模，還是開放範圍和功能，都受到侷限。

2001年底，兩岸即將加入WTO，台灣當局對兩岸直航問題也做出了一些姿態性的表態。台灣「陸委會」提出，在兩岸加入WTO前公布開放兩岸「三通」的時間表，並在WTO的框架下談「三通」問題。局

部通航主要鎖定大陸的廣州、大連、上海、青島、天津，海運與貨運先行，並採取單向直航的方式操作。台灣「經濟發展諮詢委員會議」2001年8月下旬就兩岸直航問題也達成多項共識，要求台灣當局整體規劃兩岸通航事宜，透過兩岸協商予以落實推動，同時在兩岸簽署通航協議之前，採取過渡措施減少兩岸通航的不便。具體措施包括：擴大境外航運中心的功能與範圍，將桃園國際機場和高雄小港機場納入境外航運中心的範圍，逐步開放大陸貨品通關入境；准許民間航空業者與大陸洽談航空運輸合作事宜；積極評估建立「經貿特區」的可行性等。

所謂「經貿特區」，是台灣方面繼「境外航運中心」後因應兩岸直航大勢的一種政策設計。台灣「中華開發」董事長劉泰英在「經發會」上提出，台灣建立「經濟特區」，允許大陸的人員、資金、貨物進入特區，並與大陸通航；大陸貨物可在特區內加工出口；特區內可引進大陸勞工和科技人才。「經貿特區」作為一種「專業特區」的模式，是以台灣作為經營基地，實現區內資源的快速流通與合理配置，以促進台灣經濟自由化、國際化，強化台灣在亞太地區的「中介」功能。其對兩岸直航的規劃，是以「先海後空」、「先貨後客」的形式，准許兩岸船舶、飛機定期往來於「經貿特區」與大陸各口岸之間。

表4　海峽兩岸「試點直航」政策方案比較

比較內容	臺灣地區	大陸
政策依據	臺灣當局「境外航運中心設置作業辦法」	中華人民共和國交通部關於「臺灣海峽兩岸間航運管理辦法」
直航定位	特別航線	特殊管理的國內航線
直航尺度	「不通關、不入境」	「一個中國／雙向直航／互利互惠」
直航口岸	高雄港（台中、基隆正在規劃）	福州、廈門
直航准入	臺灣島內、海外及大陸船舶運送業所營運的國際船舶（權宜輪）	1、祖國大陸或臺灣地區的獨資或合資航運公司 2、外國航運公司暫不開放
直航許可證有效期	一年	一年
主管機關	臺灣「交通部」授權各港務局	中華人民共和國交通部
發布日期	1995年5月5日	1996年8月20日

資料來源：由上述2個「作業辦法」或「管理辦法」整理歸納。

（二）大陸推動兩岸直航的政策方案

海峽兩岸直航必須立足於現有的發展基礎，以雙方經濟利益需要為動力，以兩岸民間交流為形式，循序漸進，逐步納入市場化與規範化軌道，從而為擴大兩岸經貿交流、促進祖國和平統一創造有利條件。

1. 推動兩岸直航的原則

推動兩岸直航首先應遵循「一個中國、雙向直航、互惠互利」三項原則。

（1）一個中國原則。推動兩岸直航不能背離一個中國原則，而應在一個國家的架構下進行。兩岸通航的性質基本可定位為「特殊管理的大陸航線」，按外貿運輸進行管理。只要把兩岸直航看作是一個國

家內部的事務，就可以透過「公司對公司、行業對行業、民間對民間」的方式進行溝通與交流。

（2）雙向直航原則。在現階段兩岸單向、間接、局部通航的格局下，應積極引導其向雙向、直接、全面的方向過渡與發展。只有堅持全面、雙向的直航原則，才能促進兩岸經濟關係進入良性發展的軌道。

（3）互惠互利原則。直航有利於兩岸在客觀上形成優勢互補，並在國際市場上形成強有力的競爭效應。為此，應依據市場經濟運行機制，逐步建立起互惠互利的交流原則，為兩岸直航構築良好的基礎。對於來大陸洽談或進行通航業務的台灣航商，既要貫徹「同等優先、適當放寬」的原則，讓其擁有正當、合理的權益，又要注意把握政策尺度，避免在利益上作無原則的優惠、退讓。

推動兩岸直航還應貫徹「以經促政」政策，秉承市場經濟法則和相互協商準則。

（1）貫徹「以經促政」政策。推動兩岸直航是為了進一步密切兩岸經濟聯繫，加深兩岸經貿的依賴度，增強大陸對台灣的吸引力，為祖國和平統一大業奠定堅實的經濟基礎。因此，兩岸直航的主要目標是，透過加強交流與聯繫，促進經濟合作與人員交往，化解對立態勢，增強溝通與互信，從而實現「以經促政」。

（2）秉承市場經濟法則。兩岸直航是一種以市場原則為取向的通航聯繫，在當前兩岸政治對立的情況下，應讓經濟規律決定直航的發展進程，以「非政治化」的形式，由民間自發形成的經濟力量推動兩岸直航。據此，應以「求同存異」的辦法，儘量淡化直航的政治色彩，減少直航的政治阻力。在市場運作越來越國際化的趨勢下，市場經濟力量日益成為兩岸直航的動力。

（3）遵循相互協商準則。在互相尊重與保障對方經濟利益的前提下，以地方對地方、企業對企業、民間對民間接觸的架構，相互磋商與靈活處理有關直航事宜。兩岸實現直航，在實際的事務性操作中，涉及到許多具體的技術性問題。為此，應秉承相互協商的準則，有效解決兩岸直航的具體問題。

可見，推動兩岸直航，首先要遵循一個中國原則，貫徹「以經促政」政策，同時秉承市場經濟法則，掌握全面雙向和互利互惠原則，並注意把握相互協商的準則。

2. 推動兩岸直航的實際步驟

在「和平統一、一國兩制」的對台政策框架下，大陸一直主張儘早實現兩岸直航。交通部多次表示，願就兩岸通航事宜與台灣交通界、航運界進行協商。1995年初，江澤民主席的「八點」講話進一步推動了兩岸直航的發展進程。「講話」明確指出，「兩岸直接通郵、通航、通商，是兩岸經濟發展和各方面交往的客觀需要，也是兩岸同胞利益之所在，完全應當採取實際步驟加速實現直接『三通』」⑥。這一順應時代發展需要的合理主張，逐步得到兩岸人民的認同，並取得明顯的進展。

1996年8月20日和21日交通部和外經貿部相繼公布《台灣海峽兩岸間航運管理辦法》和《台灣海峽兩岸間貨物運輸代理業管理辦法》後，兩岸「試點直航」進入實際操作階段。台灣航運界紛紛主動與大陸各航運部門進行聯繫，洽談合作事宜，在兩岸間展開「布線」活動。同年11月，交通部又發布「關於實施台灣海峽兩岸間航運管理辦法有關問題的通知」，對兩岸直航的實施細節做出了具體的安排。1997年2月21日海峽兩岸航運交流協會和台灣的海峽兩岸航運協會就兩岸航運的具體問題，在香港達成共識，安排雙方航運公司在外國註冊

的權宜輪在福州、廈門與台灣高雄三個港口間進行轉口貨物運輸。這雖然不是真正意義上的直航，但是畢竟雙方商船開始可以在台灣海峽直接航行了。

2001年1月2日，大陸接待自金門首航廈門的台灣客輪，其後，馬祖地區民眾也搭乘客船首航馬尾，這標誌著兩岸沿海局部直航的突破。隨後，出於兩岸民間交往的需要，「兩馬協議」和「兩門協議」相繼簽訂。8月初，大陸國有船務公司的客輪「曙光號」首航馬祖，福州馬尾經濟文化交流中心的理事成員組團考察馬祖，探訪按一個國家內部事務的原則擴大各種交流的方式。

3. 推動兩岸直航的政策措施

隨著兩岸即將入世，兩岸直航已勢在必行。大陸從中央到地方各有關部門，積極利用各種有利條件，主動做好直航準備，爭取早日突破雙向、全面直航的限制。

（1）做好直航前期準備工作。對兩岸直航的籌劃應先行一步，鼓勵並放權給地方，尤其是福建，透過大膽實踐，積累經驗，積極營造有利於兩岸直航的條件。針對台灣擬議設立的「經濟特區」、「離島特區」等直航方案，我方應廣泛收集與整理有關兩岸直航的各類訊息，研究最新形勢，掌握發展動向，積極有效地做好直航的輿論宣傳工作，並提出可操作性的對策，不失時機地引導各相關部門和行業採取相應的措施，主動做好直航的前期準備工作。

（2）發揮「試點直航」口岸功能。與台灣的「經貿特區」相對，將福建的「台商投資區」轉型為「對台直航試驗區」，充分發揮「試點口岸」的試驗功能。區內允許台資企業租賃碼頭，讓其擁有攬貨、外輪代理、配套運輸等權利，以吸引其設立通商、通航據點。兩岸直

航的一些「試驗性」政策措施可在區內試行，條件成熟後再推廣至區外。

（3）加強交通「軟硬體」建設。從未來兩岸雙向、全面、直接「三通」著眼，基礎設施的規劃建設必須統籌安排，以直航後貨物和旅客的吞吐能力，設計沿海交通口岸的整體布局。在加快口岸基礎設施建設的同時，更應注重提高直航口岸整體配套的綜合服務水平，簡化兩岸通航船舶的查驗手續，實行24小時為船舶服務的值班制度，隨時、方便地辦理有關進出港手續。在空中直航方面，對於兩岸空中直航所涉及的技術問題，以非官方的形式，由兩岸民航專家及有關部門進行務實協商，就各項問題逐步達成共識，形成可操作的方案。

表5　海峽兩岸對「福建沿海局部直航」政策方案比較

比較內容	臺灣地區	大陸
政策依據	「離島建設條例」第十八條;「試辦金門馬祖離島地區與大陸地區通航實施辦法」（2000年月12月13日）	「大陸對臺灣地區小額貿易管理辦法」
政策目的	名為改善離島的經濟發展和居民的生活情況,實為緩和兩岸「三通」壓力和緊張關係。	主要在於便利大陸沿海省市與臺灣地區的貨物交流,引導海峽兩岸民間小額貿易的正常開展。
通航原則	臺灣和大陸船舶經申請許可,得航行於離島兩岸通航港口與臺灣「交通部」核定之大陸地區港口。	對台小額貿易貨物和船隻均不得出現違反「一個中國」原則的標誌。
船舶航行	台方船舶可進入大陸沿海口岸,但大陸船舶要進入金馬港口需事先協商處理。	臺灣船舶進出停泊點,由邊防、海關、衛生檢疫等部門依法監督。
人員交往	大陸地區人民得申請許可進入金馬地區從事商務、學術、探親、探病、奔喪、返鄉、旅行、緊急避難等活動。	臺灣人在泊港期間可從事避風、求醫、探親訪友、投資、謁祖、旅遊、修船、補給、海事、海事糾紛處理、聘請短期漁工等活動。
金融外匯	金馬地區之金融機構得與大陸地區福建之金融機構從事匯款及進出口外匯業務之直接往來	對台小額貿易應以易貨形式為主,貿易貨物以美元計價;採用現匯形式進行的應以國家允許兌換的外幣進行結算。2001年8月起允許以人民幣結算。

資料來源：根據台灣《中國時報》2000年月12月25日第13版等資料整理。

（原載《台灣研究集刊》）

註釋：

①宜宜整理：《兩岸開啟「小三通」》,台灣《兩岸經貿》2001年第1期,第19-21頁。

②《兩岸經貿》,台灣「海峽交流基金會」編印,2001年第2期,

第45頁。

③海峽兩岸關係研究中心主編：《合則兩利——海峽兩岸經濟關係研究論文集》，九洲圖書出版社1998年版，第255頁。

④《兩岸直航有利吸引外資》，《廈門商報》2000年3月27日。

⑤明致：《大陸台商料源對台灣依賴度下降》，統計數據源於台灣「經濟部」，引自《兩岸經貿》2001年第5期，台灣「海基會」編印，第30頁。

⑥江澤民：《為促進祖國統一大業的完成而繼續奮鬥》，載《人民日報》1995年1月31日。

兩岸入世後金融交流與合作問題

鄧利娟

長期以來，兩岸金融一直維持著低層次的間接往來模式：雙方不能直接通匯，兩岸金融機構不能直接進行業務、更不能到彼岸設置分支機構。令人欣喜的是，2002年以來這種局面終於有了突破。標誌之一，4月與5月，台灣的彰化銀行與世華聯合銀行分別在大陸的崑山與上海正式成立代表處，跨出了兩岸互設銀行機構的第一步。標誌之二，7月台灣銀行業的國際金融業務分行（即境外金融銀行，Offshore Bank Unit，簡稱OBU）與大陸銀行間的直接通匯正式啟動，結束了長久以來兩岸通匯必須透過「第三者」或「第三地」的歷史。不言而喻，兩岸金融朝直接往來方向發展已呈現出良好的勢頭。不過，兩岸金融關係正常化之路還相當漫長，兩岸應當共同把握入世這一新契機，積極務實地推動兩岸金融關係的正常化。本文擬首先闡述入世後實現兩岸金融關係正常化的必要性與緊迫性，接著對於現階段兩岸金

融關係中存在的主要問題進行剖析，最後針對這些問題，探討如何創造入世後兩岸金融合作的新局面。

一、入世後兩岸金融關係正常化的必要性與緊迫性

過去20年兩岸金融關係的滯後狀態在相當程度上制約了兩岸投資與貿易關係的更快發展，兩岸人員往來也倍感不便，開放兩岸金融正常往來的呼聲與日俱增。而在兩岸均加入WTO後，兩岸經貿關係與兩岸各自的經濟所面臨的經濟環境發生了極大的變化，實現兩岸金融關係的正常化更是迫在眉睫。

（一）兩岸經貿關係量與質的改變迫切要求金融關係正常化

長期以來，兩岸經貿關係儘管障礙重重，但基於互利互惠的內在動力，仍然發展迅猛，達到舉世矚目的規模。而兩岸加入WTO的實質意義是，雙方都與WTO成員相互減少甚至消除貿易與投資的障礙，進一步開放市場，在WTO規範下從事自由公平的經濟競爭。這必然進一步加速兩岸經貿關係的發展。2001年儘管有國際經濟普遍衰退的嚴峻挑戰，但依舊阻擋不住兩岸經貿關係強勁的發展勢頭，台商赴投資協議金額69.14億美元，實際到資金額29.79億美元，分別比上年增長73.1%及29.8%。而兩岸貿易額則達323.4億美元，比上年增長5.9%。①2002年以來，兩岸經貿關係加速發展的趨勢更加明顯。據台灣「經濟部國貿局」統計，1-5月，兩岸貿易總額為148.7億美元，較上年同期增長24.5%，占台同期對外貿易總額的15.8%，比重較上年同期增加3.9個百分點，其中，台灣對大陸出口金額為119.96億美元，較上年同期增長26.2%，占台出口總額的23.5%，比重較上年同期增加5.4個百分點，大

陸已取代美國成為台灣最大出口市場。②另據台灣「經濟部投審會」統計，1-6月，核準台商對大陸投資金額15.36億美元，較上年同期增加12.86%，而核準台商對大陸以外的地區投資15.30億美元，則比上年同期衰退39.49%。③兩岸投資與貿易關係的加速擴張使之與兩岸金融關係滯後的矛盾更加凸顯。一方面，大量投資貿易往來所衍生出的對兩地貿易結算、資金匯兌及投資融資等越來越龐大的金融服務需求無法得到充分滿足，從而大大影響投資貿易活動的效率；另一方面，兩岸金融業由於無法正常交流與合作，平白失去了由兩岸投資貿易頻繁往來產生的巨大資金流動規模所創造的龐大利基。

　　兩岸加入WTO不僅將使兩岸經貿關係規模加速擴張，更重要的是兩岸經貿關係將產生質的改變，即由現行的「間接、單向」格局轉向「直接、雙向」格局。這使兩岸金融正常直接往來的必要性倍加突出。加入WTO之前，台灣方面系用「間接往來」模式規範整體兩岸經貿往來，包括投資、貿易及金融等領域。「間接金融往來」影響兩岸整體間接經貿關係發展的主要表現在其所受到的限制更嚴格，開放的速度與程度遠遠滯後於投資與貿易，如不允許台灣金融機構間接到大陸投資等。但從來往的模式而言，「間接金融」理論上似不影響「間接貿易」與「間接投資」。因為台商購買大陸貨物，必須「購自第三地廠商」；台商銷貨至大陸，也必須「售予第三地廠商」，因此兩岸之間沒有直接的「應收應付帳目」。台商對大陸的投資，則必須先在第三地設立控股公司，再以這個「第三地公司」的名義對大陸投資，因此兩岸間也沒有直接的「投資帳目」。換言之，兩岸間接金融關係在一定程度上是與兩岸間接貿易與投資關係相對應的。但在台灣成為WTO成員後，勢必按照WTO規範來逐步調整對大陸經貿政策，兩岸經貿往來朝「直接、雙向」發展是必然的趨勢。2002年2月台灣「經濟部」公告，開放兩岸貿易商直接交易，即不須再經第三地企業，但兩岸貨物的運輸仍應經由第三地區或「境外航運中心」。8月台灣再宣布

開放台商企業直接到大陸投資，不必再經由第三地。在大陸對台投資方面，1月16日「陸委會」宣布分階段開放大陸企業赴台從事服務業投資，第一批開放項目為58類。4月2日「立法院」透過相關法案，開放大陸資金投資台灣土地及不動產。隨著兩岸投資與貿易關係的「直接化」與「雙向化」，作為配套服務的兩岸金融關係也必須「直接化」與「雙向化」的道理乃是不言自明的。

（二）解除兩岸金融往來的限制，有利台灣金融業把握大陸入世後的金融市場商機

隨著大陸金融改革與發展的深入，近10多年來外資金融機構在大陸的業務發展迅速。截止2001年末，外資銀行在大陸境內已設立代表處214家、營業性機構190家，其中，外國銀行分行158家，外資銀行總資產452億美元，外匯貸款總額約140億美元，約占為金融機構全部外匯貸款的15%。此外大陸已批準31家外資銀行從事人民幣業務的試點，人民幣資產已達450億元，其中貸款390多億元。[4]台灣的金融業由於政策的限制無法到大陸發展，因此失去了不少的商機。

大陸2001年年底加入WTO，依照有關入世承諾，將進一步開放金融市場，放鬆對外資銀行的市場準入與業務範圍限制。這再次為台商與外商創造了新的發展機會。以銀行業的開放進程看，（1）所有地域與客戶限制將於入世後5年內取消，只根據審慎標準頒發許可證，取消一切現有的限制外國銀行所有權、經營及法律形式的非審慎措施，包括有關內部分支機構和許可證的限制；開放金融租賃業務和汽車信貸業務。（2）入世當年外匯業務取消地域及客戶限制。（3）入世後每年增加一定數量城市向外資銀行開放人民幣業務，5年後對外資銀行辦理人民幣業務不再有地域限制。入世2年內外資銀行可以對大陸公司開展人民幣業務，5年內外國銀行可以對大陸個人客戶開展人民幣業務。

⑤由此可見，大陸入世後不僅將逐漸開放金融服務業，而且其開放之項目、地域及時間都十分具體明確。面對入世後大陸金融市場所展現的極大商機，歐美日等外國銀行無不紛紛搶先進入大陸布局，而台灣金融界原本擁有眾多台商客戶及與大陸文化背景相同等優勢，倘若相關限制政策持續拖延開放，則將使台灣金融業失去優勢、在大陸市場競爭中居於明顯不利的地位，並再次失去金融產業發展的大好機會。

（三）兩岸金融關係正常化是台灣金融與經濟發展的內在需要

台灣自80年代中期起開始推動金融自由化與國際化，其金融體系的開放程度與發達程度高於大陸。但是近年來台灣金融業經營環境惡化、體質脆弱的問題日益突出。目前台灣本地一般銀行家數有47家，分行家數達2734家，加上中小企業銀行、外國銀行在台分行、基層金融機構及非貨幣性金融機構（郵政儲金、信託、人壽），各類金融機構總機構數為445家，分機構數則高達5860家，⑥相較於台灣的人口與地域，台灣金融機構的分布密度是相當高的。由於銀行家數過多，規模太小，再加上銀行同質化程度高，造成島內銀行惡性競爭狀況，結果是銀行獲利空間大幅縮小，風險明顯增加，資產品質日趨惡化。2001年底全體金融機構逾期放款總額高達10870億元，平均逾放比率由1997年底的3.70%上升至7.48%，若加計應予觀察的放款額，逾放比率則更高達11.29%。⑦台灣加入WTO後進一步對外開放金融市場，金融業競爭狀況勢必加劇。面對這些問題，近兩年來台灣相關部門大力推動金融改革，修正或制定相關金融法規，一方面，推動金融機構合併、設立金融控股公司，期望提高金融業的競爭力；另一方面，設置金融重建基金，整頓基層金融機構，成立資產管理公司，期望改善金融資產的品質。然而，這些改革措施卻難以徹底解決由於市場飽和所

引發的惡性競爭問題。根本之道還是要讓金融業在整頓改革的同時，積極向外拓展生存空間，延伸金融體系的服務範圍。大陸金融市場是個尚待發展的市場，加上入世的有利因素，大陸金融市場所蘊藏的巨大的金融服務需求潛力顯然對台灣金融業者具有極大吸引力，這就是他們強烈要求開放與大陸金融往來的原因所在。

不僅台灣金融產業的發展需要借助大陸金融市場，從台灣總體經濟發展方向來看，兩岸金融關係正常化也有十分重要的意義。近10年來台灣經濟內外環境發生劇烈的變化，產業結構面臨再次調整的巨大壓力，目前島內較普遍的看法是，未來台灣應發展成兼具研發、行銷、資金調度等完善功能的區域乃至全球性的運籌中心。最近台灣公布的「六年國家發展重點計劃」中即包括「營運總部計劃」，期望以租稅獎勵等措施吸引企業在台設立營運總部，「經濟部」預期的目標是，到2011年推動1000家企業在台灣設立區域營運總部和200家的全球營運總部。稅收減免固然是吸引企業在台設立營運總部的重要誘因，但若無作為現代經濟體系核心與樞紐的金融業相配合，為企業提供區域或全球經營的金融服務，營運總部的順利運行顯然十分困難。而目前大陸是台灣最大的出口市場，台商海外投資最多的地區，兩岸之間巨大資金流動的暢通無疑是台灣要達成區域或全球運籌中心的一個重要保證。

二、現階段兩岸金融關係主要問題分析

兩岸金融關係涉及面廣泛，問題繁多，但目前推動兩岸金融關係的正常化，較急迫的主要問題有金融業務直接往來、互設金融機構、兩岸金融監管及貨幣兌換等。

（一）兩岸通匯等業務直接往來問題

2001年11月台灣「財政部」公布修正的《台灣地區與大陸地區金融業務往來許可辦法》，其中第2條規定：「台灣地區銀行海外分支機構及國際金融業務分行，得與外商銀行在大陸地區之分支機構、大陸地區金融機構及其海外分支機構、大陸地區法人、團體、其他機構及其海外分支機構、個人為金融業務往來。」⑧此後兩岸銀行業者便積極進行相關金融業務直接往來的籌備工作。2002年7月，中國人民銀行總行批準大陸商業銀行與台灣商業銀行建立代理行關係，進行直接通匯，兩岸的直接通匯業務從此正式啟動。台灣的銀行的OBU紛紛與大陸地區的各銀行完成密押交換作業，建立代理關係，並開始兩岸直接通匯業務的實際操作。兩岸斷絕了50年的直接通匯關係終於恢復了，這對兩岸經貿關係的正常來往無疑具有十分重要的意義。對於廠商而言，首先是節省了寶貴的時間，提高了效率。過去兩岸銀行匯款、開信用證要經過香港、美國等第三地銀行轉匯轉證，所需時間大約3天，而且環節多，手續麻煩，如今直接通匯則可「一日通」。其次，減少了可觀的手續費用。兩岸實現直接通匯及信用證直接往來後，原來中間轉匯及轉開信用證的手續費便可免去，據有關業者表示，以往台灣的銀行委託外商銀行進行兩岸間匯款時，每筆匯款手續費為新台幣750元，兩岸直接通匯後匯款的手續費每筆只需480元。⑨即大約可節省36%的資金成本。而對於銀行業者來說，兩岸直接通匯可以增加大量的業務機會。過去受到政策的限制，兩岸銀行難以滿足客戶需求，因而許多商機流向外商銀行，外商銀行利用其在境內外與兩岸均有機構的便利，除了賺取中間手續費外，還掌握大量相關的兩岸金融業務。兩岸直接通匯後，台灣業者樂觀地估計，台灣銀行的OBU業務將會迅速增長。

　　儘管如此，現階段兩岸金融業務直接往來還僅僅是邁出了第一步，在某種程度上尚未真正擺脫過去間接往來的模式。其一，台灣銀行的OBU雖然與其總行同址營業，但其會計帳戶是獨立的，它系辦理

境外金融業務，以境外客戶為往來對象，與當地金融體系是相分離的，因此，台灣銀行的OBU與大陸銀行往來，形式上兩岸直接通匯了，但實質上仍含有透過「境外」的間接意義。其二，按目前兩岸直接通匯的格局，只有投資大陸的台灣企業與個人，在OBU內設有帳戶，才能進行兩岸直接通匯，島內其他廣大的企業及個人則仍要間接通匯。其三，目前兩岸的通匯還只能使用外幣。台灣OBU原本就規定「以非當地貨幣為交易媒介」，而《兩岸金融業務往來許可辦法》也規定「各款業務限於台灣地區及大陸地區貨幣以外之幣別。」凡此種種，均說明現階段兩岸金融業務直接往來還沒真正現實。2002年2月台灣「財政部」宣布開放島內外匯指定銀行（DBU）申請與大陸銀行直接辦理匯款及進出口外匯業務，但並無推動落實。8月2日「財政部」又宣布開始接受DBU與郵匯局申請辦理兩岸直接金融業務，兩岸金融業務直接往來將可能進一步發展，但實際成效尚待觀察。

此外，現階段兩岸金融直接往來的業務範圍也還停留在較低層次上。按台灣《兩岸金融業務往來許可辦法》的規定，⑩兩岸金融業務往來範圍為：收受客戶存款、辦理匯兌、簽發信用證及信用證通知、進出口押匯的相關事宜、代理收付款項及與前5款業務有關之同業往來。對於台商較為關切的放款業務、保證業務等則不在開放之列，而且該辦法還特別限定「台灣地區銀行不得參加大陸地區銀行主辦之國際聯貸，或接受大陸地區銀行參加台灣地區銀行主辦之國際聯貸。」不過，8月2日「財政部」宣布有條件地開放OBU辦理對台商授信與應收帳款收買業務，但其總餘額不得超過OBU資產淨額的30%，無擔保放款亦不得超過資產淨額的10%。[11]在兩岸銀行互動方面，現階段兩岸銀行通匯作業實際僅止於直接通匯與信用證直接往來，由於兩岸銀行尚未簽訂代理業務協議，互設帳戶，建立起真正的代理行關係，有關結算業務（匯款、信用證、票據托收）、清算業務、授信額度、業務糾紛解決、訊息交流及人員培訓等仍無法順利進行，兩岸銀行業務

合作的範圍仍受很大的限制。

總而言之，推動兩岸金融業務直接往來尚有許多未完成的艱巨任務。

（二）兩岸互設金融機構問題

兩岸經貿往來關係中，互設金融機構一直是被限制最嚴格的，在大陸擁有超過5萬家各類台商投資企業之際，台灣的銀行在大陸卻連一家代表處都沒有。迫於入世的壓力及兩岸經貿關係發展的新形勢，台灣方面終於鬆綁了相關政策，於2001年6月26日修正公布《台灣地區與大陸地區金融業務往來辦法》，開放台灣銀行赴大陸設立代表處。隨後8家台灣銀行的申請獲得台灣主管部門的批準，進而向中國人民銀行提出申請。2002年3月中國人民銀行正式批準了其中的世華銀行與彰化銀行的代表處設立申請，不久即正式營運。其他6家代表處的申請則在待批之中。至此，兩岸銀行機構設立問題終於突破了禁區。銀行代表處儘管不能經營實質性的銀行業務，但可以提供台商投資諮詢服務，協助解決融資問題，並且可使島內銀行掌握授信客戶在大陸投資經營的情況，確保授信債權。不過，兩岸互設金融機構的繼續發展，如台灣銀行在大陸設立分行、大陸銀行到台灣設立代表處及分行等，還面臨著重重障礙。

1. 政策法規的限制

對於兩岸互設金融機構，大陸方面沒有政策法規上的限制，新修訂並於2002年2月1日開始實施的《外資金融機構管理條例》第50條規定，台灣的金融機構在大陸地區設立和營業的金融業務機構，比照適用本條例。同時，中國人民銀行行長戴相龍明確表示「支持大陸的商

業銀行到台灣去設代表處、開分行。」[12]台灣方面則至今僅允許銀行到大陸設立代表處，而沒開放到大陸設立分行。「財政部長」李庸三表示，台灣銀行赴大陸設立分行，「涉及金融監理權、資金外流及是否開放人民幣業務等，因此兩岸必須先進行協商，視協商結果如何，才可以進入下一個階段。」[13]至於開放大陸銀行到台設立代表處，基於WTO的規範及大陸已批準台灣銀行代表處設立的事實，目前台灣有關部門已有意加以推動，但還須等「立法院」修改《兩岸人民關係條例》中相關規定後才有可能實際操作。

2. 有關條件的限制

雖然大陸採取開放政策，歡迎台灣銀行到大陸設立分行，但是基於WTO的公平原則，大陸已難以再給台商特殊的優惠政策待遇，而必須比照外資銀行達到相關的條件，這對台灣銀行有較大的實際困難。在設立分行的資格方面，按照《外資金融機構管理條例》的規定，申請者前一年總資產不少於200億美元，並在境內設立代表機構2年以上。如前所述，台灣銀行數量多，規模小，達到200億美元標準的為數不多，特別是90年代開放民營銀行後成立的新銀行，更無一家符合這一條件。在分行經營業務方面，儘管大陸在入世後5年內將分步全部解除外資銀行經營人民幣業務的地域與客戶限制，大大增加了包括台商在內的外資銀行在大陸設立分行的誘因，但據《外資金融機構管理條例》的規定，外資分行必須在大陸開業3年，並連續2年盈利，才能經營人民幣業務。這樣，台灣銀行赴大陸至少要5年後才能經營人民幣業務。與早就進入大陸金融市場經營的眾多外資銀行相比，作為後到者的台灣銀行顯然居於不利的競爭地位。

3. 兩岸金融監管問題

經濟全球化的潮流促成了各國或地區銀行跨國跨地區提供金融服務，從而衍生了跨國跨地區的銀行監管問題。同樣，當台灣銀行在大陸的代表處進一步申請設立為分行時，有關兩岸金融監管問題就會出現。目前國際上對跨國跨地區的銀行監管一般是以巴塞爾委員會（Basle committee on Banking Supervision）的《有效銀行監管的核心原則》為標準。為遵循國際慣例，大陸新修訂《外資金融機構管理條例》時，增加了外國出資者「受到所在國家或者地區有關主管當局的有效監管」和「所在國家或者地區有關主管當局同意其申請」的規定，要求申請人在遞交申請材料時，須提交所在國家或者地區有關主管當局對其申請的意見。這體現了《有效銀行監管的核心原則》關於跨國銀行業務、有關國家監管當局之間訊息交流和跨國銀行跨境設立機構須經母國監管當局事先同意的原則要求。[14]兩岸金融監管比照國際慣例，顯然需要兩岸金融監管當局相互交流與合作才能達到有效監管互設的金融機構的目的。但在目前兩岸政治關係陷於僵局的情況下，要做到這一點尚不太容易。

（三）兩岸貨幣兌換問題

隨著兩岸經貿活動與人員往來規模的日益擴大，兩岸貨幣兌換問題也成為兩岸金融關係中越來越引人注目的問題。而由於兩岸交往到目前為止一直具有明顯的「單向性」，因此兩岸貨幣兌換中比較突出的是新台幣在大陸的兌換問題。每年透過兩岸探親旅遊、海上小額貿易、對台勞務輸出及地下錢莊等渠道均有大量新台幣流入大陸，特別是東南沿海地區。據台灣金融學專家許振明教授與殷乃平教授指出，目前大約有100億元的新台幣在大陸境內流轉，[15]若按大陸有關方面的調查可能還超過此規模。[16]據指出，福建省10個對台貿易縣平均每年新台幣流量達2-3億元，合計民間新台幣流通量達20-30億元。另外，

平均每年台胞入閩攜帶新台幣約50億元,再加上其他流入渠道,僅福建省每年就約有80-90億元新台幣流入。由於現階段兩岸金融管理當局對對方貨幣未進行定位,兩岸貨幣也不屬可兌換貨幣,人民幣與新台幣不能公開掛牌兌換,這就造成大量流入的新台幣兌換困難及其他一系列相關的問題。

1. 正規貨幣兌換渠道不暢

目前只有中國銀行一家試行以內部價格收兌新台幣業務。由於網點少、兌換價格又低於黑市價,前往這一正規渠道辦理兌換的人很少。另外,現階段中行對新台幣只有買入功能,而沒有相應的賣出功能,這不僅無法滿足新台幣流通市場的需要,而且造成中行新台幣收兌成本大,對辦理新台幣兌換業務的積極性不高。據中行福建省分行統計,2000年中行系統僅收兌新台幣3565萬元,[17]與實際流通量相比微乎其微。

2. 兩岸人員往來貨幣兌換麻煩

由於兩岸正規貨幣兌換渠道不暢,使兩岸人員往來必須承受2次貨幣兌換的麻煩。台胞進入大陸地區,須先將新台幣在台灣或其他地區兌成自由兌換貨幣,入境後再用自由貨幣兌換人民幣,不僅手續麻煩,還要負擔匯差損失。同樣,大陸人民赴台探親、旅遊及進行商貿活動,也要先在大陸銀行將人民幣兌成自由兌換貨幣,到台灣後再以其兌換新台幣。

3. 台商投資企業貨幣清算困擾

在大陸投資設廠的台商企業，大都是台灣企業的子公司，企業之間的債權債務系以新台幣表現，但因無法以新台幣清算，必需透過美元或港幣為中介，使企業負擔2次手續費，同時還要承受匯兌風險。

兩岸入世後，隨著兩岸經貿關係的「雙向」發展，大陸資金流入台灣也會逐漸增多，人民幣在台灣的兌換也將成為台灣必須面對的問題。

三、創造入世後兩岸金融合作的新局面

上述分析說明，現階段兩岸金融關係正常化的發展已邁出突破性的第一步，但是接下去的路程仍然十分艱巨，如何把握兩岸入世這一歷史性機遇，在現有的基礎上，加快推動兩岸金融的交流與合作，改變兩岸金融關係滯後發展局面，是兩岸經貿關係持續發展中的一項極其緊迫的任務。

（一）順應潮流，務實推動更加開放的兩岸金融政策

兩岸金融關係能否加快向前發展，目前關鍵性的因素顯然是相關政策的開放與靈活，而要做到這一點在相當程度上需要兩岸對形勢的發展做出客觀的判斷，進而建立正確的認知。

從台灣方面來講，開放兩岸金融往來的利益是顯而易見的，它有利台商融資、有利島內金融業發展與全球布局、也有利總體經濟的發展。台灣當局之所以仍堅持限制性原則，其經濟性原因主要有兩方面。一是擔心開放台灣銀行到大陸，兩岸資金流動的暢通會加速台灣資金外流，從而對島內投資造成資金排擠效果；一是擔心開放大陸銀行到台灣設立代表處及開分行，會衝擊台灣金融市場的穩定，甚至影

響台灣安全。就第一個擔心而言，若開放台灣銀行到大陸，隨著金融資本流出，還會帶動相關的產業資本流出，確實會使台灣資金加快流往大陸，但對這一經濟現象及其對台灣的影響應給予客觀的評估。首先，近10多年來台商對大陸大量投資並未使島內產生資金排擠效果。90年代以來台灣超額儲蓄率（儲蓄率-投資率）雖呈下降走勢，但仍大致維持在3%以上的水平，2001年還逆向上升為6.2%。[18]這說明島內仍有相當規模未用於投資的閒置資金。而從反映資金價格的利率水平來看10年來明顯下降，1991-2001年，銀行業一年期存款牌告利率由8.26%逐年下調至2.41%，基本放款利率從8.620%降為7.377%，[19]台灣資金市場仍是供過於求的局面。其次，台灣島內投資減少的主要原因是投資環境問題，而不是資金外流。近年來不僅島內民間投資減少，僑外資本對台投資也呈減少趨勢，從而大大影響了台灣經濟增長的動力。這一方面與島內產業結構未能持續調整升級，為資金提供足夠的投資獲利機會有關，另一方面更主要的是因為島內政局動盪，兩岸關係緊張，財經政策方向不明確等，造成投資環境惡化問題突出。實際上，近年台灣海外投資，包括對大陸投資加快，一部分是因為企業應對全球化趨勢需要全球布局，更多的企業則是被迫到海外尋找生存發展的機會。因此，解決資金外流問題的根本辦法是改善投資環境，提高島內投資誘因，而不是限制資金的自由流動。第三，限制措施無助於留住資金，反而影響資金的回流。過去十多年赴大陸投資的台商企業，其盈餘所得或者用於再投資，或者暫時存放在海外第三地的控股公司，很少匯回台灣本島。這其間固然有多種原因，但很重要的一個原因就是兩岸金融往來渠道不暢通，兩岸資金往來受到嚴格限制，台商不願承擔匯回的資金難以再匯出的風險。再就第二個擔心來看，其必要性似乎就更小了。一方面，大陸金融業目前的發育程度尚較低，加入WTO後，其主要工作是積極穩妥地開放金融市場，盡快完善自身的金融體系，拓展海外金融市場並不是發展的重點。另一方面，兩岸經

貿關係長期「單向」往來的結果是，大陸有龐大的台商企業客戶群，這是台灣銀行赴大陸投資的強大誘因之一，而大陸銀行在台灣則沒有這方面的誘因。事實上，受到WTO《服務貿易總協定》（GATS）的規範，台灣是必須對大陸開放金融業投資的。總而言之，採取更加開放的兩岸金融政策是台灣面對現實的一種必要選擇。

從大陸方面來講，雖然在總體政策上對兩岸金融往來一向持開放立場，但還需要進一步採取更加積極具體的措施加以配合落實。儘管大陸入世後，基於國民待遇與最惠國待遇原則，難以繼續對台商採取一些特殊優惠政策，主動加強對台金融關係的政策著力點相對減少，但是只要從思想觀念上真正明確發展兩岸金融與經貿關係的重要性，在不違反WTO規則下，仍是有很大積極作為的彈性空間。例如，在審批台資銀行的代表處、分行程序中，仍可適用「同等優先」原則，加快審批效率；在兩岸金融業務往來、貨幣兌換等問題上，採取更加務實、靈活、變通的措施；積極探索兩岸金融合作的新模式等等。只要大陸採取積極主動的靈活措施，就有可能對兩岸金融關係的加快發展發揮實質性的作用。

（二）促進台灣銀行以多種靈活的模式對大陸投資

現階段台灣銀行赴大陸投資除了政策上的限制外，尚有設立分行標準條件高及不能較快經營人民幣等問題，對此，兩岸應以積極的態度促進台灣銀行以多種靈活的模式對大陸投資，除了按一般條件與程序申請設立分行外，台灣銀行還可有其他多種選擇。

模式之一：與大陸合資興辦銀行。

兩岸合資辦銀行可有兩個途徑，一是台灣金融機構與大陸金融機構或其他合作者，共同籌措資金設立合資銀行。這種方式只要求台灣

金融機構總資產100億美元，在大陸設有代表處（沒有2年的限制），因此，台灣銀行採用這種模式赴大陸投資門檻相對較低，也能較快經營人民幣業務。另一個途徑是，可在大陸現有合資銀行基礎上，以出讓股權或增資擴股的形式吸收台灣資本參資。採用這種方式台灣銀行雖然股權較小，但可繞過總資產及代表處等門檻。

模式之二：與外資銀行合作進入大陸市場。

台灣銀行可以透過尋找外商銀行入股或台灣銀行入股外商銀行等方式，聯合對大陸投資。採用這種模式，不僅規模可以比較大，還能發揮雙方各自優勢。外商銀行一般資金較雄厚，管理水平較高，但對大陸市場及文化制度背景等較不熟悉，而後者則是台灣銀行相對的長處，同時台灣金融體制與歐美國家也相對較為接近。

模式之三：以第三地子銀行投資大陸。

台灣銀行可先在島內組成銀行團，然後到第三地，如香港或新加坡等設立子銀行，由島內銀行提供適當的保證，使子銀行獲取國際債信，籌集海外資金，再以台灣銀行的名義投資大陸市場。這個途徑一方面可有規模效果，另一方面在台灣相關政策開放之前較容易靈活實行。

（三）採取靈活措施，方便新台幣在大陸地區的兌換與流通

在目前兩岸關係現實狀況下，大陸需要進一步解放思想，採取更加開放靈活的措施才能有效解決目前新台幣在大陸兌換與流通中存在的問題，以利兩岸經貿及人員的往來。

1. 公開辦理新台幣兌換業務

目前較急迫的首先是，根據各地需求狀況，增設新台幣收兌網

點，除了中國銀行外，逐步開放各國有商業銀行辦理新台幣收兌業務，並允許各網點以商業行為公開掛牌告示匯價，這樣才能方便新台幣持有者的兌換。其次，逐步開放外匯指定銀行辦理新台幣兌出業務。如允許台資企業購買一定數量新台幣給台籍員工發放工資；允許來大陸的台胞，在出境時將剩餘的人民幣再兌換成新台幣帶出境；允許大陸赴台人員按需要購買一定數額的新台幣等，這種措施不僅方便兩岸人民，而且有助於外匯指定銀行建立新台幣內部消化機制，解決新台幣的出路問題。第三，合理制定新台幣匯價。目前由中行統一制定匯價的做法較難反映市場的實際需求，應允許各外匯指定銀行在統一公布的人民幣外匯牌價的基礎上和規定的浮動幅度內，參照國際金融市場行情，自行套算人民幣與新台幣的兌換價。

2. 允許兩岸貿易以新台幣計價

面對日益擴大的兩岸貿易規模，若是能以新台幣或人民幣作為結算貨幣，既可減少以美元計價結算帶來的匯率變動風險，又可減少外匯占用，降低貿易成本。目前可先從專營對台貿易公司及台資企業之間做起。另外，為方便兩岸小額貿易進行，應允許其用新台幣現鈔結算，憑專營對台貿易公司的申請書及進口合約等，向指定銀行購買新台幣。

3. 允許台商以新台幣作投資貨幣

為方便台商投資及減少貨幣兌換損失，應逐步開放台商以新台幣作為記帳貨幣對大陸投資企業與投資基金，同時，允許台商企業匯出利潤或清算時以新台幣作為結算貨幣。

（四）開闢廈門為兩岸金融合作實驗區

兩岸金融關係的加快發展固然十分緊迫，但是其所面對的障礙確實太多，一方面，在兩岸關係的現狀下，一下全面開放兩岸金融方面，特別是貨幣方面的政策，難度較大；另一方面，金融業作為現代經濟的核心行業，不僅涉及面廣，敏感性高，而且操作技術的難度也高於其他行業。因此，兩岸入世後的金融合作採取先易後難、先試後行的策略較為妥當，而開闢實驗區就是一種較為可行的合作模式。將各種兩岸金融合作的構想先在實驗區內試行，待成功後再全面推廣。與長江三角洲與珠江三角洲地區相比，廈門在兩岸經貿關係中的地位已不甚突出，但以綜合因素看，廈門作為兩岸金融合作實驗區仍具較好條件。其一，廈門是台商投資密集的地區。截至2002年初，廈門累計引進台資項目1922家，合約台資金額39.37億美元，台資企業主要集中在三個台商投資區內，因此廈門吸引台灣金融業投資有較好的客戶基礎。其二，兩岸經由廈門口岸出入的人員增長迅速，對金融部門提供貨幣兌換等業務的需求越來越迫切。2001年廈門口岸台胞簽注辦證量居全國口岸第一，其中，辦理台胞落地簽注45552人次、台胞落地辦證21796人次。事實上，目前流入大陸境內的新台幣，其中大部分是集中在以廈門為中心的閩南三角地區。其三，現階段福建與金馬地區海上直航已開通，閩台之間的經貿活動與人員來往越來越多採用直接往來方式，這一方面對兩岸金融直接往來的需求加大，另一方面也為兩岸金融直接往來業務的試辦提供了較好的基礎。總體而言，以廈門為實驗區是目前形勢下加快兩岸金融合作的一個較好的模式。

（五）盡快建立兩岸金融監管當局的交流機制

兩岸金融關係若要進一步深入發展，兩岸金融監管當局以適當方

式建立溝通渠道是必不可少的，如前所述的兩岸互設金融機構的跨區金融監管問題；建立適應兩岸不同幣種的銀行支付結算系統問題；兩岸貨幣的兌換與流通問題；兩岸金融業務往來中糾紛解決的問題，等等，都需要有一個機制兩岸共同協商解決。但基於兩岸政治關係的現實，目前建立官方性質的交流機制尚較困難。因此只能先走民間路線。由兩岸金融監管當局分別授權各自相關的權威民間組織，如大陸的中國金融學會，台灣的銀行公會，在作為國際金融中心的香港成立區域性的金融監管組織，該組織協商的相關結果經各自金融監管當局認可後推動落實。

總之，只要兩岸採取積極務實、靈活變通的措施，就有可能共同創造入世後兩岸金融合作的新局面。

（原載《台灣研究集刊》）

註釋：

①中國對外貿易經濟合作部網址：http：//www.moftec.gov.cn。

②台灣「經濟部國貿局」經貿資訊網http：//www.trade.gov.tw：《2002年5月兩岸貿易情勢分析》，2002年7月27日。

③台灣「經濟部投審會」網址：http：//www.moeaic.gov.tw。

④中國人民銀行網址：http：//www.pbc.gov.cn。

⑤《中國入世承諾概要》，《經濟快報》2001年11月27日。

⑥台灣「中央銀行」《金融統計月報》2002年3月，第9-10頁。

⑦台灣「中央銀行」網址：http：//www.cbc.gov.tw。

⑧台灣「財團法人政策研究會」網址：http：//www.npf.org.tw：「政府網際服務網」。

⑨Yahoo！奇摩新聞-大洋網2002年7月7日。

⑩台灣「財團法人政策研究會」網址：http：//www.npf.org.tw；「政府網際服務網」。

[11]Yahoo！奇摩新聞-中央社2002年8月2日。

[12]新華社北京3月11日電，見《廈門日報》2002年3月12日，第8版。

[13]Yahoo！奇摩新聞-鉅亨網2002年3月13日。

[14]中國人民銀行網址：http：//www.pbc.gov.cn；「就《中華人民共和國外資金融機構管理條例》修改情況中國人民銀行負責人答記者問」，2001年12月30日。

[15]Yahoo！奇摩新聞-中時電子報2002年7月15日。

[16]周業梁等：《人民幣在台流通及新台幣在福建省流通的問題》，《金融參考》2001年12期。

[17]同[16]。

[18]台灣「經建會」《自由中國之工業》2002年第2期，第158頁。

[19]台灣「中央銀行」《金融統計月報》2002年3月，第7頁。

加入WTO後兩岸農業合作展望

趙玉榕

我們從各國和地區的WTO農業談判過程中可以看出，農業是最敏感也是最難取得一致意見的領域，這是因為加入WTO農業所受的衝擊要比其他產業大得多的緣故。按目前的形勢來看，兩岸將同時加入

WTO基本上已成定局，基於同樣的國際經貿環境和各自的利益基礎閩台農業合作同樣是機遇和挑戰並存。由於兩岸農業合作已經有了良好的基礎，只要我們抓住加入WTO後兩岸經貿關係更加密切這一契機，作好面對農業交流中可能出現的新的問題的各項準備，農業合作的前景仍會是廣闊的。

一、兩岸農業合作的發展趨勢

（一）兩岸將形成一種新的交往機制

在不久之後兩岸都將加入WTO，這將是兩岸關係的一個新的開始，雙方都將面臨新的環境和挑戰，但是兩岸的經貿往來定將日益密切。80年代末以來，由於政治上的原因，兩岸間的經貿關係並不穩定，加入WTO後，台灣當局將不得不以WTO規則來規範兩岸經貿行為，屆時，兩岸關係的發展不再受到人為因素的影響，而將完全由經濟規律和市場法則來主導，兩岸的投資、貿易間接、民間、地下向正常、規範的方向發展，儘管台灣當局擔心台資過多地流入大陸會造成台灣產業的「空洞化」，但資金流向的客觀規律決定了在台灣沒有出路的資金必然向投資環境好的大陸流動，大陸市場的其他市場所無法替代的，台灣「戒急用忍」和南向政策的失敗充分說明了這一點。在加入WTO後，大陸的市場將更加開放，勢必吸引更多的台資來大陸，使兩岸的經貿關係更為密切。

（二）兩岸農業存在很大的合作機會和空間

兩岸加入WTO，對整體經濟的發展是利大於弊，但對個別產業，例如農業勢必會帶來嚴重的衝擊也是客觀事實，如果兩岸充分利用各

自在經濟發展階段的差異性和要素稟賦的差異性，進行互補，就可以使加入WTO帶來的衝擊減至最低程度。展望入世後兩岸的農業交流可以用兩個詞來概括：基礎和動力。首先兩岸農業的交流已經打下了良好的基礎，並且存在很大的合作空間。目前台灣核准間接進口的大陸農產品有485項，2000年台灣從大陸進口農產品2.9億美元，出口至大陸的農產品0.54億美元，在大陸的農業投資已超過20億美元。現階段農業仍然是兩岸之間一個很大的潛在的合作領域。台灣勞動成本高，農業資源貧乏，但在科技、管理、品牌、市場開發上具有優勢；大陸在種源、成本條件等方面領先，卻缺少資金和管理經驗。兩岸加入WTO後，各自的農業都面臨著如何調整農業生產結構來提高競爭力的問題，台灣農產品的國際競爭力較為薄弱，加入WTO降低關稅及消除非關稅壁壘後，部分農產品將因進口量增加受到衝擊，因此農業要生存和發展，向外轉移土地和勞動密集產業不可避免，在可見的將來大陸農業的比較優勢仍然是在勞動相對密集的產品上，這樣海峽兩岸就有了開展農業合作的廣闊基礎。動力，換句話說就是WTO使兩岸經濟合作的機會明顯增加。首先，入世後，大陸和台灣經濟都將融入國際經濟社會，國際市場對兩岸產品的限制減少，將拉動兩岸經濟的增長，為兩岸的經濟合作創造更多的商機；其次，隨著大陸市場的全面開放，台商與外國資金共同爭奪大陸市場將不可避免，台灣如果繼續拒絕兩岸直接「三通」，就會失去商機。第三，入世後，台灣農業要生存和發展，就必須進行結構調整，適應競爭條件的變化，一部分沒有競爭力的勞動過度密集型農業的生產要轉移到島外，重點發展資本、技術密集型的高附加價值農業有些能夠用資本替代勞動和土地的農業生產要儘可能轉向資本密集型生產方式，以便與發達國家或地區同樣資本密集的農業競爭，因此台灣加速對大陸的農業投資將是大勢所趨。

台灣和大陸農業的互補性強，面對加入WTO以後的挑戰，海峽兩

岸開展合作各自發揮自己的比較優勢，實現合理分工，對雙方的經濟發展都十分有好處。

（三）兩岸在WTO框架下必須建立秩序性、合理性的交流模式

這一點是長期以來我們在不斷探討的問題，但在入世以後，這個問題的解決顯得更為迫切。首先，在兩岸農業互補的同時，競爭也越來越激烈，主要表現在大陸產品在國際市場上與台灣同類產品已經形成了明顯的競爭態勢，涉及的產品有成鰻、草蝦、茶葉、水果等等；其次，入世後，兩岸農產品貿易將由間接改為直接貿易，隨著大陸廉價農產品的進入，台灣島內的農產品市場將受到衝擊，尤其是像花生、蒜頭、紅豆、金針、香菇等敏感度高、生產區域又相對集中的農產品，所受的影響會更大；第三，台灣對大陸的農產品逆差將會擴大。2000年台灣與大陸農產品貿易逆差為2.4億美元。據台灣「農委會」的統計，入世將使台灣農業產值減少9%，約340至540億元，如果加上大陸農產品進口的影響，農業產值將減少12%，也就是740億元。這些因素對台灣農業發展會產生影響，對兩岸的農業交流也將帶來一定的制約。因此有必要尋找一個更為合理的，有利於兩岸農業進一步發展的交流模式。這個模式的核心應該是各自發揮比較優勢，建立合理的產業分工架構，水平分工和垂直分工合作並存，使兩岸各自所具有的優勢得到最充分的發揮。

（四）入世後兩岸農業合作方向的思考

農業作為一個比較不敏感的產業，相對於其他產業，在兩岸交流中所受的限制較少，但是，台灣對大量資金流向大陸農業，可能給台

灣造成「空洞化」的擔心仍然存在，對於由「政府」投資研究開發以及可能給台灣的安全和經濟發展產生負面影響的農業科技始終沒有開放於大陸的交流，造成兩岸間的科技交流落後於產業間的合作。近年來，兩岸在科技發展上都取得了明顯的進步，有不同的特色，存在許多可以合作的機會。21世紀是科學技術飛速發展的時代，入關後能在國際市場的競爭中取勝有賴於農產品中科技含量的提高，提高農業生產以及農產品的科學技術水平刻不容緩。未來兩岸間的科技合作應作為農業合作的首要內容。台灣農業的科技水平較高，電子訊息、遙感、雷射以及生物技術已普遍應用於農業，其中生物技術是台灣21世紀重點發展的四大尖端科技領域之一。大陸也已經具備一定的發展精緻農業的科技基礎，生物技術研究也取得了初步的成果，但從總體來看農業科技水平還比較落後。目前台灣的高新技術產業紛紛來大陸投資，我們應該把握住時機，開展與台灣發展農業高新技術方面的交流。兩岸農業高新技術交流與合作的重點領域應該針對台灣正在實施的農業上午技術研究計劃中的七個重點領域，包括花卉與觀賞植物、植物保護、水產養殖、動物用疫苗、農產品保鮮、水稻基因組、農業環境保護、藥用植物等領域開展合作研究與開發。

二、進一步加強兩岸農業合作的對策

（一）抓緊制定兩岸農業交流與合作的總體規劃

為了更好地適應和推動海峽兩岸的農業交流與合作的發展趨勢，各有關部門應該根據農業產業結構調整和發展戰略及各地資源優勢，抓緊制定兩岸農業交流的總體規劃，有計劃、有目標、有重點、有選擇、有規範地引進合作項目，要防止盲目引進。積極吸引台商和農業社團從事既能發揮地方資源優勢，又對發展農村經濟有利的諸如種

植、養殖、資源開發、農產品加工、批發營銷、農業科學研究等，尤其是投資規模大，技術含量高，綜合能力強，輻射範圍廣，和效果顯著的項目，促進農業產業化進程和產業升級。

（二）調整政策，改善投資環境，提高對台吸引力

政策環境是投資環境的重要體現，是吸引台資的首要因素。目前福建現有的農業政策、法律、法規體系還留有計劃經濟時代的烙印和不符合WTO精神的內容，必須進行調整。在價格、投資政策方面，應從以往側重於支持提高農產品產量轉向支持農產品品質的改善；從側重於補貼農產品流通環節及消費者轉向直接投資於農業科學研究、基本建設、生產結構調整、農業保險、自然災害救濟以及區域開發等方面，把對農業提供的支持儘量轉移到WTO允許的範圍。另外要完善台商投資的軟環境。近幾年福建在創造投資軟硬環境方面做了很多努力，降低了台商的營運成本，大陸加入WTO後，將加快社會主義市場經濟體制建設，外資權益更有保障，從而將增加台商來大陸及福建投資的信心。

（三）確立兩岸農業合作的宏觀布局

閩台農業的產業合作必須有利於資源的持續利用和生態環境的保護，符合中國產業政策及各地區的產業發展規劃。必須結合重點區域及資源開發，引導台資向山區傾斜縮小區域落差，並且對各地的農業合作項目進行合理布局。首先應該充分利用經濟資源的優勢規劃重點開發項目，在沿海重點地區採取形式多樣的合作模式和更為優質的投資計劃。具體來說將沿海地區的對台農業合作納入高層次的發展道路，主要以現有的兩岸農業實驗區為中心，向外輻射，帶動周邊地區

共同發展；同時以沿海為主線加大山海合作力度，以山區為腹地發展台資農產品生產基地，發揮山區林、竹、果、茶、菌等特色，利用台資形成當地的支柱產業，增強創匯能力。在吸引資源型和勞動密集型產業為主的同時，要注重提高引資的質量、檔次和水平，在有條件的地方規劃創辦高品質的台商農業開發區，促進當地農業結構的調整，跟上全省對外開放的步伐。

（四）引進台灣高新農業實用技術，提高農業合作層次

對台農業合作層次的高低直接關係到大陸農業科技水平和農產品競爭力的提高，是適應加入WTO，迎接挑戰的銳利武器，因此要有重點的吸引台灣高新農業實用技術。根據農業專家研究，在水果產業方面可重點引進台灣優高果業栽培技術設備，包括葡萄、菠蘿、芒果、蓮霧等產期調節栽培技術，果園草生栽培、樹體整形修剪、斜插矮化栽培技術、以噴灌為主的防凍害技術設備等等。在蔬菜產業方面，要以提高蔬菜產業的國際競爭力為目標，重點引進台灣工廠化芽苗技術設備、簡易設施栽培技術、單態流體速凍、低溫真空脫水技術設備等。在花卉產業方面，重點引進台灣產期調節技術，花卉保鮮、包裝、貯運技術設備，在氣候、生態條件與台灣相似的地區可引進天堂鳥、火鶴花及蝴蝶蘭等名貴花卉，建立花卉合作生產基地。在漁業方面重點引進台灣的人工水產養殖新技術、種苗繁育技術、生物膜午睡處理技術、深海養殖技術、自動化投料技術，可以選擇我省部分地區建立閩台漁業種苗繁育和水產養殖基地，以創辦股份合作公司等形式，推動閩台在遠洋漁業上的合作，鼓勵台商參與建設漁業基礎設施，包括漁港及其相配套的市場、冷凍、供油、供水等設施。在畜牧業方面，可引進台灣資金和技術，發展種豬、肉豬規模化生產和肉品

加工;引進台灣土雞、仿土雞、白羽番鴨等良鐘和飼養技術。台灣養豬業曾經是農業中重要的支柱之一,在1997年口蹄疫發生之前,每年的毛豬生產量均維持在1400萬頭左右,現在產量減少了1/4。由於台灣豬及其產品的出口減少,飼料依賴進口,成本提高,養豬成本如果無法降低到每公斤3800元左右,產業就難以維持,再加上汙染問題,迫使台灣不得不重視調整養豬業發展的目標和策略,目前台灣的豬飼養發展對策是將養豬戶數控制在15000戶以下,以內銷為主,推行「離牧計劃」將在養數由原來的750萬頭減至650萬頭。近幾年台灣的養豬業不斷向外投資,也給大陸提供了一個機會。台灣的養豬科學技術水平相當先進,種豬水準達國際水平,完全可供我們借鑑。

(五)增加必要的資金投入

　　由於農業生產的特殊性和當前兩岸農業交流中存在的一些實際困難,在資金投入、政策扶持等方面需要地方政府的支持。在增加資金投入方面,除對規劃內的農業資金及習慣資金的使用要加強管理和監督外,可將農村發展基金、農村合作基金會的資金結合起來使用,重點投入,以發揮最大功效;在政策扶持方面,對已批準的兩岸農業示範區,要適度下放農產品進口額度和權限,允許台商設立面向大陸的農產品營銷批發市場;另外政府要積極幫助農村合作基金會扶持農民開展有關經營活動,使之真正成為以農民資源合作為基礎的農村基層基金組織。

(六)加大扶持台商農產品加工企業力度,建立合理的利益共同體

　　20餘年來,台商在大陸開辦農產品加工已有良好的基礎,許多高

價值的農產品,已成為大陸大宗出口產品,對帶動農業生產發展,增加農民收入,推動產業化進程起了積極的作用。在此基礎上,要進一步扶持台資加工企業,建立健全以合約(契約)為紐帶的利益分配機制,積極引導企業與農民建立緊密型、半緊密型或疏散型的合作關係,使生產者、加工者、經營者、服務者結為「利益共享、風險共擔」的利益共同體,從而有效地提高農產品的市場競爭力。

(七)進一步完善「兩岸農業合作實驗區」的建設

兩岸農業合作實驗區是近幾年興起的一種交流模式,從1997年開始,陸續在五個省的部分區域建立了兩岸農業合作實驗區,福建為第一批,包括福州和漳州,1999年為第二批,有海南、山東、黑龍江,第三批是2000年11月在陝西揚凌設立的兩岸農業合作實驗區。兩岸農業合作實驗區這一形式對吸引台資投資農業綜合開發現代化農業發揮了積極的作用,但也存在一些問題。

實驗區的發展是以科技為本,技術要將引入、消化、開發的科技即使轉化為商品和生產力,從而達到科技興農的目的。筆者到過漳州、福州、山東的實驗區,感覺到,雖然在這方面做了大量的工作,但還存在一些問題,一是還帶有明顯的計劃經濟的痕跡和行政體制管得過頻的現象;二是僅僅把實驗區當作為項目孵化器,大多數仍然以單個項目開發為主要特徵;三是實驗區管理機構本身僅起類似中介組織的服務作用。兩岸農業交流的本質是經濟活動,是無形的技術、知識資產與有形資產的投入產銷的全過程,如果仍然沿用傳統的項目行政審批程序的運作方式,可操作性就差,也不符合國際慣例,應該把「現代企業制度」引進兩岸農業交流事業中去,實驗區的管理機構應該是企業管理型的產業,具有相對的獨立性。另外實驗區內技術成果的轉化率不高,也是亟待解決的問題,例如福州引進良種1000多種

次，真正在面上推廣的不到10%。任何一項技術只有經過成功的轉化，才能真正體現它的價值，農業技術的引進不能只求全、求大、求廣，而要以提高技術轉化率來帶動農業產業化的優化，才能迎頭趕上形勢的需求。台灣農業發展成功的經驗，其中很重要的一點，就是始終重視各類良種的繁育和開發。這一點實驗區能否有發展後勁的至關重要的一環。

（八）重視農業投資的土地利用問題

農業項目的特點是占地面積大，收益期長，而土地又是最基本的生活資料，中國耕地資源緊缺，必須珍惜、保護和合理開發土地資源，提高土地資源利用率，這是關係到農業和整個國民經濟健康協調發展的大事，在吸引台商投資發展現代化農業，有關用地形式、地價、用地期限方面的優惠政策既要有利於鼓勵台資農業企業的開發經營，又不損害國家和當地農民的長遠利益。

現在兩岸的經貿發展雖然還有很大的潛力，但是也還有很大的不確定性，儘管我們已經多次表明，我們不願意政治問題來影響我們的經貿合作，但現實已經清楚地告訴我們，實際上仍然還有很多政治問題在影響我們的經貿合作，比如任何資金都不能去台灣，不能在台灣搞招商活動以及不能直接「三通」，這些不合理的限制，都在一定程度上制約著兩岸經貿包括農業的合作與交流，但是我們堅信，加入WTO後，兩岸經貿交流的政治因素影響將大為削弱，為兩岸的往來提供更為寬鬆的環境，農業合作也將朝著互惠互利互動的方向穩定發展。

（原載《台灣農業探索》）

第五篇　台商在大陸投資問題研究

兩岸加入世界貿易組織對台商投資的影響

李非

在現代科技和生產力迅猛發展以及生產要素在全球範圍內大規模流動和配置重組的趨勢下，經濟全球化與區域化的步伐日益加快。世界貿易組織（WTO）作為囊括全球主要國家和關稅領域的「經濟聯合國」，代表著經濟全球化的發展方向。在2001年12月11日中國作為主權國家正式加入世界貿易組織之後，台灣也於2002年1月1日以「台灣、澎湖、金門、馬祖單獨關稅區」（簡稱「中國台北」）的名義成為第144名會員。隨著加入世界貿易組織後兩岸經濟逐步融入國際經濟社會，台商在大陸的發展空間將進一步擴大，投資的政策障礙也將逐步消除，從而促進兩岸經濟在國際分工的基礎上形成一個有著內在聯繫的有機整體。

一、加入世界貿易組織進一步擴大台商投資的發展空間

兩岸加入世界貿易組織後，隨著經濟增長潛力的進一步發揮、商品市場與投資領域的開放以及投資環境的改善，台商在大陸的投資商機將明顯增加，發展空間不斷擴大。

（一）加入世界貿易組織後兩岸經濟增長潛力的發

揮為台商投資提供廣闊的經濟舞台

加入世界貿易組織後兩岸經濟增長潛能得到進一步的發揮。據世界貿易組織祕書處估計，加入世界貿易組織後大陸對外貿易每年將有6%-26%的增長速度，從而拉動大陸GDP增長2.9個百分點，增加2000多億元人民幣的產值和數百萬人的就業機會。這一估計或許過高，但據保守預測，加入世界貿易組織所拉動的大陸經濟增長，至少增加1個百分點。在世界經濟普遍不景氣和東亞經濟增長速度放緩的情況下，中國仍是世界經濟增長最快的國家之一。在加入世界貿易組織利好消息的帶動下，中國成為推動亞洲經濟成長的火車頭角色逐漸定型。這種經濟增長潛力所引發的商機將進一步吸引台商到大陸投資。隨著經濟實力的不斷增強，大陸不僅成為巨大的商品銷售市場，而且也是巨大的投資市場，同時還將成為巨大的技術供應與消化市場。未來5年，大陸累計將有約1萬多億美元的進口需求和2萬多億美元的社會固定資產投資，從而形成龐大的商品、資金、設備以及技術的市場需求，這對台灣廠商具有強大的吸引力。至2005年，中國的對外貿易將達7000多億美元，每年吸引外資將達1000億美元。未來10年，大陸將有4億-5億人達到中等收入水平，這一市場規模將接近美國。大陸作為未來的大市場，充滿了無限的商機，為台灣廠商投資提供了廣闊的經濟舞台①。

加入世界貿易組織對台灣經濟增長也是利大於弊。雖然從短期看加入世界貿易組織給台灣市場帶來一定的衝擊，但從長遠看則有利於台灣經濟的轉型與升級。根據台灣「經建會」的研究報告，台灣加入世界貿易組織後未來5年，GDP每年將增加1.72%，貿易順差將減少27億美元。台灣「中華經濟研究院」的研究表明，兩岸加入世界貿易組織後，若台灣維持對大陸的進口管制，但解除投資管制，是對台灣最有利的政策組合，估計到2005年止，台灣製造業整體產值可望增加375

億美元,而大陸整體產值則增加1335.8億美元,台灣對大陸仍享有306億美元的貿易順差。

(二)加入世界貿易組織後商品市場的相互開放有利於大陸台資企業的擴張

　　世界貿易組織的基本精神是消除貿易壁壘、開放市場和降低關稅,實現貿易自由化。加入世界貿易組織後兩岸關稅的持續調降以及非關稅措施的減少,將促進兩岸生產要素的有序流動和經貿關係的正常發展。

　　從國際市場的開放看,加入世界貿易組織後兩岸立即享受GATT/WTO歷經50多年8個回合多邊談判的關稅減讓成果,取得各會員的最惠國待遇②。由於國際市場對兩岸產品,尤其是對大陸產品的限制減少,大陸台資企業,尤其是加工出口型企業將進一步增資擴產,擴大外銷,從而帶動企業規模的擴張。貿易自由化使大陸出口產品附加價值進一步提高,不僅輕工業產品全球占有率大幅增加,資本密集工業產品,如化學、橡膠、塑料、造紙、鋼鐵和非金屬製品等的全球市場占有率也不斷增加,因而有助於帶動大陸對台灣相關零組件的需求。

　　從大陸市場的開放看,未來大陸外貿體制改革將進一步加快,關稅持續調整與降低,非關稅貿易障礙逐步消除,進口貿易將大幅增加,從而有利於投資大陸的台資企業從台灣進口相關零組件與半成品。如大陸關稅的降低,將使台灣的紡織品、化纖、電子訊息產品、塑料及塑膠製品對大陸的出口進一步增加。

　　從台灣市場的開放看,由於台灣是以發達地區的身分加入世界貿易組織,它被要求實行較高的自由貿易標準,因而面對更大幅度的市

場開放壓力。台灣對大陸產品進口限制的逐步減少，將加大其對大陸輕紡製品、農產品以及農工原料的進口。特別是大陸台資企業的產品，由於其價廉物美而極具競爭力，透過正常貿易渠道返銷台灣的機會將明顯增加。台灣開放大陸產品進口後，不少產業，包括農業、石化、塑膠、紡織、成衣、金屬與非金屬礦產品等將受到一定程度的衝擊。

（三）加入世界貿易組織後投資領域的開放有利於兩岸資本的自由流動

加入世界貿易組織後，大陸承諾實施《與貿易相關的投資協定》和《與貿易相關的知識保護協定》，逐步取消對外資企業國產化比率的限制措施，並保護外資企業技術優勢的發揮，這將有利於吸引更多的台灣技術密集型和資本密集型產業資本。由於許多投資領域的限制逐步取消，大陸資本市場將更加開放，第三產業也有更多的機會容許台商參與。如大陸將逐步開放金融服務業市場，對台灣銀行業者不失為一大商機。中國人民銀行已收到台灣8家銀行到大陸設代表處的申請，其中世華聯合銀行在上海、彰化銀行在崑山設立代表處的申請已得到批準③。當然，由於大陸投資領域的開放是針對所有世界貿易組織會員的，這將吸引更多的外國大企業前來大陸投資，台灣企業的競爭壓力也將進一步增大。如果台灣方面自我設限，繼續限制台商赴大陸投資，拒絕兩岸直接「三通」，台灣企業將坐失商機。

為因應世界貿易組織「全球金融服務業自由化」協議，台灣承諾加入世界貿易組織後開放十大服務業，其中金融服務業涵蓋銀行、保險、證券、期貨等。在與貿易有關的領域，台灣將允許大陸資本投資，大陸人民、法人等持股超過20%以上的海外企業（尤其是香港企業），將不致遭到台灣法律的阻撓。台灣開放大陸企業赴台投資後，

島內企業將面臨大陸企業強有力的競爭，一些服務產業，如運輸業將受到一定程度的影響。

（四）加入世界貿易組織後投資環境的改善有利於大陸台資企業的健康發展

加入世界貿易組織後大陸的對外開放從深度到廣度都將出現重要轉變，即從有限範圍和有限領域的開放轉變為全方位的開放，從以試點為特徵的政策主導下開放轉變為在法律框架下可預見的開放，從單方面為主的自我開放轉變為與世界貿易組織成員之間的相互開放。隨著大陸經濟的市場化程度日益提高以及投資環境逐步改善，各項有關投資、貿易的法律、法規將進一步健全，政策措施的透明度逐步增強，對台商的吸引力也將不斷增強。如建立完善的投資管理機制、稅收機制，改革進出口貿易管理體制，規範許可證管理以及進出口商品檢驗等，將使大陸的經貿法規逐步與國際慣例接軌，經貿政策更加規範化，對外資包括台資權益的保障逐步走上正軌。同時，中國的價格體系將進一步與國際價格接軌，有助於提高兩岸資源配置的效率，促進兩岸產業分工，對產業內貿易有推動作用。

但是，值得注意的是，加入世界貿易組織後，台商原來在大陸享有的超國民待遇將逐步被取消，跨國公司的湧入對大陸台資企業產生排擠效應，尤其是對台灣中小企業形成嚴峻的競爭壓力，部分弱勢企業將逐漸失去其重要性，甚至可能被淘汰。

二、加入世界貿易組織逐步清除台商投資的政策障礙

加入世界貿易組織後兩岸作為世界貿易組織的成員自然要履行各

自的權利與義務，遵守和執行該組織的基本準則和規範。在國際經貿規則的制約下，兩岸商品、資本、訊息、技術、資源及勞務等在區域範圍內的流動、配置、重組將更加有序，政策因素對台商投資的干擾作用將趨於減弱。

（一）加入世界貿易組織後台灣對大陸經貿政策調整動向

加入世界貿易組織後台灣必須遵守世界貿易組織的各項協定，承擔相應的義務。但是，其現行的大陸經貿政策在許多方面與世界貿易組織的基本精神相牴觸，有悖於公平貿易與自由競爭原則。為配合加入世界貿易組織，自2002年元旦起，台灣當局對其大陸經貿政策進行了一系列的調整，從而在一定程度上影響台商對大陸的投資。

1.對在大陸投資產業採取「負面表列」規定。為配合新的大陸投資審查機制，台灣「經濟部」2002年4月24日對「在大陸地區從事投資或技術合作許可辦法」第七條進行修正，將赴大陸投資項目分類由「許可類、禁止類、專案審查類」3類調整為「禁止類、一般類」兩類，並公布「在大陸地區從事投資或技術合作製造業及農業禁止類之產品項目」清單，除列入「禁止類」538項外，其餘「一般類」以「負面表列」方式開放。

2.有限開放8吋晶圓（芯片）廠赴大陸投資。2002年3月29日台灣當局宣布的開放措施十分有限，開放項目以晶圓廠舊設備（含8吋及8吋以下）作價投資者為優先（新設備投資2年後再議），並採取總量控制，至2005年最多核準3座8吋晶圓廠赴大陸投資。申請赴大陸投資的廠商須在島內有相對投資與技術升級，即在完成12吋晶圓廠建廠並達到穩定量產（連續6個月以上）後才能提出申請；廠商在大陸完成建廠、轉移晶圓設備的時機也應在12吋廠進入規模量產後。

3.適度開放大陸資本來台投資服務業。2002年3月27日,台灣通過「台灣地區與大陸地區人民關係條例」第73條修正案,放寬大陸資本來台投資服務業的限制,取消大陸人民、法人、團體或其他機構持股超過20%上限的規定,改採許可制,並授權主管機關擬定許可辦法,明確規範投資人的資格、許可條件、程序、投資方式、項目與限額、投資比率、結匯、審定、轉投資、申報等事項。第一批擬先開放商業、通訊、金融等領域,共計58個行業。

4.放寬大陸專業人士來台限制。2002年1月18日,台灣修正「大陸地區專業人士來台從事專業活動許可辦法」,對大陸地區科技人士、經貿專業人士、服務於跨國企業者等來台辦理程序予以簡化,縮短申請手續時間,即從「預定來台之日2個月前」減為「預定來台之日10個工作日前」,緊急情況可「5個工作日前」提出申請,並延長停留時間,即由3年增至6年。

5.開放辦理兩岸直接通匯。為配合兩岸資金直接流動,台灣「財政部」於2002年2月13日修正「台灣地區金融機構辦理大陸地區匯款作業準則」及「台灣地區銀行辦理大陸地區進出口外匯業務作業準則」,局部開放台灣銀行與大陸地區銀行直接通匯。兩岸匯款及進出口外匯業務,不再強調間接原則,而採用直接與間接並存的原則。根據規定,放寬外匯指定銀行辦理對大陸地區匯出款業務項目,增加進口大陸地區物品所涉及的匯款;開放台灣外匯指定銀行辦理開戶銀行或代收銀行為大陸地區銀行、外商銀行在大陸地區分支機構的出口押匯與出口托收業務,以及押匯銀行或托收銀行為大陸地區銀行、外商銀行在大陸地區分支機構的進口外匯業務。

6.修改兩岸直接貿易相關作業規定。2002年2月13日,台灣「經濟部」公布「台灣地區與大陸地區貿易許可辦法」第五條修改案,取消兩岸貿易的買方或賣方須為第三地區業者的限制,刪除相關作業規定

（含附件）中的「間接」文字。取消這項限制，等於是為兩岸直接貿易、直接通匯鋪路。但是，依規定，以直接方式進行的兩岸貿易，其買方或賣方須為大陸地區業者；雙方物品的運輸，仍應經第三地或「境外航運中心」中轉。2月15日台灣擴大開放進口大陸商品項目，涉及農產品901項，工業品1125項，其中農產品多為台灣不生產的項目，工業品以原材料居多，仍有超過3500項的大陸農工產品被禁止進口。

7.開放大陸地區人民來台旅遊。2001年11月23日，台灣通過「開放大陸地區人民來台觀光推動方案」，並於2002年元旦起試辦第三類對象，包括赴海外留學或旅居海外取得當地永久居留權的大陸地區人民來台觀光。2002年5月10日起，又將開放對象擴大至第二類，即出國旅遊或商務考察的大陸地區人民可轉來台觀光；同時，放寬第三類對象的限制，准許旅居海外包括港澳地區4年以上且領有工作證明的大陸地區人民及其隨行配偶與直系親屬來台觀光。

（二）未來台灣對大陸經貿政策互動趨勢

加入世界貿易組織後台灣當局雖然對其大陸經貿政策做了一些修改，但總的來看，仍存在諸多限制，未來迫於客觀形勢的壓力，將進一步放寬台灣資金流向大陸，並對商品流動、人員交往以及經濟糾紛處理等事宜做出符合世界貿易組織有關規定的調整。

1.有限度地放寬台商赴大陸投資。雖然台灣當局表面上將「戒急用忍」政策改為「積極開放、有效管理」，但是，在實際運作上，仍沿用以往的做法，開放程度十分有限。面對激烈的市場競爭以及持續升溫的台商投資大陸熱，台灣要想「布局全球」，就要先擁有大陸市場。未來其政策調整方向將是繼續有限度、分階段地放寬台商赴大陸投資的限制。

2.進一步放寬對兩岸貿易的限制。台灣對兩岸貿易的限制主要在於進口大陸產品方面。目前1萬多種進口產品目錄中，允許從大陸進口的有7757項，約占全部農工產品進口項目的73.15%。台灣幾乎援用世界貿易組織中所有能夠限制大陸產品進口的有關條款，甚至還制定「大陸物品進口防禦機制」作為最後防線。這些限制性規定明顯違背世界貿易組織有關最惠國待遇原則、公平貿易與自由競爭原則。未來在世界貿易組織的框架下，台灣當局將根據兩岸經貿交流發展的實際需要，不得不逐步放寬對兩岸貿易的限制。

3.局部推進兩岸直接「三通」。2001年元旦起，台灣開放金門、馬祖與福建沿海地區的「小三通」。這只是將原來一直進行的兩岸民眾交往與小額貿易「除罪化」，遠遠無法滿足兩岸人員往來與經貿交流的實際需求。在島內要求開放直接「三通」呼聲日益高漲的壓力下，未來台灣當局將進一步擴大「小三通」的功能與範圍，甚至最終開放兩岸「大三通」。

4.利用世界貿易組織機制解決貿易與投資糾紛。海峽兩岸可以利用世界貿易組織的多邊貿易協定及貿易爭端解決機制，處理兩岸經貿關係發展中出現的違規行為以及一些具體的經貿糾紛，使兩岸貿易與投資中的不正常現象受到制約，一系列經貿問題得以透過正常渠道合理地加以解決。

總之，兩岸加入世界貿易組織的實質意義在於，雙方都與世界貿易組織成員相互減少甚至消除貿易與投資障礙，進一步開放市場，在國際經貿規則的制約下，從事自由公平的經濟競爭。兩岸只要根據世界貿易組織的基本規則開展經濟交流與合作，進行投資與貿易活動，共同融入全球經貿與國際分工體系，就能從雙方的貿易與投資擴張中獲得正面的經濟效益，從而使兩岸經濟聯繫進入良性互動的發展軌道。

三、加入世界貿易組織後台商投資大陸的新趨勢

新世紀之初，台灣經濟發展受全球網路泡沫經濟破滅的影響，進入結構性調整時期。但是，在兩岸相繼加入世界貿易組織等利好消息的帶動下，台灣島內廠商紛紛到大陸投資設廠，開闢新的發展空間，從而促進第三波台商投資熱潮持續升溫。根據台灣「經濟部投審會」的統計，台商對大陸的直接投資，至2001年底累計已達24160項，199億美元，約占其對外直接投資總額的35%；另有相當部分企業，尤其是大企業或高新技術項目是透過第三地中轉赴大陸投資的，約占20%以上。近年台灣對英屬中美洲地區，包括維爾京群島、百慕大等的投資增長尤為迅速，而這些地區對大陸投資又大幅增加正好佐證了這一點。根據中國外經貿部公布的數據顯示，至2002年3月，台商在大陸的投資累計已達5.2萬項，協議金額550億美元，實際到資360億美元。

隨著加入世界貿易組織後台商在大陸的發展空間不斷擴大，以及各種限制台商投資的政策障礙逐步減弱，台商投資從形式到內容都將出現新的變化，呈現出以下幾種發展趨勢：

（一）投資領域從以傳統產業為主發展到以新興產業為主

80年代中後期第一次台商投資熱潮，主要是以輕紡工業為代表的勞力密集型產業向大陸東南沿海地區的轉移；90年代初中期第二次台商投資熱潮，主要是以石化工業為代表的資本密集型產業的跟進；新世紀初期出現的第三次台商投資熱潮，主要是以電子訊息為代表的技術密集型產業的投資。加入世界貿易組織後，台灣當侷限制高技術產業赴大陸投資的政策已有所鬆動，島內電子訊息產業將進一步加速「登陸」步伐，逐漸成為台商投資大陸的主流④。台灣訊息技術生產

廠商之所以不斷外移,一方面是在國際市場對訊息技術產品報價趨低的壓力下,為降低代工生產成本,紛紛向大陸轉移生產基地;另一方面是出於市場拓展的考慮,積極進行投資布局,擴大在島外的生產規模。據統計,台灣電子訊息硬體產值在大陸的生產比重已上升到40%以上。除電腦及周邊設備與零配件項目投資加快外,島內半導體廠商也突破台灣當局的政策限制,紛紛到大陸投資設廠,其中最具代表性的是台灣宏仁集團董事長王文洋與大陸合作,在上海張江科學園區投資16億美元興建8英时芯片廠。此外,移動電話、數碼相機、訊息家電等產業開始向大陸轉移,軟體、網路以及電子商務的投資也發展迅速。據台灣一項調查顯示,台灣高科技廠商已有三成到大陸投資,有九成計劃在未來幾年內前往大陸投資。台灣「投審會」的統計顯示,近年電子電器產業投資額占台商對大陸投資總額的60%左右,較10年前增加40多個百分點。從電子資訊廠商外移的具體項目看,技術成熟度較高的產品生產基地的外移,主要是以降低生產成本為競爭手段;技術成熟度較低、仍靠研發以保持競爭優勢的產品生產基地的外移,主要是出於市場布局的考慮。島內的研發基地也加速向大陸轉移,神達、明棋、仁寶、大眾、華邦、廣達等台灣知名科技企業紛紛在大陸籌設研發中心、IC設計中心及軟體開發基地,利用大陸軟體高級人才,開發設計新產品。

　　台灣技術密集型產業在產品低價化的趨勢下加速向大陸轉移,使其在大陸生產的比重進一步加大,並促進大陸電子訊息硬體產值大幅增長,從而使兩岸電子訊息硬體工業規模消長產生結構性變化。據台灣「資策會市場情報中心(MIC)」統計,2000年台灣電子訊息硬體產值為232億美元,僅增長10%;而大陸電子訊息硬體產值達255億美元,大幅增長38%,首度超過台灣,其中有185.7億美元是由台灣廠商在大陸的企業所生產,其對大陸電子訊息硬體產值的貢獻率達72.8%。台灣在大陸所生產的電子訊息硬體產值大約是台灣廠商海內外總產值(481

億美元）的38.6%，比1995年（14%）和1999年（33.2%）分別提高了24.6和5.4個百分點。其中鼠標在大陸生產比重最高，達95%；電源供應器（90%）、鍵盤（86%）、掃描儀（85%）也占較高比重；其他如機殼、光碟機、監視器、主機板等產品在大陸生產的比重在40-70%之間；剛起步的數碼相機在大陸生產的比重也高達34%。2000年大陸高科技產品出口增長達50%，總金額為370億美元，其中90%屬於加工出口，80%以上的產品由外商（包括台商）所生產，53%的產品出口美、日、歐等發達國家。

（二）投資廠商從中小企業主導逐步過渡到大企業主導

台灣廠商到大陸投資設廠，初期主要是中小企業進行「投石問路」。隨著投資規模的不斷擴大，這些先行一步從事中、下游工業生產的中、小企業，拉動了對台灣生產原材料及半成品的需求，從而促進供應原材料的島內中、上游工業生產企業，主要是生產如半導體等關鍵零組件的大企業，也紛紛到大陸投資設廠，提供配套、連鎖的生產與服務。新世紀初期，在台灣大企業相繼從投資設廠進入生產銷售階段後，台資企業的主角開始從中小企業讓位於大企業。一個以大企業為龍頭，帶動島內其他企業進一步向大陸轉移的投資局面已經形成，而兩岸加入世界貿易組織則加快了這一發展進程。在台灣大企業的「群聚效應」影響下，大批相關中小企業紛紛跟進，逐漸在大企業所處的地域形成完整的產業供應鏈。台灣廠商在大陸的投資經營活動，正從個體分散行動轉向群體配合進行，越來越多的產業轉移趨向以上、中、下游相關配套和連鎖的方式進行，廠商的投資行為趨向長期化。

投資主體的變化，使得台商投資規模大型化的趨勢更加明顯。據

報導,台灣百大企業已有一半以上在大陸投資興業,許多台灣上市、上櫃公司紛紛前往大陸,包括台塑、統一、長榮、力霸、味全、聲寶、震旦、正新、東帝士等集團;還有三分之一則正在進行工商考察,也準備到大陸投資設廠。島內許多大型電腦廠商已在大陸投資生產電腦等相關產品。例如,生產台式電腦的神達、宏碁、大同、大眾,生產主機板的鑫明、華碩、技嘉、微星、精英,生產掃描儀的旭麗、虹光、致伸、鴻友、力捷,生產光碟機的興建、英群、廣宇、明碁、建碁,生產監視器的冠捷、源興、美濟、仁寶等大型電子訊息企業,分別在上海、蘇州、東莞、中山、順德、福州等地投資設廠。上述五大類產業的外移比例分別高達42%、56%、88%、74%、58%。

(三)投資形態從加工出口為主發展到拓展市場為主

　　台商在大陸的投資形態,初期主要表現為以大陸為加工出口基地,將在島內已無生存空間的勞力密集型加工產業西移,以尋求企業發展的「第二春」。隨著大陸經濟的蓬勃發展,市場潛力開始顯現,台商的市場拓展型投資也迅速興起,尤其是加入世界貿易組織後中國投資環境不斷改善,台商對大陸投資環境的適應性將日益增強,並逐步在內地尋找到或建立起原材料替代市場、產品銷售市場以及技術和管理人才市場,從而使大陸台資企業從初期外向型企業主導發展到內向型企業主導。兩岸加入世界貿易組織後,越來越多的台商到大陸投資的目的已從加工出口為主轉向生產內銷為主,原先在大陸投資設廠的企業也掀起了新一波的增資熱,不僅不斷擴充產能,而且進行全方位的市場布局,以搶占加入世界貿易組織後的新商機、新市場。

　　根據台灣「經濟部」的調查,大陸台商生產所需要的半成品、零組件及原材料有逐步「就地取材」的趨勢,由台灣島內廠商提供原材

料的比重由前幾年的50%以上降至目前的40%以下，越來越低於台商在當地就地取材的比重（已超過50%，其中當地台商與當地非台商約各占一半比重）。這顯示台商在大陸投資設廠後，為適應市場激烈競爭的需要，越來越多地採取原材料供應和產品銷售本地化的策略，以降低生產和經營成本。雖然台灣仍是大陸台資企業生產原材料或零組件的主要供應地之一，但是，台商對台灣原材料或零組件的供應依賴度已逐年下降。可見，台灣企業本地化的趨勢越來越強，並成為台商在大陸投資經營發展企業的重要策略之一。

（四）投資範圍由南向北轉移，焦點地區發生重大變化

台灣廠商在大陸投資的範圍，初期主要集中於東南沿海地區，尤其是閩、粵兩省約占大陸引進台資的一半以上。隨著投資規模的不斷擴大，台商對大陸投資的焦點地區發生重大變化，從過去以華南沿海地區為「主戰場」逐步轉向華東沿海地區。這一轉變主要是由於台商為了因應加入世界貿易組織後搶占大陸市場「制高點」的需要。據統計資料顯示，近年台商對珠江三角洲和福建沿海地區投資的步伐明顯放緩，投資重心轉向以上海為中心，蘇南、浙北為兩翼的長江三角洲，包括蘇州、無錫、常州、杭州、寧波等地。尤其是近年電子訊息產業的投資主要集中在這些地區，占80%以上。原先在大陸東南沿海地區投資的台灣訊息廠商，在新一波的增資熱中，也紛紛將生產據點北移。目前，蘇州成為台商投資的主要聚集地，累計引進台資協議金額達120億美元，實際到資80多億美元。江蘇、上海、浙江3省市更集中了大陸一半左右的台資；而閩、粵2省吸引台資的比重則跌至一半以下。

21世紀初期，兩岸加入世界貿易組織後台商在大陸的投資，已由

點的增加轉向線的延長，逐漸擴及整個沿海地區，並進一步轉向面的擴張。這將首先表現在：繼80年代中後期閩、粵兩省成為台商投資焦點，以及世紀之交以上海為龍頭的長江三角洲成為台商投資熱土之後，台商投資熱潮將繼續向北延伸，至「十一·五」計劃期間，逐步發展到以京、津、唐地區為中心、山東半島和遼東半島為兩翼的環渤海灣經濟區，預計至2008年北京舉辦「奧運會」時達到高潮。至21世紀10年代，台商投資區域將在環大陸沿海外凸弧形地帶的基礎上，進一步由東向西、由沿海向內陸輻射，由華南、華東、華北逐步深入到大西南、大西北和東北腹地，形成全方位的投資格局。

總之，繼80年代中後期和90年代初中期兩次台商投資熱潮之後，新世紀初期兩岸加入世界貿易組織後台灣企業掀起的第三波投資高潮，使大陸台資企業的布局發生重大變化，以高新技術項目為主、大企業為主導、市場拓展為導向、長江三角洲為重心的台商投資格局已經形成，並將促使台灣經濟對大陸市場的依賴度進一步加深，從而推動海峽兩岸經濟合作關係邁向新的發展階段。

（原載《廈門大學學報（哲社版）》，本文略有修改）

註釋：

①胡元梓：《全球化與中國》，中央編譯出版社1998年版，第24頁。

②王新奎：《世界貿易組織與發展中國家》，上海遠東出版社1998年版，第335頁。

③孫傳煒：《台兩銀行獲準在中國設點》，新加坡《聯合早報》2002年3月12日。

④陳健輿：《台商投資大陸出現新格局》，新華社北京2002年4月4日電。

台商投資大陸區位選擇分析

李非　李繼翔

　　台商投資大陸的區位選擇，取決於台商偏好的區位投資環境。對台商關注的區位條件進行理論和計量分析，探討各個區位因素對台商投資區位選擇的重要性，有助於分析台商投資大陸的基本動向，把握未來台商投資的發展趨勢。

一、台商投資區位條件的理論分析

　　一般投資理論主要從企業投資動機和目的探討資本流動的行為，以區位角度分析企業投資的合理性，闡明企業的生產技術以及無形資產的流動方式和特點，從廠商優勢、內部化交易論述投資的經濟性。台灣廠商對大陸投資具有一定的動機和目的，其行為基本符合投資理論的一般原理，但也具有一定的特殊性。

（一）從經濟學理論看台商投資

　　美國學者海默在《大陸企業的國際經營：對外投資的一項研究》中提出的壟斷優勢理論認為，企業進行對外投資的動機在於比受資地同類企業更有利的壟斷優勢，包括產品市場優勢、要素市場優勢、規模經濟優勢以及政府管理行為帶來的優勢，如稅收、關稅、利率和匯率等政策造成的市場不完全。台灣對大陸投資的行為和動機，也符合上述某些特徵。台商企業，尤其是大型企業利用受資地市場扭曲或不完全，在當地形成某種程度的壟斷優勢，既具備相對先進的生產技術、管理經驗以及銷售策略，又具有規模化生產、經營和服務帶來的成本優勢，還享有受資地政府提供的優惠待遇和便利措施。

英國經濟學家鄧寧在《國際生產和跨國企業》中提出的國際生產折衷論認為，影響企業對外投資的三個因素是：所有權優勢，廠商掌握比其他競爭者更有利的生產資源；內部化優勢，透過內部化解決市場失靈問題；區位優勢，受資地生產要素價格和效率、運輸成本、心理距離、文化差異、基礎設施建設、市場規模和潛力、關稅和非關稅障礙、政局穩定和政府獎勵措施等因素。台商對大陸投資的區位特徵與廠商的投資動機是相聯的，不同的投資動機決定了不同的投資區位。初期台商主要是謀求低廉的勞動力價格，維持出口市場的競爭優勢，屬「成本節約型」投資，因而多集中在東南沿海地區；近期台商更多的是試圖占領市場，因而多轉向長三角和環渤海地區。

弗農的產品生命週期理論認為，企業隨著產品成本的變化而不斷尋求不同的投資地點。產業結構的演替順序主要是從勞動密集型發展到資本密集型，再轉向技術密集型。每一種產業從朝陽工業淪為夕陽工業，或從成長期進入成熟期，大致需要10～15年時間。在這一過程中，比較優勢隨著時間的推移而不斷變化。成熟和衰退產業為延長生命週期，往往會向低成本地區轉移。1960-70年代，台灣大力發展的勞動密集型加工裝配產業和部分資本密集型重化工業，至80年代中期開始進入成熟期以至衰退期，發展空間越來越小，加上產品性質和市場的限制，企業難以在短期內調整生產技術和方式來適應要素稟賦和成本變動，於是紛紛轉移生產線，到海外或大陸投資設廠，依靠「台灣接單、島外加工」的形式得以延續。台商第一波對大陸投資的行業是處於衰退的勞動密集型產業，主要以輕紡工業為代表，如食品、製鞋、製衣、玩具業等；隨之跟進的第二波投資是部分趨於成熟的資本密集型產業，主要以石化工業為代表；90年代建立和發展起來的技術密集型產業，主要以電子資訊業為代表，至21世紀初也進入成熟期，開始掀起第三波對外投資熱潮。雖然台灣在科技產品研發、全球行銷等方面有較好的基礎，但是島內市場規模和生產體系較小，人力資源

不足，綜合成本較高，不能充分發揮產業優勢，向外轉移是必然趨勢。

（二）從管理學策略看台商投資

經濟學將直接投資的動機歸成市場、資源、成本、技術及環保等因素，而管理學基於競爭策略的考慮，認為廠商投資動機可歸納為四種類型：「追求市場」型，廠商基於產品在某地有潛在的銷售市場而前往投資設廠生產；「追隨客戶」型，隨著客戶的移動而轉向，如上、下游廠商已赴其他地區設廠，中游廠商也必須跟進，否則會失去客戶；「尋求資源」型，即受資地擁有關鍵的資源，而該資源不具有跨國（地）流動性，因而必須前往投資；「策略考量」型，如寡占產業中的競爭對手一旦到海外設廠，其他廠商也會跟進，否則先進入的廠商將取得優勢，以補貼其他市場；其他對外投資的動機還包括分散經營風險等。

以管理學競爭策略理論分析廠商投資動機的方法，也可用於解釋台灣廠商的投資行為，其中「追求市場」型理論可用於分析台灣各類產業，尤其是傳統產業的投資動機；「追隨客戶」型理論可用於解釋台灣主導中上游工業生產的大企業為保住中下游市場，跟隨中小企業到大陸投資的動機；「策略考量」型理論可用於考察台灣高科技產業，尤其是IC產業的投資動機。初期台灣對大陸投資的廠商主要是下游企業，隨後逐步帶動中上游企業跟進配合，相互支援，以節約生產成本，獲取更高的比較利益。以石化產業為例，初期下游製品業外移，中間原料廠商出於就近供貨、服務客戶的需要，也在下游企業周邊投資設廠，形成配套、協調的發展格局。再以電子資訊業為例，台灣八大電腦廠商都在大陸布建上、下游產業供應鏈體系，形成以大企業為中心、專業化分工協作為配套的發展格局。

二、台商投資區位因素的變量假設、數據來源及計量模型

在對台商投資區位條件進行理論分析的基礎上，有必要進一步透過計量分析，佐證理論分析的結論。計量分析的變量假設、數據來源以及計量模型的選擇如下所示：

（一）台商投資區位因素的變量假設

影響台商投資區位選擇的因素，既有市場規模、勞動力成本、經濟增長，優惠政策以及交通基礎設施等傳統因素，又有訊息成本和集聚經濟等其他因素。後者在台商直接投資的區位決策中，發揮日益重要的作用。這裡就進入定量分析的台商投資變量和各區位因素變量作如下假設：

表1　台商投資及區位因素的各變量定義

變量	定義
antdi	2002年至2003年6月臺商對大陸各省市的累計投資合同總額（億美元）
GDP	國內生產總值（億元）
pri	非國有工業產值占全部工業總產值的比重（%）
infra	（公路+鐵路+河流）里程／各省市面積（公里／萬平方公里）
third	部分第三產業占GDP的比重（%）
open	地區進出口總額／地區 GDP（%）
wage	平均工資水準／勞動生產率（效率工資），勞動生產率＝GDP／總從業人數
awage	平均工資水準（元）
stu	高等學校在校學生數（人）
indun	工業企業數（個）
num01	至2001年該地台商投資企業註冊總家數（家）

1. 被解釋變量

　　antdi表示2002年至2003年6月台商對大陸各省市的累計投資合約總額。變量取值以台灣《投資中國》第100期和第119期對中國大陸各省市台商投資調查數據為依據，其數值為大陸各省區截至2003年6月台商投資累計合約金額減去截至2001年底的台商投資累計合約金額之差①。

2. 解釋變量

　　GDP：反映市場規模的變量。市場規模越大，該地區對台商直接投資的吸引力就越大，所以預期GDP對台商投資具有正效應。pri：反映市場化程度的變量。台商偏向於投資市場化程度較高的地區，因為較高的市場化程度可以有效地減少台商投資過程中所遇到的不確定

性，降低訊息成本和交易成本。infra是反映經濟基礎設施②完善程度的變量。經濟基礎設施狀況是台商投資大陸區位選擇中考慮的重要因素之一，本文選取交通網絡密度作為衡量經濟基礎設施完善程度的指標。third是反映社會基礎設施完善程度的變量。本文選取交通運輸倉儲及郵電通信業、批發零售貿易及餐飲業、金融、保險業、社會服務業、衛生體育和社會福利業的產值進行加總，再除以GDP得到社會基礎設施的值。open是反映經濟開放程度的變量。台商偏向於投資經濟開放程度高的地區，預測變量open的值對該地區台商投資具有正效應。wage是反映勞動力成本的變量。低工資水平曾是台商投資大陸區位選擇的重要因素。台商開始更加偏好效率工資而不是名義工資，工作效率低下會使台商付出的效率工資反而比僱傭高素質的人才來得高。awage反映中國大陸各地區職工平均工資水平。引入這個變量的目的是和效率工資變量作比較，分析以上台商偏好效率工資假設的正確性。stu是反映人才儲備的變量。由於近期台商投資大陸主要集中在以半導體和電子產品為主的高科技產業，台商投資的區位選擇傾向於那些高級人才儲備眾多並且供應穩定的地區，傾向於科學研究環境、教育體系相對完善、高級人才相對眾多的地方。假定高等學校在校學生數對台商投資具有正效應。

除傳統的變量因素外，還有反映集聚經濟和訊息成本的變量：indun、num01。大量實證研究證明，集聚經濟和訊息成本對台商直接投資的區位選擇有著重要的影響。台商企業在集聚經濟較強的地區投資，可以較好地解決產業配套問題，便於開展專業化分工協作，享受外部經濟的好處，節省交易成本。訊息成本也具有區域性，一些地區訊息成本較高，另一些地區則較低。在中國大陸，以下幾類地區的訊息成本較低：地區經濟中心、沿海地區、已經建立大量台資企業的地區、廠商可以享受優惠政策的區位③。Indun，即工業企業數，一個反映集聚經濟的變量。實證研究表明，新的企業傾向於建立在存在大量

生產活動的地區。假設工業企業數對台商投資具有正效應。num01是現有利用台資的水平變量。該變量既可測量集聚經濟水平，也可測量訊息成本的高低。為降低風險和利用外部經濟，台商在進行新的投資時，總是趨向於接近以往的合作廠商。眾多台商投資企業投資於某一地區使該地區的訊息成本大大降低，先前投資的台商企業可以作為潛在投資者收集當地經濟和商業訊息的來源。

有必要說明的是，政策環境因素也是台商投資大陸區位選擇的重要影響因素。但是，就目前而言，優惠政策對台商投資的吸引力較以前有所下降。一方面，隨著兩岸先後加入WTO，外資與內資平等對待的趨勢不可避免；另一方面，優惠政策的可模仿性很大，例如，對土地使用權出讓及稅收優惠政策等，各地並沒有太大的差異。由於政策因素不易量化，進行定量分析存在一定的困難，因而本文沒有將政策因素進行量化分析，而僅在定性分析中有所涉及。

（二）台商投資區位因素的數據來源

以上各解釋變量數據是根據2003年《中國統計年鑒》發布的2002年數據進行整理和處理而得。被解釋變量數據經台灣《投資中國》雜誌第100期和第119期提供的台商投資各省區的累計合約金額計算而得。應當說，它所提供的數據是較為可靠的，正如台灣《投資中國》雜誌社社長李孟洲所說：「我們必須逐一和所有省市聯繫，逐一找到各省市權威機關中的權威人士，請其提供數據，然後再拿對方所提供的數據，來和本社先前從文獻中掌握到的參考性數據作比對、論證，如果發現有較大的誤差，就必須再次和對方聯繫，以作再次論證或另尋數據來源。」④

（三）台商投資區位因素的計量模型

本文首先透過主成分分析，初步判斷各區位因素對台商投資區位的重要性，在此基礎上，利用多元迴歸分析，對各區位因素的重要性做進一步分析。無論是主成分分析，還是多元線性迴歸分析，都將被解釋變量和解釋變量取自然對數（虛擬變量除外），產生對數型變量後再進行迴歸。這樣變化的目的是將被解釋變量與解釋變量的非線性關係轉化成線性關係，還可以減少異常點以及殘差的非正態分布和異方差性。此外，模型迴歸係數可用於測定解釋變量對台商直接投資的彈性，可以較好地體現各區位因素對台商投資大陸區位選擇的重要程度。

　　多元迴歸模型形式為：lnantdi=a0+a1*lnX1+a2*lnX2+a3*lnX3+……+an*lnXn+ε（X1，X2，……，Xn為進入迴歸模型的各解釋變量）

三、台商投資區位因素的主成分分析

　　從計量經濟學的角度看，解釋變量相對於被解釋變量的重要性程度，並不能僅僅透過各變量對其解釋程度來衡量，但是，模型的解釋程度卻是衡量解釋變量對被解釋變量重要性程度的指標之一。因此，利用上述指標對各區位因素對台商投資的重要性進行判斷，有待於透過主成分分析來證實與修正。

（一）主成分的具體含義

　　根據上述各解釋變量和被解釋變量的數據，採用主成分分析模型，對台商投資的區位條件進行分析，所得結果如下表：

　　表2　台商投資區位因素的解釋變量相關係數矩陣

	GDP	pri	infra	third	open	wage	stu	indun	num01
GDP	1.000								
pri	0.772**	1.000							
infra	0.463**	0.625**	1.000						
third	0.091	0.376*	0.659**	1.000					
open	0.540**	0.667**	0.725**	0.634**	1.000				
wage	-0.443**	-0.393*	-0.494**	-0.315*	-0.441**	1.000			
stu	0.840**	0.530**	0.424**	0.024	0.268	-0.474**	1.000		
indun	0.920**	0.861**	0.518**	0.189	0.641**	-0.363*	0.692**	1.000	
num01	0.781**	0.750**	0.509**	0.275	0.778**	-0.355*	0.497**	0.832**	1.000

註：單側檢驗；**表示兩變量之間相關性在0.01水平上顯著，*表示兩變量之間的相關性在0.05的水平上顯著。

表2是各區位因素變量的相關係數矩陣。從表中我們可以看出，各變量之間的相關性非常高，基本上在0.05和0.01的水平上顯著。如果直接進行多元迴歸分析，會產生嚴重的多重共線性問題，因而有進行主成分分析的必要性。主成分分析的優點在於：透過對指標的線性變換，將原來的多個指標組合成相互獨立的少數幾個能充分反映總體訊息的指標，從而在不丟掉主要訊息的前提下，避開了各變量間的多重共線性問題，便於進一步分析。

表3　KMO檢驗和球形假設檢驗表

Kaiser-Meyer-Olkin Measure of Sampling Adequacy.		0.805
Bartlett's Test of Sphericity	Approx. Chi-Square	256.681
	df	36
	Sig.	0.000

表3是KMO檢驗和球形假設檢驗表，用於判斷各變量數據是否適合進行主成分分析。表中第一行是檢驗變量間偏相關性的KMO統計量，其數值為0.805，說明各變量之間的相關程度無太大差異，數據比較適合做主成分分析。第二行為球形假設檢驗的結果，檢驗的顯著程度為0.000，說明球形假設被拒絕，因此各變量間並非獨立，取值是有關係的，這與上面各變量相關係數矩陣提供的訊息相一致，說明數據是適合做主成分分析的。

在進行主成分分析時，本文以提取主成分的累積貢獻率在80%以上來決定保留的主成分的數量。運用SPSS軟體對各區位變量進行主成分分析，得到大陸31個省市10個解釋變量的特徵值和貢獻率。從表4可以看出，主成分分析的前三個主成分解釋了總變異的86.916%，已經達到了設立的標準，因而用這三個主成分替代以上10個解釋變量進行分析。

表4　特徵值及其貢獻率

主成分	特徵值	貢獻率（%）	累積貢獻率（%）
1	5.411	60.124	60.124
2	1.551	17.231	77.354
3	0.861	9.561	86.916

表5是主成分載荷與旋轉載荷矩陣，主要反映每個主成分主要由哪些解釋變量提供訊息。從因子載荷矩陣來看，幾乎所有解釋變量的訊息都集中在第一個主成分上，而第二、第三個主成分卻較難找到所代表的實際意義。因此，考慮透過適當的旋轉，改變訊息量在不同主成分上的分布，就可能為所有主成分找到合適的解釋。這裡採用方差極大正交旋轉法進行分析。從旋轉主成分載荷矩陣中可以發現，正交旋轉使各主成分的差異達到最大，載荷係數明顯分化，因而可以從解釋

變量向各主成分提供的訊息中，歸納出各主成分的具體含義。變量indun、num01、GDP、pri對第一個主成分的貢獻最大，這幾個解釋變量反映一個地區的集聚經濟和訊息成本以及市場發達程度，因而將第一個主成分命名為集聚和市場主成分；變量third、infra、open對第二個主成分的貢獻最大，因而可稱之為基礎設施和開放主成分；變量stu和wage對第三個主成分貢獻最大，這兩個變量是影響台商投資的勞動力方面的因素，因而將其命名為勞動力主成分。

表5　主成分載荷與旋轉載荷矩陣

	主成分載荷			旋轉主成分載荷		
	第一主成分	第二主成分	第三主成分	第一主成分	第二主成分	第三主成分
indun	0.905	－0.301	0.193	0.935	0.174	0.204
GDP	0.878	－0.435	－0.004	0.897	0.032	0.394
num01	0.863	－0.098	0.315	0.858	0.339	0.048
pri	0.884	－0.043	0.193	0.802	0.390	0.160
third	0.463	0.801	－0.018	－0.001	0.922	0.075
open	0.817	0.408	0.210	0.550	0.757	0.054
infra	0.760	0.447	－0.148	0.345	0.743	0.356
wage	－0.586	－0.125	0.698	－0.135	－0.347	－0.841
stu	0.701	－0.486	－0.364	0.636	－0.117	0.665

（二）主成分的特徵值

透過以上主成分分析，可以得出以下有關主成分特徵的結論：

1.集聚和市場主成分是吸引台商投資大陸的最主要因素。該主成分的特徵值為5.411，解釋變量的貢獻率最高，達60.124%。在集聚和市場主成分絕對值較大的載荷係數中，現有地區工業企業數、利用台資水平、市場規模、市場化程度變量的載荷係數均為正，說明一個地區集聚和市場發展水平越高，該地區對台商投資的吸引力就越大，並且投資增長效果明顯。

2.基礎設施和開放主成分是吸引台商投資大陸的第二層次因素。該主成分的特徵值為1.551，解釋變量的貢獻率為17.231%，明顯低於第一個主成分的貢獻率。在該主成分絕對值較大的載荷係數中，經濟、社會基礎設施完善程度和經濟開放因素的載荷係數均為正，說明完善的基礎設施建設和開放的經濟體系對台商投資的吸引作用。

3.勞動力主成分是吸引台商投資大陸的第三層次因素。該主成分的特徵值為0.861，雖然小於1，但是由於該主成分存在實際意義，且特徵值接近1，所以予以保留。解釋變量的貢獻率為9.561%，比第二個主成分稍低。在該主成分絕對值較大的載荷係數中，人才儲備的載荷係數為正，效率工資水平的載荷係數為負，說明一個地區的人才儲備對台商投資有正面影響，而效率工資對該地區吸引台商投資有負面影響，台商傾向於投資於人才儲備充足而效率工資較低的地區。

（三）各省市的綜合主成分得分

分析系統在判斷區位因素重要性的同時，也給出了將各解釋變量標準化後的主成分得分係數矩陣。有了主成分得分係數矩陣，就可以透過變換將各主成分表示為各標準化變量的線性組合，從而計算出各省市的標準化主成分得分。設定系統將各省市的標準化主成分得分存為新變量，進而將各省市的各主成分得分γi以方差貢獻率di為權數求和，得到各省市的綜合主成分得分：

$$Y_i = \sum_{i=1}^{3} \gamma_{ji} d_i$$

其中Yi為第j個省市的綜合主成分得分，γji為第j個省市的主成分得分，di為第i個主成分的方差貢獻率與三個主成分的總方差貢獻率之比。

綜合主成分得分反映了各省市對台商投資的綜合吸引力的評價。綜合主成分得分越高，說明該地區吸引台商投資的綜合環境越優越，

對台商投資該地區的吸引力越強。

表6　部分省市綜合主成分得分排序

名次	省市	綜合主成分得分
1	廣東	2.3362
2	江蘇	1.8087
3	浙江	1.2076
4	山東	0.8469
5	上海	0.6036
6	福建	0.5974
8	河北	0.1837
9	天津	0.1347
10	遼寧	0.0288
14	北京	-0.0354

以上是部分省市綜合主成分得分排序表。從表6中可以得出以下結論：

1.從總體上看，綜合主成分得分排名靠前的省市幾乎都集中在東部沿海地區，說明在目前以及未來一段時期內，東部地區仍然是台商投資的重點地區，因為東部地區有著比西部地區更為優越的綜合引資環境。

2.綜合得分最高的地區是廣東，長江三角洲地區的三個省市分別排在第二、三、五位，而福建排在第六位。長江三角洲地區省市綜合投資環境的上升部分解釋了台商投資北移的原因。廣東的綜合得分位居第一，說明廣東仍然是吸引台商投資的重點地區之一，只是由於投資產業和投資目的的不同，以廣東為主的珠江三角洲地區才在新一波的台商投資熱潮中不及長江三角洲地區。

3.值得注意的是，山東、河北、天津、遼寧、北京的綜合得分位居31個省市的第四位、第八至十位和第十四位。這五個省市正是環渤海經濟區的主要組成部分。這證實了目前眾多學者分析，環渤海地區將是台商下一階段投資的熱門地區。加上北京2008年主辦奧運會的契

機，環渤海地區在吸引台商投資方面的潛力不可低估。

四、台商投資區位因素的多元迴歸分析

主成分分析所得的結論，證實了根據各解釋變量的初步判斷。但是，有關這些變量對吸引台商投資的重要性，主成分分析沒有完成，因而有必要利用多元迴歸分析的方法，嘗試對三個主成分中各因素的重要性作進一步分析。

（一）集聚和市場主成分是影響台商投資大陸區位選擇的最重要的主成分

該主成分在反映集聚經濟和訊息成本的變量——工業企業數、現有利用台資水平和反映市場狀況的市場規模、市場化程度變量上的載荷係數較大。

在表7中，模型1是透過SPSS的全迴歸法（enter）對集聚和市場主成分的四個區位因素取對數後進行多元線性迴歸的結果。從中可以看到，雖然整個模型顯著並解釋了台商投資大陸區位選擇變化的67.4%，但是，在四個變量中，只有反映市場化程度的變量lnpri在0.10的水平上顯著，其他的變量均不顯著。觀察模型1各變量的容限度可以發現：變量lnGDP和lnindun的容限度分別是0.062和0.058，均小於判斷是否存在共線性問題的臨界值0.1，說明這兩個變量之間存在嚴重的共線性問題⑤。

表7　多元迴歸分析估計結果1

	模型1（enter）			模型2（stepwise）		
	非標準化回歸係數	標準化回歸係數	容限度	非標準化回歸係數	標準化回歸係數	容限度
常數	-2.775 (-1.026)		-3.674 (-1.386)			
lnGDP	0.618 (0.825)	0.346	0.062			
lnpri	1.865* (2.275)	0.461	0.265	1.730** (2.686)	0.428	0.433
lnindun	-0.042 (-0.059)	-0.026	0.058	0.761*** (2.898)	0.461	0.433
lnnum01	0.145 (0.660)	0.158	0.188			
F 值 AdjustR^2	16.506*** 0.674			31.569*** 0.671		

註：表中括號中表示各係數的t檢驗值；***表示在0.01水平上顯著，**表示在0.05水平上顯著，*表示在0.10水平上顯著；n=31。

為改善模型的多重共線性問題，我們利用SPSS軟體的逐步迴歸法（stepwise），對以上四個變量進行再次擬合，剔除多重共線性的影響⑥。模型2是採用逐步迴歸法計算而得的估計結果。從模型2中可以發現，四個變量中有兩個被允許進入模型，它們是lnindun和lnpri。模型2中採用lnindun變量代替了lnGDP，在兩個變量高度相關，同時使用會產生嚴重的共線性的情況下，系統將選擇對被解釋變量解釋程度高的變量lnindun進入迴歸模型。

模型2整體對台商投資大陸區位分布的解釋在0.01水平上顯著，調整後R2為0.671，擬合優度較高。解釋變量lnindun和ln-pri分別在0.01和0.05的水平上顯著，並對台商投資具有正的影響。兩者的標準化迴歸係數分別為0.461和0.428，說明以工業企業數為代表的集聚經濟是影響台商投資的最重要因素，市場因素次之。

（二）基礎設施和開放主成分對台商投資區位選擇的影響處於第二層次

該主成分在經濟、社會基礎設施完善程度和經濟開放因素變量上的載荷係數較大。對這三個變量取對數後對台商投資的影響進行多元迴歸分析，表8中模型3是三個變量都進入模型的輸出結果。模型3整體在0.01的水平上顯著，變量lninfra、lnopen和lnthird對台商投資區位變化的解釋分別在0.01、0.05和0.10的水平上顯著。從迴歸係數的符號來看，變量lninfra和lnopen的係數為正，與假設相同，但是lnthird的係數符號為負，與假設不符。觀察系統給出的模型3的多重共線性檢驗表，發現模型3存在較為嚴重的多重共線性問題，可能是由於多重共線性導致了lnthird迴歸係數符號的變化⑦。模型3中變量lninfra、lnopen和lnthird的標準化迴歸係數分別為0.602、0.436和-0.347，說明經濟基礎設施的完善程度是這三個變量中最重要的變量，之後是經濟開放和社會基礎設施變量。

表8　多元迴歸分析估計結果2

	模型3（enter）		
	非標準化回歸係數	標準化回歸係數	容限度
常數 lninfra lnthird lnopen	-12.796*** (-3.447) 1.191*** (3.986) -4.244* (-1.964) 0.815** (2.251)	0.602 -0.347 0.436	0.682 0.499 0.415
F值 AdjustR^2	12.388*** 0.532		

註：表中括號中表示各係數的t檢驗值；***表示在0.01水平上顯著，**表示在0.05水平上顯著，*表示在0.10水平上顯著；n=31。

以上分析可以得出以下結論：基礎設施的完善程度是吸引台商投

資的重要因素之一，便捷的交通可以大大降低台商的運輸成本，方便快捷的通訊網絡可以降低台商的交易成本，而全面完善的社會服務體系可以為台商的持續經營提供切實的保障，因而台商傾向於投資那些基礎設施完善的地區；經濟開放程度對台商投資也具有正的影響，但對台商投資的吸引力不如基礎設施因素明顯。

（三）處於影響台商投資區位選擇第三層次的勞動力主成分，在人才儲備變量和效率工資變量上的載荷係數較大

對這兩個變量取對數後進行迴歸分析，結果如表9。

表9　多元迴歸分析估計結果3

	模型4		
	非標準化回歸係數	標準化回歸係數	容限度
常數 lnstu lnwage	−6.795（−0.827） 1.109***（3.499） −0.545（−0.825）	0.576 −0.136	0.756 0.756
F 值 AdjustR^2	10.431*** 0.386		

註：表中括號中表示各係數的t檢驗值；***表示在0.01水平上顯著；n=31。

模型4整體在0.01的水平上顯著，lnstu對台商投資變化的解釋也在0.01的水平上顯著，而lnwage對台商投資的解釋沒有通過檢驗。兩個變量的符號都符合假設，說明人才儲備越多的地區台商投資越多，台商傾向於投資效率工資較低的地區。從模型的標準化迴歸係數來看，lnstu和lnwage的標準化迴歸係數分別為0.576和-0.136，說明人才儲備變量比效率工資變量對台商投資來說更重要，這是由近期台商投資大陸

的高科技產業取向所決定的。

效率工資變量對台商投資的解釋不顯著，說明台商對大陸投資的區位選擇中，工資水平的高低已不再是台商優先考慮的因素。目前台商對高素質的科技、管理人才需求較大，對非熟練勞動力的需求則處於次要地位。但總體來說，台商還是希望投資地區有較低的效率工資水平，以降低台商投資的生產成本，變量ln-wage的迴歸係數符號為負可以證明這一點。

（原載《廈門大學學報（哲社版）》，本文略有修改）

註釋：

①解釋變量採用的是2002年的年度數據，理論上2002年台商對大陸各省區投資的年度數據分析更符合建立模型的要求。但由於《投資中國》雜誌對台商投資大陸的兩次調查時隔一年半，因此只能採用2002至2003年上半年這一年半的數據來替代年度數據。

②《1994年世界銀行發展報告：為發展提供基礎設施》將經濟基礎設施定義為「永久性的工程構築、設備、設施和它們所提供的為居民所用和用於經濟生產的服務，包括公用事業（電力、管道煤氣、電信、供水、環境衛生設施和排汙系統、固體廢棄物的收集和處理系統）、公共工程（大壩、灌渠和道路）以及其他交通部門（鐵路、城市交通、海港、水運和機場）」。將經濟基礎設施之外的其他基礎設施定義為「社會基礎設施」，通常包括文教、醫療保健、社會服務等方面。

③魏後凱、賀燦飛、王新：《中國外商投資區位決策與公共政策》，商務印書館2002年版，第131頁。

④李孟洲：《揭開台商投資大陸的數字謎底》，台灣《投資中國》2002年第6期。

⑤多重共線性問題會使得模型中參數估計的精確性降低，因而不能正確地判斷各解釋變量對被解釋變量的影響的大小，甚至會出現部分迴歸係數的符號不符合經濟理論的情況，使迴歸分析結果趨於不穩定。

⑥在逐步迴歸中，設定如一個變量進入模型能夠使模型對台商投資的擬合優度提高且變量的F顯著性概率小於10%，則該變量進入模型；反之，將該變量排除出模型，不採用該變量。

⑦採用逐步迴歸法對模型3進行擬合，只有lninfra進入模型，結果與一元迴歸分析相同，故沒列出迴歸結果。

大陸台商的現狀、特點及作用

李非

在大陸投資的台商，是兩岸社會中的特殊群體。在經濟利益的驅動下，他們紛紛前往大陸投資設廠，拓展企業的發展空間，或直接受僱於企業，擔任投資項目的經營和管理人員。由於這一群體的經濟利益與大陸的經濟發展緊密相聯，他們在穩定兩岸關係中發揮著重要的作用，在實現祖國完全統一中扮演著特殊的角色。

一、大陸台商的現狀

台商在大陸的投資和發展，是從1980年代開始起步，90年代日益增多，至21世紀初期形成相當規模。台灣島內有限的經濟資源和空間，要求台商將視野擴大到海峽西岸，透過融合併吸納大陸的資源，拓展台灣經濟的發展空間，為其產業升級與貿易轉型開闢一條出路。

（一）台商的發展和過程

在大陸投資的台商，從早期的零星分散，到後來的區域集中，初步形成具有一定規模的社會聚集群體。

1. 起步階段（1981-1991）

80年代初期，在大陸投資的台商，為規避台灣當局的政策管制，多以迂迴的方式進行「投石問路」，或化明為暗，或化整為零，表現出隱蔽、零星、分散等特徵，其數量和規模有限。至80年代中期，以台灣當局開放民眾赴大陸探親為突破口，在大陸投資的台商開始由暗轉明，數量逐步增加。許多台商把大陸沿海地區作為加工出口基地，以「台灣接單、大陸生產、香港轉口、海外銷售」的模式進行投資活動。至90年代初，大陸台資企業約3500家，台商數量大致有5萬人的規模。

2. 擴張階段（1992-1999）

以1992年鄧小平南巡講話和中共「十四大」確立社會主義市場經濟發展方向為契機，台商在「求發展、逐利潤」的強烈驅動下，採取各種不同方式，擴大對大陸的投資。當年新增台資企業6430家，協議金額達55億美元；翌年更突破1萬家，達到創記錄的100億美元。台資企業在深度和廣度上都出現新的變化，不僅產業形態不再限於加工出口業，而由勞力密集型擴展到資本密集和技術密集型，更重要的是，台商透過在上海等地設立投資據點，占領大陸市場的商務活動不斷出現。至90年代末，大陸台資企業約43500多家，台商數量大致約有60萬人的規模。

3. 高潮階段（2000-）

　　世紀之交，台商在大陸的投資活動形成新的高潮，不僅數量大幅增加，而且集聚規模不斷擴大。台商從以往單打獨鬥轉為集體合作，從單純的委託加工變為邀請衛星工廠共同參與，聯合上、中、下游相關配套產業一起投資，投資動機也改採積極的產銷策略，從最初的「跑、帶」戰略，轉變為「生根」戰略，簽約期限一般都在40年以上。至2003年年中，大陸台資企業約62350多家，台商數量大致約有100萬人的規模。

　　從台商在大陸的發展過程中可以看出，從80年代中後期從事下游工業生產的中小台商大量湧入大陸東南沿海地區設立加工出口基地，到90年代供應原材料的中上游工業生產廠商不斷進入大陸拓展市場空間，再到21世紀初期以電子訊息產業為主的高新技術廠商紛紛到大陸投資設廠，都顯示台商與大陸經濟發展的關係越來越密切。

（二）台商的數量和規模

　　在大陸投資的台商數量，由於其流動性大，一直沒有準確的統計數字，大多是來自各方的估計和測算。要掌握台商的數量，首先要瞭解台商投資的基本情況，從中推測出台商的規模和特點。

　　對歷年台商投資，無論是企業數，還是資金額，兩岸所公布的統計數據存在明顯的差距。根據台灣「經濟部投資審議委員會」的統計資料，截止2003年7月，台商對大陸投資累計為32792件，核准投資額322.58億美元，平均單項投資額為98萬美元；而國家商務部的統計數據顯示，大陸共批準台商投資62351項，協議投資金額668億美元，平均單項投資額107萬美元，大約是台灣統計的2倍左右；台商的實際到資額為360億美元，略多於台灣核準的投資額。可見，台商一般是以實際

投資額向當局申請「報備」或「報批」的。兩岸統計數據出入的主要原因,是台灣「經濟部投審會」以「事先核準」和「事後報備」兩種類別作為統計依據,其中存在許多漏洞,大大低估了實際數量。

從實際狀況看,至少有以幾種情況無法統計:一是事先未經「核準」、事後又沒「報備」的台商未統計入內。如前所述,台商進入大陸始於80年代初,然而在整個80年代,台灣當局禁止任何台商對大陸的投資行為。雖然後期政策從禁止轉為默許,但遲至1990年10月才公布《對大陸地區投資及技術合作管理辦法》,正式開放台商赴大陸的間接投資,並要求台商報批或報備。由於對當局政策存有疑慮,相當部分台商不報或少報。二是部分台商透過滯留海外的資金投資大陸。從90年代初起,台灣當局有限度地開放台商赴大陸間接投資,但是,在政策上仍設置種種障礙。一些台商為了規避政策限制而不按當局的有關規定辦理手續,往往以低報出口貨價和高報進口貨價等方式,將資本滯留海外,然後轉向大陸。三是許多台商利用在大陸投資的盈餘進行再投資。先期到大陸投資的台商大多獲得豐厚的回報。他們當中許多將投資利潤用於擴資、增資,而此部分資本由於源於在大陸的經營活動,基本上沒有向台灣當局報備或報批。四是一些台商透過國際融資對大陸進行投資。由於台灣當局對大型廠商到大陸投資限制更嚴,一些集團企業為了搶占大陸市場,透過迂迴的方式,繞過政策禁令,從國際資本市場上籌措資金,進行對大陸的投資活動。

兩岸對在大陸投資台商的統計數據雖然有所出入,但是,從中也可以看出有兩點是大致接近的:一是台商對大陸投資的平均單項規模都在100萬美元左右。這說明:從總體上看,台商仍然以中小企業主為主體。二是台灣「經濟部投審會」的統計數據雖然小於大陸公布的數據,但可與大陸的實際到資額進行比較和參考。相對而言,國家商務部的統計數據不僅具有權威性,也比較準確,大致反映了在大陸投資台商的實際情況。

在掌握台商投資數量的基礎上，對台商的估算就有了相對可靠的依據。根據對閩南金三角地區台商投資基本情況的調查，台商每投資100萬美元，設立1家企業，平均每家台資企業有老闆或代理人1-3人，聘請台籍經營管理人員5-8人，家屬3-6人，僱傭大陸員工100多人。據此推算，在大陸6萬多家台資企業中，共有100多萬台商，其中：企業主或代理人約10萬人左右，占10％；聘請的台籍經營管理人員約50多萬人，占50％；台商家屬約20萬人，近占20％；其他台籍人員，包括自由職業者、正在尋求職業者等，約10多萬人，占10％。

二、大陸台商的特點

台商在大陸的投資活動，基本上是以經濟利益需要為動力，以廠商聯合協作為形式，其特點主要表現在：投資活動的集中性、投資企業的規模化、經濟收益的普遍性以及政治態度的可塑性。

（一）台商投資活動的集中性

隨著台商在大陸的發展，其投資行動、行業分布和地域分布的集中性日趨明顯。

1. 投資行動的集中性

台商的投資經營活動已從過去個體分散行動，發展到數家產業關聯的台商群體聯合行動，往往是上、中、下游相關配套或連鎖的項目共同投資，或由一個龍頭企業帶動一批相關企業前來投資，形成「衛星」體系。在沿海地區，台商的聯合、集中行動更為明顯，如台商「慶豐集團」落戶廈門後，從台灣帶進10多家零配件生產廠商。台商

的聯合投資行動，推動了台商企業朝生產一體化、產品系列化、行業配套化的方向發展。

2. 行業分布的集中性

台商投資和經營的領域，從80年代以輕紡為代表的勞力密集型產業，到90年代以石化為代表的資本密集型產業，再到21世紀初期以電子資訊為代表的技術密集型產業，主要集中在製造業領域。截止2002年底，台商在製造業投資的項目占批準項目的75%以上，具體涉及電子及電器、食品及飲料、塑膠製品、紡織、機械、化工、建材等行業；農業所占比例較低，主要是養殖業和園藝等；服務業比例有所提高，主要是娛樂服務、交通運輸、商貿等行業，比例不到20%。近年來，台商企業在大陸沿海地區經濟中心城市設立分公司或代表處不斷增多。

3. 地域分布的集中性

台商的地域分布主要集中在從珠江三角洲到長江三角洲的東南沿海地區，但有向內陸擴散的趨勢。從具體分布地區看，上海（20多萬人）、廣東（20萬人）、江蘇（20萬人）是台商的主要聚集地，各占總數的20%左右，合計約占60%；福建（10多萬人）、浙江（不到10萬人）等省也是台商的重要聚合地，各占總數的10%左右，合計約占20%；北京、天津、山東、河北、遼寧以及內陸的四川等省市，日益引起台商的興趣，聚集數量不斷增加，合計約20萬人，占總數的20%左右。可見，長江三角洲（50萬人）和珠江三角洲（20萬人）集聚了約70%左右的大陸台商。台商聚集初步形成以上海為中心，沿海區域中心城市為輻射點，環大陸沿海外凸弧形地帶為輻射面的分布格局。

（二）台商投資企業的規模化

台商投資企業的規模化主要表現在：投資形式獨資化，投資項目大型化，企業經營集團化。

1. 投資形式獨資化

台商投資從早期以「三來一補」以及合資、合作等形式為主，逐步轉向以獨資經營形態為主。至2003底，在批準的6萬多家台商企業中，獨資約4萬家，占近三分之二。從核準資本額度看，台商投入獨資企業的資金近500億美元，占總額的三分之二以上。可見，大部分台商選擇獨資經營形態，自主管理，自負盈虧。

2. 投資項目大型化

近年來，台商投資大型項目不斷湧現，從原來多為百萬美元以下，發展到數百萬、數千萬、數億以至十多億美元，如廈門翔鷺、正新輪胎、中華映管、東南汽車等投資額均達數億美元。目前，實際投資規模在1000萬美元以上的台商投資項目達1000多項，投資規模在1億美元以上的超過50項。

3. 企業經營集團化

台商從中小企業到集團企業，從民間資本到公營資本，都紛紛涉足大陸，尤其是經常出現以同業公會為主的組團訪問，以及以大台商為主體的大規模集團化、組合性投資。在台灣排名前100大企業中，約有70%來過大陸進行工商考察和經貿洽談，並有一半以上在大陸投資

設廠。據台灣「中華徵信」統計，台灣上市、上櫃公司赴大陸投資的數量占總數的40%。較具代表性的台商有：水泥業的台泥、亞泥，食品業的統一、頂新，石化業的南亞、台塑，紡織業的遠紡、中紡，汽車業的中華、裕隆、慶豐，電子業的宏碁、鴻海、華碩、大眾，機械業的巨大、美利達，運輸業的長榮、陽明，百貨業的震旦行、好又多、太平洋等。

（三）台商經濟收益的普遍性

在大陸投資的台商獲得了明顯的經濟效益，主要表現在：

1. 台商投資效率高

台商投資效率普遍較高，其主要衡量指標——到資率、開工率和履約率等均表現良好。據統計資料顯示，台資企業協議投資額累計約668億美元，實際到資金額360億美元，到資率為54%；在總數6萬多家台資企業中，已開工的企業達4萬多家，開工率近70%；有5萬家台資企業都按規定履行合約，資金如期到位，履約率在80%以上。

2. 企業經濟效益好

「落戶」大陸的台商投資企業普遍盈利。根據2002年的統計資料顯示，台資企業，包括獨資、合資、合作等形式的企業經濟效益普遍較好，盈利面在60%以上，其中投資經營工業生產項目為主的台商企業盈利面高達70%以上。台商之所以不斷擴大在大陸的投資與生產，主要是由於其經濟效益較為明顯。根據台灣「經濟部」的調查資料，在大陸的台灣電子訊息企業的收益要好於全部在大陸的台資企業，也

好於全部在海外的台灣企業。據台灣「證期會」統計，在前往大陸投資的島內上市公司中，以電子業的獲利最豐，在整體獲利中，電子業占了70%。

3. 台商增資擴產多

從已投產的台資企業看，相當一部分台商增資擴產勢頭強勁，顯示其紮根大陸的信心。在已開業的4萬家台商企業中，有6000多家增資擴建，約占六分之一，平均每家增資100萬美元以上，累計增資超過60億美元。一批台商透過擴大生產規模、新辦企業以及帶進配套項目等方式進行增資，逐步朝集團化、規模化經營方向發展。據分析，台商增資主要來源於投資盈利，也不乏證券融資。如廈門的三德興、正新橡膠、燦坤電器、翔鷺石化等一批重點台商紛紛增資擴產。

（四）台商政治態度的可塑性

在大陸投資的台商在政治態度上，既表現出多樣性，又表現出複雜性，因而具有一定的可塑性。

1. 多樣性

台商的政治態度表現出多樣性的特徵。從統獨的角度看，基本上呈現「中間大、兩頭小」的「橄欖球形」結構。客觀地看，現階段主張國家統一的台商尚不在多數；主張「台灣獨立」的台商也基本上屬於少數；主張維持現狀、「不統不獨」的台商還居大多數。目前，處於「中間派」勢力的人群，是台商社會群體中的主流，而處於統、「獨」兩端的人群，均尚未構成主流勢力。相對而言，大陸台商主張

統一的勢力,還是多於主張「台獨」的勢力。

2. 複雜性

台商的政治心態是相當複雜的。除了少數政治態度明確、主張統一或主張「台獨」的兩個群體外,在多數主張維持現狀的「中間派」勢力中,還可以分出兩類人:即反對「台獨」和反對統一的兩個群體。目前,反對「台獨」的居大多數,反對統一的居少數。這四類人的政治心態各異,複雜多變,具有明顯的不確定性等特點。因此,做台灣人民工作,尤其是做台商的工作,是一項長期、艱巨而又大有可為的工作。

3. 可塑性

台商的政治態度是多變的和可塑的。大多數台商沒有明確的政治信念,一般是以經濟利益為取向。雖然目前主張統一的台商不在多數,但是,並不等於未來主張統一的台商仍是少數。根據調查顯示,在大多數主張維持現狀的台商群體中,主張未來走向統一的台商居於多數,而主張未來走向「台獨」的台商居於少數。基於這一基本的判斷,在關係到大是大非、人心向背的統「獨」問題上,我們在做台商工作時,應採取不同的策略對待四類台商群體:大力支持「主張統一」的台商群體,積極、主動地團結「反對『台獨』」的台商群體,儘可能地爭取、轉化「反對統一」的台商群體,想方設法地分化、瓦解「主張『台獨』」的台商群體。透過努力,使未來主張統一的台商越來越多,主張「台獨」的台商越來越少,從而使國家統一成為人心所向、大勢所趨。

三、大陸台商的作用

台商作為游離於海峽兩岸之間的一個特殊的社會群體,由於其經濟利益與大陸的經濟發展緊密相聯,在實現祖國完全統一中的作用是顯而易見的。這主要表現在以下三個方面:

(一)兩岸關係發展的促進者

台商在增強兩岸民眾互信、穩定和發展兩岸關係、促進國家統一中,發揮著重要的作用。

1. 兩岸民眾溝通的中介者

兩岸民眾由於被長期人為隔離,彼此之間缺乏互信,甚至在台灣當局的反面宣傳下,還存在一定的敵意。台商作為經常往來於兩岸的社會群體,對大陸社會、經濟、文化等各個層面的認識相對較多,無形中會把大陸改革開放和現代化建設的訊息帶給台灣民眾,使台灣民眾瞭解到大陸社會經濟發展的大好成果,從而增強台灣民眾對大陸的向心力。因此,台商在大陸投資,有利於加強兩岸民間交往和溝通,化解政治對立的態勢,增加兩岸互信和瞭解,從而有效地遏制島內的分離主義傾向,為國家和平統一創造有利的民意基礎。

2. 兩岸關係穩定的支持者

大多數在大陸投資的台商是做長期「紮根」經營的打算。台商投資企業屬於生產性直接投資的項目居多,固定資產投入在其總投資中占有相當的比重。出於維護經濟利益的考慮,他們不僅衷心希望兩岸

關係能夠穩定發展，而且強烈要求兩岸實現全面直接「三通」。若台灣當局在分離主義道路上越走越遠，勢必造成兩岸關係持續緊張，影響兩岸經濟交往，從而直接損害到他們的經濟利益。因此，可以肯定地說，台商即使可能暫時不贊成馬上統一，但是，他們絕大多數是希望能夠在一個相對安全、穩定的政治環境中投資發展，而兩岸關係維持現狀、保持和平的局面，無疑是一種明智的現實選擇。

3. 未來祖國統一的擁護者

台商的行為準則基本上是在市場經濟條件下依據比較利益決定的。儘管目前多數台商仍主張維持現狀，但是，在將來，如果國家統一、國家壯大能夠給大多數台商帶來更大的經濟利益、更多的商業機會和更大的發展空間，相信大多數台商的行為會轉為贊成和擁護統一的。正是由於絕大多數台商以經濟利益為取向，只要統一有利於台商擴大企業的發展，他們沒有理由不支持統一，保守地說，至少不反對統一。

（二）兩岸經濟交流的推動者

在目前政治關係持續緊張而經濟關係日趨熱絡的逆向發展中，只有進一步發展兩岸經濟關係，增強大陸經濟對台灣經濟的吸引力，才能為國家和平統一創造有利的經濟條件。台商作為兩岸經濟交流的推動者，在加強兩岸經濟聯繫中扮演著重要的角色。

1. 促進台灣經濟對外循環轉向大陸

台商在大陸的投資活動，加強了兩岸經濟聯繫，使兩岸之間形成

互補、互利的經濟合作關係。在台商投資的帶動下，台灣經濟轉型出現新的變化，對外經濟循環已從過去「日本提供技術—台灣加工生產—外銷美歐市場」的舊「三角模式」，轉變為「日本進口—台灣設計—大陸加工—美歐銷售」的「四角模式」。這是近10年來台灣經濟發展的重要原動力，也是兩岸經濟關係發展的基本形態。21世紀初期，隨著大陸市場經濟的崛起，台灣經濟對外循環模式進一步向「日本進口—台灣設計—大陸加工與銷售」的新「三角模式」轉化，對大陸的市場依賴度進一步加深。從長遠趨勢看，隨著台商投資規模的不斷擴大，這種依賴關係最終將走向「雙環模式」，即逐漸演變為直接運用大陸技術和市場的「大陸—台灣」之間的經濟循環。

2. 增強大陸經濟對台灣經濟的吸引力

在台商投資的帶動下，兩岸貿易關係從80年代轉口貿易的起步，到90年代前期轉運貿易的興起，再到90年代後期過境貿易的發展和「準直接」貿易形態的出現，逐步向直接形式轉變。從1992年起，大陸一直是台灣最重要的貿易順差來源地，至2003年10月，累計達2000億美元。台商投資驅動下的兩岸貿易，在很大程度上影響以至左右台灣的國際收支。如果扣除台灣在兩岸貿易中享有的順差，台灣外貿順差（同期為1100億美元）將轉為嚴重的逆差（600億美元）。台灣對大陸順差的收益，正好彌補了對日本逆差的缺口（同期為1700億美元）。台商投資不僅為台灣方面創造了巨大的貿易利得，而且使兩岸之間建立起相互依存的貿易關係。據台灣有關經濟研究機構評估，兩岸經貿對台灣經濟增長的影響度已達30-40%。目前，大陸已成為台灣最大的貿易夥伴、最大的出口市場和第三大進口來源地；台灣也成為大陸第四大貿易夥伴和第二大進口來源地。隨著台商投資大陸的不斷深入，兩岸貿易規模也將進一步擴大，2003年將突破500億美元，其中

台灣貨物輸往大陸將達400億美元，大陸貨物輸往台灣將超過100億美元。

可見，台商在大陸的投資，不僅有利於促進台灣經濟轉型和產業升級，而且有利於促進兩岸區域經濟合作，增強大陸對台灣的吸引力，加深兩岸經貿的依賴度，從而縮小兩岸經濟差距，為祖國和平統一奠定堅實的經濟基礎。

（三）大陸經濟發展的貢獻者

國家統一是一個長期而艱巨的過程。大陸只有不斷加強自身的經濟實力、科技實力和軍事實力，才能在日益激烈的國際競爭中發展壯大，從而使兩岸關係不斷朝有利於國家統一的方向發展。台商投資對大陸的社會經濟建設和綜合國力增強是有益的，尤其是沿海地區外向型經濟的發展，台商的貢獻是顯著的。

1. 增強區域經濟實力

台商在大陸投資的不斷擴大，有利於東南沿海地區經濟的快速發展。目前，台商是大陸第三大外來投資者，投資金額僅次於港資和美資；若包含透過第三地，如維爾京群島、百慕大等地投資的台商，無疑是第二大外來投資者。台商投資總額、生產總值、涉外稅收、出口創匯，均約占外商投資企業的一成左右。在台商集中的廈門市，台商的貢獻更為顯著。至2003年，已有上千家台商企業開業投產，工業產值約400多億元人民幣，占全市工業產值的三分之一以上，其增長量占全市增長總量的一半左右；出口創匯占全市出口貿易總額的三分之一。隨著台商投資的不斷深入，在大陸進入納稅期的台資企業越來越多，涉外稅收不斷增加。台資企業生產出來的產品有數萬種，上百萬

個規格，其中不乏世界名牌，在一定程度上填補了當地工業產品的空白。

2. 增加當地就業機會

台商在大陸的投資，有利於當地社會經濟的穩定和發展。台商投資企業以勞力密集型生產性企業居多，給資本輸入地提供的就業機會相對較多。從就業人數看，在已開業或開工的4萬多家台商企業，台商僱傭員工約500多萬人，平均每家企業僱傭員工120多人。如果加上為台商投資項目基建的工人以及為台商提供生產、生活配套服務的員工，那麼台商投資則為大陸提供近1000萬人的就業機會。這些員工全年的工資總額約1000億元人民幣，其在社會上消費形成的商業利稅也達上百億元。

3. 帶來無形的經濟影響

台商在大陸的投資，不僅帶來了有形的資產設備，而且還帶來了相對先進的生產技術，更重要的是，促進了當地企業員工經濟觀念的變化。台商精明的投資理念、成熟的市場觀念、先進的管理經驗和發達的經營模式，既直接影響受僱於台商企業的本地管理人員、技術人員和普通工人，又間接影響噹地其他企業的從業人員，提供了一個可以借鑑的發展模式，從而帶來了良性的經濟競爭環境，促進當地市場經濟條件的變化。

總之，台商是順應歷史發展潮流、遵循市場經濟規律而來大陸投資和發展的，其結果造就了兩岸經濟互補互利、共同繁榮的雙贏局面，創造了兩岸關係穩定發展和民間交往溝通的有利條件，從而為實現祖國完全統一和中華民族振興發揮應有的作用。

（原載《廈門特區論壇》）

大陸台資企業本土化經營的動因、方式與影響

張傳國

　　台資企業本土化經營是指台資企業為參與競爭，提高產品競爭力，追求利益最大化而採取的一系列充分利用當地資源以貼近當地市場的企業經營舉措。大陸有廉價的生產要素、廣大的市場及豐富的科學研究資源和基礎研究，為台資企業經營本土化，提升產品競爭力，提供了充分的可利用的資源。台資企業自踏入大陸之日起，其本土化問題就產生了，隨著大陸台資企業的增多，其經營本土化日趨明顯，從最初的採購、生產、人才與管理的本土化逐步發展到市場與營銷、研究開發、利潤與融資等各種方式的本土化。本土化經營已成為大陸台資企業普遍採用的經營策略，是大陸台資企業最顯著的特徵。

一、台資企業本土化的動因

（一）外部動因

　　從台資企業外部環境看，台資企業本土化經營是經濟全球化與兩岸經濟一體化趨勢的客觀要求，同時，大陸也存在台資企業本土化經營的環境與條件。

　　1.國際經濟區域性、全球化發展趨勢是台資企業本土化經營的外在推力。近年來，特別是近十年來世界經濟區域化、集團化發展趨勢日益成為潮流，世界各主要跨國公司紛紛將生產基地轉移至大陸，大

陸正在成為全世界的製造業中心。在新形勢下，本土化經營可提升台資企業在全球經濟抗衡中的競爭地位，是台資企業應對全球化競爭的必然選擇。

2.兩岸存在台資企業本土化經營的客觀條件與環境。兩岸經貿合作互利、資源優勢和產業分工互補，存在台資企業本土化經營的客觀條件。大陸持續快速的經濟增長、日益完善的法律法規、豐富的自然資源和廉價的智力資源以及巨大的市場需求，為大陸台資企業本土化經營提供了十分廣闊的發展空間與環境。

（二）內部動因

從台資企業本身看，本土化經營是在競爭壓力之下，為了對大陸市場做出快速反應而採取的應對措施，是對大陸市場所做出的適應性調整。具體來講，主要表現在：

1.台資企業本土化經營有助於在當地樹立企業形象

台資企業在大陸的成功發展，離不開當地政府的支持。要贏得當地政府的讚賞和支持，企業需要有良好的企業形象。台資企業在大陸本土化經營，利用當地的各種資源，有助於提高企業在當地的知名度與企業形象。當地政府也往往把是否實行人員、採購、研發、利潤等方面的本土化，作為判斷該企業對當地是否有利的一個重要標準。有了良好的企業形象，贏得了當地政府的支持，企業才能獲得更強的適應能力，避免各種不確定性。

2.台資企業本土化經營有助於貼近並占領大陸市場

大陸加入世貿組織以後，巨大的市場令世界矚目，國外跨國公司加快了進駐中國的步伐，大陸企業也迅速成長，大陸市場競爭日趨激烈。台資企業只有實行本土化經營，以第一時間研發、生產滿足當地消費者需求的產品，才能在日益激烈的大陸市場占據一席之地。

3. 台資企業本土化經營有助於降低企業的綜合生產成本

大陸勞動力資源豐沛，工資低廉，原料、土地租金便宜，且工廠用地取得較為容易，實行本土化經營可充分利用這些廉價的生產資源，降低企業的綜合生產成本，提高產品的競爭力，保持企業的競爭優勢。

4. 台資企業本土化經營有助於企業融合當地民俗文化

台資企業進入中國大陸，儘管語言相通，但大陸各地風俗習慣不同，存在消費者品位與偏好的差別，這成為企業融入當地社會的一大障礙。台資企業要在大陸永續發展，就必須努力克服這一障礙，主動融合當地民俗文化。實行本土化經營，特別是利用當地的員工，能很好適應當地文化風俗習慣和環境差異，實現與當地文化的融合。這其實也是世界著名跨國公司普遍採用的做法。

二、台資企業本土化的方式

台資企業在大陸發展的實踐表明，台資企業本土化經營有多種方式，其主要方式有：採購本土化、生產本土化、人才與管理本土化、

營銷與市場本土化、研發本土化、利潤本土化與融資本土化等等。但各種本土化方式均服從服務於台資企業利潤最大化這一總目標，本土化是大陸台資企業的一種主要競爭策略。

（一）採購本土化

採購本土化是大陸台資企業為適應大陸市場激烈競爭的需要，在當地採購原材料與零部件以降低生產和經營成本，提高產品競爭力的重要經營策略。

以前「三來一補」的經營方式決定了台資企業採購設備和原材料以進口為主，在大陸採購的比重較低。近年來，隨著相關產業上下游企業的先後跟進和大陸企業綜合水平的不斷提高，這種狀況發生了很大變化，大陸低成本的原材料或零部件日益被台資企業所青睞，台資企業在大陸採購的力度不斷加大。

從大陸台資企業的整體採購來源看，據台灣「經濟部」的調查與台灣工業主管部門不同年份的調查，大陸台資企業生產所需要的半成品、零部件及原材料有逐步採購本土化的趨勢。近年來，由台灣島內廠商提供原材料的比重降至50%以下，越來越低於台商在當地就地取材的比重。1998年大陸台資企業原材料來自台灣的比例為50%，1999年降為43%，零部件與半成品來自台灣的比例，1998年為53%，1999年降低至46%，而由大陸當地提供原材料、零部件與半成品的比例，1998年分別為38%和40%，1999分別上升為45%與47%①。目前大陸台資企業的採購狀況較1999年已發生了很大變化，在大陸採購的比例已大幅提高，早已超過了50%。從占主導地位的大陸高科技台商的採購情況看，高科技台商利用已在大陸形成的產業供應鏈，使用當地台商、大陸廠商提供的原材料、零組件與半成品的比例也逐年上升，採購本土化已成為大陸高科技台商的重要發展趨勢。2002年台北市電腦公會的

調查顯示，大陸高科技台商由大陸提供原材料、零組件與半成品來源比例為50.7%，低於全體台商的平均比例。

（二）生產本土化

生產本土化是指台資企業為充分利用大陸廉價的原材料、勞動力等生產要素，提高產品競爭力，而將生產基地移至大陸的企業經營策略，是台資企業向外拓展的最直接體現。

在經濟全球化的浪潮下，大陸已經成為全球製造業的必爭之地，國外不少跨國企業紛紛搶進大陸建立生產基地。台商把生產基地移至大陸，既能及時搶占先機，進行市場布局，也能充分利用大陸的原材料、勞動力等生產要素，降低綜合生產成本，擴大在大陸的生產規模，實現企業向外拓展的目標。另外，在國際跨國公司戴爾、索尼、康柏等將大陸作為生產基地的背景下，為其代工生產的台灣廠商把生產基地向大陸拓展或轉移，也是台灣企業家的必然選擇。因此，在新形勢下，越來越多的台商逐漸把企業的生產基地向大陸轉移是大勢所趨。

90年代中期以前，向大陸轉移生產基地的主要是島內傳統產業。90年代中期以後，作為島內支柱產業的電子資訊業也加速向大陸轉移。目前，將生產基地向大陸轉移的台灣廠商幾乎涉及包括食品、塑膠、製藥、家電、輕工、機械、紡織、化工、建材、電子訊息等各行各業。

台灣電子訊息業在開始進入大陸時，大多以加工出口為主，生產本土化程度明顯低於傳統產業的台商。伴隨電子資訊逐漸成為台商投資大陸的主流②，台商群聚效應的出現以及大陸訊息產業的高速增長，台灣電子資訊業的生產本土化趨勢日益明顯。據台灣一項調查顯

示，台灣高科技廠商已有三成到大陸投資設廠，有九成計劃在未來幾年內前往大陸投資生產。目前已形成了以東莞、深圳、廣州、中山等地為代表的華南地區與以上海、崑山、蘇州、吳江為代表的華東地區，兩大台灣電子訊息產品的主要生產加工基地，同時這兩個地區也是全球電子訊息產品的生產加工基地。

從硬體產值看，目前電子訊息業的硬體產值在大陸的生產比重已超過台灣。台灣訊息硬體產值在大陸生產的比重由1995年的14%上升到2000年（481億美元）的38.6%，同期島內生產比重由72%下降為49.1%③。2001年台灣電子資訊硬體產值在大陸的生產比重已上升到40%以上，2002年進一步擴大到49.4%，同期島內製造的比重迅速將至38.4%（見表1）。2002年台商在大陸的電子資訊硬體產值已超過台灣④，突破200億美元⑤。

表1　台灣訊息硬體產業產值與生產比例　單位：億美元、%

年份	1994	1995	1996	1997	1998	1999	2000	2001	2002
總產值	145.8	195.4	250.3	301.7	337.8	394.0	480.7	426.9	──
台灣	79.4	72.0	67.9	62.6	57.0	52.7	49.1	47.1	38.4
大陸	──	14.0	16.8	22.8	29.0	33.2	38.6	41.2	49.4

資料來源：張冠華，步入轉型期的台灣訊息電子產業，台灣研究，2002年第3期，48頁；台灣：經濟日報，2001年64頁；台灣：經濟年鑒，2002年第9頁。

從具體產品看，作為90年代台灣訊息硬體產品的主力產品，2002年大部分已移至大陸生產，如台式機、主板機、掃描機、監視器、光碟機等在大陸生產的比重都已超過五成，許多產品大陸生產的比重高達八成以上，個別產品高達九成，如滑鼠在大陸的生產比重為95%，電源供應器、鍵盤、掃描儀的比重分別為90%、86%、85%。新興起的液晶顯示器產業在大陸的生產比重也迅猛增加，據台灣資訊工業策進

會的資料，2002年液晶顯示器在大陸生產的比重已由2001年的28.4%迅速增加至69.4%⑥。

（三）人才與管理本土化

人才與管理本土化是指大陸台資企業基於勞動力成本的考量，大量使用大陸當地的普通員工、技術人員以及部分經營管理人員的企業經營策略。人才與管理本土化為台資企業深入瞭解大陸市場的消費文化、消費需求和生活習慣提供了有益的幫助，縮短了台資企業與大陸各地消費者之間的距離，使台資企業更富當地色彩，其產品更易被當地消費者所接受。因此，人才與管理本土化是台資企業推行本土化經營策略的最重要一環。

大陸的人力資源素質較高、工資低廉，直接聘用大陸當地的人員，既可減少使用島內經營管理人員的巨額工資成本和各種額外負擔，又可充分利用大陸低工資的優勢，對降低台資企業的經營成本是顯而易見的。伴隨台資企業生產的本土化與在大陸內銷市場的擴大，人才與管理本土化趨勢將更加明顯。

另外，人才與管理本土化對台資企業的長遠發展也有重要意義。人才與管理本土化不僅能激發當地其他員工的工作熱情，穩定人心和職工隊伍，而且也是企業吸引大陸高素質人才的重要途徑。如大陸的台灣新代公司，非常重視人才與管理的本土化，企業吸引了大批當地的管理人員，推動著企業不斷發展壯大，成為企業的最可珍惜財富與持續發展的不竭源泉。

（四）市場與營銷本土化

市場與營銷本土化就是台資企業立足大陸市場，力圖融入並努力

成為大陸市場中的一員所採取的企業營銷策略。

　　大陸加入WTO後,市場準入放寬,增加了台資企業內銷的市場份額。台商由重生產加工製造、外銷轉為更注重內銷領域,各行業的台資企業紛紛在大陸增資,廣設批發或零售據點,力求在大陸的內銷市場占據一席之地。如康師傅在大陸有超過200個銷售據點,2002年營業額超過2.3億美元,穩坐大陸茶飲料市場寶座⑦。從總體看,2001年台商大陸投資的整體產業在大陸銷售的比例已達47.8%,除紡織與電子製造業外,各行業在大陸的銷售比例都在40%以上(見表2)。

　　表2　2001年台商大陸投資各產業銷售地區所占的平均比例　單位:%

產業別	回銷臺灣	大陸銷售	產業別	回銷台灣	大陸銷售
食品及飲料製造業	5.5	45.4	機械儀器製造業	8.0	56.3
紡織品及服飾品製造業	16.8	15.3	電子及電器製造業	11.0	37.3
橡膠、塑膠製品製造業	4.7	44.7	雜項工業	9.3	68.1
皮革皮毛及其製品製造業	3.8	69.4	服務業	12.2	64.1
木竹及紙及紙製品製造業	3.2	40.3	整體產業	8.8	47.8
金屬及礦產物製品製造業	6.5	45.7			

　　資料來源:蔡宏明,2001年台商投資及大陸內銷市場拓展意見調查報告,台灣:工業雜誌,2001年12月。

　　台資電子產業也開始注重大陸的內銷市場。目前已有多家知名計算機公司將大陸作為其開拓市場的首要目標。如宏碁電腦業在大陸建立起了為數眾多的連鎖專賣店,有500家經銷商,7個經銷店與1500家連鎖店。據2002年3月台北市電腦公會與《數位週刊》聯合發布的《2002高科技台商赴大陸投資調查》顯示:將有八成以上的台商增加在大陸的內銷比重。

（五）研發本土化

所謂研發本土化是指台資企業為滿足大陸市場的特殊需求，在大陸設立研發機構，利用當地優秀人才和科學研究設施進行產品的研究與開發，生產具有當地特色新產品的企業經營策略。

台資企業研發本土化的根本動力來自大陸日趨激烈的市場競爭。台資企業要在大陸市場保持競爭優勢，就必須充分利用大陸的研發資源，根據大陸當地的文化風俗與市場環境、實際與潛在需求，研發生產符合大陸市場需求的新產品，即推行產品研發的本土化戰略，以實現大陸優秀人才與當地特殊市場需求之間的對接。

研發本土化是台灣企業利用大陸科技人才和良好的科學研究設施，克服島內高科技研發與產業發展瓶頸，提高自身研發水準和發展高科技產業的最佳捷徑。台灣基礎研究和高科技研究及前瞻性研究薄弱，科學研究科技人才匱乏，尤其高科技領域的高級科學研究人才更是奇缺，科技產業缺少自創品牌的能力，成為制約台灣高科技及其產業發展的最大瓶頸之一。而大陸經過50多年的發展，培養了大批的科學研究和科技人才，科學研究和高新技術碩果纍纍，有很多世界一流的科學研究成果，在通訊、航天、基因研究、軟體開發、網際網路等高技術領域都勝過台灣。大陸眾多的科技人才和良好的科學研究設施為台資企業實現研發本土化提供了重要條件。

目前，台資企業正積極利用大陸的科學研究和科技人才，採取策略聯盟、分工合作、合資經營、專題委託大陸研發等方式，研發新技術、新產品，掀起了台商與大陸合作研發的熱潮。與此同時，台灣島內的研發中心也加速向大陸轉移。有資料表明，島內的新興支柱產業——訊息產業，特別是大型訊息廠商，在製造業西移後，為了滿足大陸市場的特定需求，實現對市場變化的快速反應，研發中心加速向大

陸轉移。英業達是最早在大陸設立軟體開發據點的公司，除此以外，宏電、神達、名氣、仁寶、大眾、華邦、廣大、華碩等台灣知名科技企業也紛紛在大陸設立技術研究所與技術開發公司、研究與開發試驗中心、IC設計中心及軟體發展基地，利用大陸的高科技人才，開發設計新產品。目前已有100多家台資軟體公司在大陸建立了軟體研發中心。目前上海、北京與西安等地，因其教育及人才優勢，成為台資企業設立研發基地的首選地。

（六）利潤本土化

利潤本土化是指台資企業把在當地獲得利潤的大部分用於當地的擴大再生產，是台資企業擴大經營規模的重要途徑。由於利潤本土化在擴大當地子公司經營規模的同時，也擴大了大陸當地的就業規模，因此，大陸各級政府都歡迎台資企業實行利潤本土化戰略。

台商在大陸投資具有土地與勞動力成本優勢，並可獲得「免三減四」等稅收減免優惠，越來越多的大陸台資企業處於盈利狀態，許多大陸台資企業已成為島內母公司盈利的主要來源。如東莞的裕元集團由上世紀90年代初的1000多萬美元、1家工廠發展到在東莞、中山、河源、珠海建有企業10家，企業員工3萬多人，投資總額數億美元的規模；鴻海在大陸有28家公司，2002年收益達45億美元，據台灣上市公司之冠⑧；華新麗華2001年度大陸廠獲利是台灣母廠的九倍；2001年旺旺集團的獲利及營收有90%來自大陸市場等等。

這些台資企業為適應大陸市場快速擴展的需要，不斷將大陸公司獲得的利潤用於當地的擴大再生產。同時，大陸各級政府也把台資企業利潤的本土化作為擴大吸收台資規模的重要途徑，積極為企業利潤的本土化創造條件，加速了台資企業利潤本土化的步伐。

（七）融資本土化

　　融資本土化就是台資企業為解決發展過程中的資金短缺問題，而採取的在大陸當地融資的企業經營策略，是台資企業解決資金短缺問題的有效途徑。在大陸投資的台商以小型企業居多，企業融資主要來自台灣島內，在1990年代約占80%，在大陸當地融資的比重較小。伴隨大陸台資企業數量的增多，規模的擴大，企業融資的需求日益增大，原有的融資方式越來越不能滿足企業發展對資金的需要，加之台灣金融業受台當局政策制約在大陸發展嚴重滯後，使得融資問題成為大陸台資企業經營發展的最大問題。據報導，廣東東莞市現有台資企業1.4萬家，其中3000多家企業的資金缺口多達百億元人民幣，嚴重阻礙了當地台資企業的發展。

　　近年來，「台灣接單、大陸生產、香港出口」的「三來一補」型的大陸台資企業正在被「大陸接單、大陸生產和大陸直接出口」的「三資企業」型的新模式所取代，這種新變化使台資企業在大陸融資成為可能。另外，隨著台商在當地設廠年限的延長，台資企業與當地企業和銀行互動性的增強，以及大陸入世所帶來的金融市場的開放，台資企業周轉資金籌措與運用的本土化比重將會明顯增加。目前，大陸台資企業在當地的融資比例已超過15%，且有持續上升之勢，大型台資企業較中小企業存在融資優勢，在當地融資的比例會更高。

　　從高科技台資企業看，據島內學者研究，高科技台資企業由母公司籌措資金的比例偏高，企業融資的本土化程度較低。1998年有關調查結果顯示，高科技台資企業的資金近六成仍由島內母公司提供，由大陸銀行、外資銀行及中方合資提供的比重約為40%⑨。據2002年台北市電腦公會的調查，2001年79.1%的高科技台資企業在大陸投資的資金仍由台灣匯入，17.7%的台資企業由大陸公開市場取得資金，14.7%的台資企業在海外公開發行公債籌集資金。可見，高科技台資企業資金

來源更依賴島內提供，其融資本土化程度低於其他台資企業。

（八）其他本土化方式

除上述提到的台資企業經營本土化的幾種方式外，台資企業還根據大陸各地的具體情況實行了其他幾種本土化方式，如為了更好地滿足大陸當地的消費習慣與習俗，而實行的「產品本土化」；如為處理好與當地政府的關係，力求保持與當地政府目標的一致性，而實行的「投資決策本土化」；為與當地社會文化相適應，根據當地消費者需要和支付能力等因素為產品準確定位，而實行的「企業文化本土化」等等。總之，台資企業根據當地的實際情況、當地消費者的不同消費需求、當地政府的不同取向以及產品特色等各方面的因素而實行不同方式的企業本土化經營策略，使企業更具適應能力，產品更具市場競爭力。

三、台資企業本土化的影響

台資企業在大陸本土化經營，對其自身發展而言，拉近了台資企業與大陸消費者之間的距離，促進了台資企業與大陸當地政府之間的關係協調，提高了台資企業的適應能力與產品的競爭力，對企業的生存與發展具有重要意義；對兩岸經貿關係而言，台資企業本土化經營，一方面使得大陸的「純台資」企業越來越少，台商與大陸的關係更加複雜與密切，另一方面推動了兩岸貿易與產業分工由垂直分工向水平分工的轉化，推動與深化了兩岸之間的貿易關係與產業分工關係，對兩岸經貿關係有著積極的影響；對大陸而言，台資企業本土化經營也同樣產生了深遠的影響，主要表現在以下幾個方面：

（一）加速了台資的流入

台資企業多為中小型企業，企業的生產分工很細，需要上下游企業的密切配合。為了適應台資企業經營本土化的要求，相關的上下游台商會相互跟進，在大企業所處的地域形成較為完整的產業供應鏈，這種集聚一旦形成，只要不出現外部負效應的話，會像「滾雪球」一樣持續下去，當地的台資規模會持續增長。根據中國前外經貿部公布的統計數據，截至2002年3月，台商在大陸的投資累計已達5.2萬項，協議金額550億美元，實際到資360億美元。就連兩岸肆掠的SARS疫情都不能阻止台商投資大陸的步伐，2003年1至5月，台商對大陸投資項目數與投資金額分別為797項與17億美元，分別較去年同期增長了55.66%與43.69%⑩。

（二）拓寬了當地的就業渠道

台資企業本土化經營的明顯好處是緩解了大陸的就業壓力。利用大陸廉價的勞動力資源是台資企業提高其產品競爭力的重要手段，這種目標取向決定著台資企業本土化存在就業效應，而且這種就業效應日趨顯著。根據高長的研究，1995年大陸台資企業僱用員工約390萬人[11]；李非認為，1999年大陸台資企業僱傭員工約820萬人[12]；目前，大陸台商投資較1999年已有大幅增長，相應地，台商僱用的大陸員工會更多，如果再加上為台資項目基建的工人以及為台資企業、台商提供生產、生活配套服務的員工，那麼，台資企業所提供的直接與間接就業機會將更多。

（三）培養了大量企業經營管理人才

台資企業實行人才本土化策略，客觀上對大陸人才隊伍的形成造成了積極的作用。為了保證人才本土化的實行，部分大型的台資企業建立了較為完備的培訓體系。全面系統的員工培訓制度，既提高了企業員工的素質，又在某種意義上為大陸未來的發展儲備了豐富的人才資源。目前，台資企業已成為大陸現代工人和管理人員的搖籃之一，它們在大陸僱用大批中下層乃至上層的企業管理人員參與企業的經營管理，這使這些人有機會學習先進的管理方式，熟悉市場經濟的運行機制，提高了這些管理人員的經營管理能力。這些新型企業管理人員在大陸的流動必將帶動先進管理經驗在大陸的傳播，從而加速大陸經濟融入國際市場的步伐。台資企業的人才本土化將對大陸工業的發展和企業的現代化產生深遠影響。

（四）增加了與當地企業的合作機會

　　本土化迫使台資企業針對大陸市場的特點進行調整和變革，以建立新的競爭優勢，在這個過程中會遇到一系列資源約束和能力不足的問題，要培養和建立本土化的資源和能力需要時日，但市場競爭又迫使台資企業迅速做出反應，這就為台資企業與大陸當地企業的合作提供了可能性。台資企業一般會選擇對大陸市場的需求特點有較為深入瞭解，且積累了較為豐富的市場經驗，並建立了比較完善的銷售網絡和售後服務體系的大陸企業作為合作夥伴，以實現優勢互補。

　　（原載《台灣研究》）

　　註釋：

　　①資料來源：台灣「經濟部」，製造業對外投資實況調查，2000年，網址：http://www.coa.gov.tw/。

　　②陳健興：《台商投資大陸出現新格局》，新華社北京2002年4月

4日電。

③台灣《工商時報》2000年6月27日。

④台灣《經濟日報》2002年4月30日。

⑤李非：《兩岸及如世界貿易組織對台商投資的影響》，《WTO架構下的兩岸經貿關係論文集》，2002年9月。

⑥台灣《經濟日報》2002年4月30日。

⑦《台港澳情況》2003年第23期，第40頁。

⑧台灣《經濟日報》2003年6月4日。

⑨高長：《製造業赴大陸投資經營當地化及其對台灣經濟之影響》，台灣《經濟情勢及評論季刊》2001年6月。

⑩資料來源：中國中央電視台第四套海峽兩岸節目，網址：http://www.cctv.com/lm/523/91/86025.html。

[11]高長《兩岸經貿關係之探討》，台灣天一出版社1997年版，第128-145頁。

[12]李非：《21世紀初期海峽兩岸經濟關係走向與對策》，九州出版社2002年版，第34頁。

第六篇　閩台關係與海峽西岸經濟區建設

在閩台經濟互動中推進海峽西岸經濟區的建設

鄧利娟

　　由於特殊的地理與歷史原因，台灣因素一直是影響福建社會經濟發展的重要因素。而建設海峽西岸經濟區的戰略構想，正是把福建省的社會經濟發展放到海峽區域性的格局中進行構架，充分體現了福建發展的這一特色與潛力。從這個角度來看，閩台經濟合作顯然是建設海峽西岸經濟區發展戰略的重要組成部分。

一、閩台經濟合作與海峽西岸經濟區

　　作為區域經濟的發展，海峽西岸經濟區建設的成效一方面將取決於經濟區內部各種經濟資源的有效整合，產業結構的有效調整布局，以提高自身整體實力；另一方面則將取決於能否最大限度地有效利用區域外部的各種經濟資源。就後者而言，加快閩台經濟合作對於福建的經濟發展有著特殊的重要意義，它是支撐海峽西岸經濟區的重要支柱。

　　從當前中國東南沿海區域經濟發展格局看，福建的北邊有以上海為龍頭的長江流域，其經濟實力雄厚、技術水平高，將成為中國最大的經濟中心；福建的南邊則有以深圳、廣東為重心的珠江三角洲，其

經濟蓬勃發展,並隨著港澳回歸祖國、CEPA機制的啟動,正加快粵港澳經濟的一體化步伐。夾在南北兩大經濟區之間的福建,由於歷史與現實的種種原因,與它們的經濟聯繫相對較為薄弱,因此不容易從它們的經濟起飛中獲取較大的利益。這種形勢決定了海峽東岸的台灣因素作為福建尋求新發展的資源,具有極其重要的地位。

閩台之間不僅擁有一水之隔的地理區位優勢,而且由於經濟發展的階段性差異,兩地經濟發展的互補性十分突出。這是加強閩台合作發展的深厚基礎。2003年,台灣的國民生產總值（GNP）為2959億美元、人均GNP為13157美元,分別約是福建的5倍與7倍。產業結構方面,2003年台灣第一、二、三產業結構比為1.8：30.4：67.8,而福建則為13.5：47.6：38.9。對外貿易方面,2003年台灣外貿總額2714.29億美元,其中,出口1441.80,進口1272.49億美元；而同年福建外貿總額353.35億美元,其中,出口211.40億美元,進口141.95億美元,閩台外貿總額相差7.68倍,出口相差6.82倍,進口相差8.96倍。這種經濟發展的差異性使閩台兩地形成了資源、市場、勞動力諸生產要素高度互補的結構性關係,如果閩台經濟合作關係能夠達到較高水平,對福建經濟的起飛、海峽西岸經濟區的建成無疑會造成至關重要的作用。

事實上,從較長遠的發展眼光看,「海峽西岸經濟區」仍屬於發展階段的概念。閩台經濟合作的深入發展,會在推動海峽西岸經濟區建成的同時,促進閩台之間經濟的融合,進而為閩台兩地形成同一經濟區域奠定基礎。一個包括海峽西岸與東岸的「海峽經濟區」的最終建成將是歷史發展的趨勢。屆時,「海峽經濟區」將與珠江三角洲與長江三角洲形成三足鼎立之勢,從根本上提升中國東南沿海的整體經濟實力,從而明顯增強中國參與東亞乃至世界範圍的區域經濟合作能力。

二、閩台經濟合作面臨的挑戰與機遇

閩台經貿交往自1979年恢復發展，20多年來兩地的合作發展已取得十分可喜的成就。截至2004年2月底，福建對台貿易總額達312.8億美元，其中進口275.65億美元，出口37.19億美元，台灣已成為福建第三大貿易夥伴和第一大進口來源地。在台商投資方面，至2004年4月止，福建省共批準台資企業項目7804項，合約台資141.4億美元，實際到資100.7億美元。台資成為福建省的第2大境外資金來源。但在兩岸經濟合作總體格局中，近年閩台經濟合作的發展在全國已處落後狀態。2003年在台灣核準的對大陸投資金額中，江蘇省占48.13%（包括上海）；廣東省占26.69%；浙江省占7.89%，而福建省僅占6.39%。造成這種局面的主要原因，一方面是隨著大陸對外開放的進程以及台商對外投資產業構成的演變，台商考慮經濟腹地大小、市場輻射能力及產業結構的配套等因素，將投資大陸的重心由珠江三角洲及福建沿海轉向以上海為中心的長江三角洲是必然趨勢，另一方面則是福建省自身投資軟硬環境未能跟上兩岸經濟合作的發展形勢。

福建要實施海峽西岸經濟區新戰略，就必須扭轉當前閩台經濟合作相對落後的局面。而要做到這一點，除了下大力氣改善自身投資環境外，關鍵是要從實際情況出發，揚長避短，依照比較利益原則重新認識自己在對台經濟合作中的優勢所在，以取得對台經濟合作的最佳效益。

其一，挖掘閩台產業合作的獨特優勢。隨著台灣島內產業結構的調整，高科技產業逐漸成為台商投資大陸的主流，這從理論上說是有利於閩台高科技產業合作發展的。但是受制於現階段福建經濟規模偏小，市場輻射能力有限，以及基礎工業較薄弱，產業配套能力不強等因素，福建吸引台商投資高科技產業的競爭力難免會持續落後於長江三角洲與珠江三角洲地區。而從比較利益原則出發，福建對台產業合作的主要優勢應是特有的地理區位及與之相關的產業，如農業、貿易業、港口業、旅遊業及海洋產業等。如果福建能重視與兄弟省市的區

隔性，充分發揮自身對台的區位優勢與發展潛力，建立起在全國有特色的區域產業結構，無疑有助於閩台經貿合作突破現階段的瓶頸，而獲得持續發展的新動力。

其二，創造新的政策優勢。雖然「入世」後，福建原有對台政策優勢進一步弱化，「特區不特」的趨勢更加明顯，但新形勢也為福建創造新的政策優勢提供了一定的空間。大陸「入世」後，進一步開放市場，特別是服務貿易市場，服務貿易領域勢必成為包括台商在內的外商爭相投資的焦點。福建儘管現階段服務業發展相對滯後，但其自然與社會經濟條件卻是十分有利於服務產業的發展。福建除了自身下大力氣吸引包括台資在內的外資促進福建服務產業快速發展外，還可以利用中國承諾的服務貿易業開放是一個循序漸進、逐步開放的過程，爭取中央的支持，繼續實行特區「先行先試」的政策，提早創造機會、創造商機。在吸引海外資金的政策導向上，糾正過去較偏重製造業而忽略服務產業的現象，積極創造吸引台資的新優勢、新增長點。

其三，把握兩岸形勢造成的獨特機遇。2000年島內民進黨上台執政後，台灣當局由於堅持「台獨」政治立場，一直在兩岸直接通航等問題上設置障礙，儘量拖延兩岸經濟關係正常化的進程。現在台灣新一屆的「總統」大選已經落幕，陳水扁再次獲得險勝。但因選舉過程疑雲重重，選後引發了朝野強烈對抗與大規模的社會抗爭運動。無論這次紛爭的最終結果怎樣，由於島內「藍、綠」勢均力敵的政治生態，台灣很難擺脫動盪不安的政局，而兩岸關係也難在短期內從根本上改善。這種局面不利於兩岸總體經貿關係的發展，但卻在客觀上造成閩台經貿關係發展的一定機遇。一方面，台灣當局雖然頑固抗拒全面直接「三通」，但迫於島內經濟發展的困境及經濟全球化區域化的壓力，對兩岸經貿政策也陸續採取若干小幅度開放措施，並與福建直接相關，如擴大推動金馬地區與福建地區的經貿直接往來；擴大現有

「境外航運中心」的範圍與功能，逐步開放兩岸貨物通關、入境，實現局部性的直接「三通」；在高雄港設置自由貿易港區，在「境內關外」的特殊區域中大幅放寬物流、金流與人流的限制。這些都為居於海峽西岸的福建提供了對台經貿合作的難得時機。另一方面，現階段福建作為兩岸經貿交往的前沿地帶，仍有一定的對台區位優勢，如擁有全國唯一的以客商來源命名的四個台商投資區、全國僅有的兩個直航試點口岸等等。然而這些機遇與優勢均非長久性的，當兩岸實現全面直接「三通」的全方位開放後，它們便將趨於弱化或消失。因此，福建要樹立危機意識與緊迫感，充分把握與挖掘對台的現實優勢與潛在優勢，盡快促進閩台經濟合作上新台階。

總之，現階段閩台經濟合作發展是挑戰與機遇並存，而有區域特色的閩台經貿合作則是發展閩台關係的新優勢、新增長點。

三、加快閩台經濟合作發展的對策思路

（一）強化對台通商口岸地位，把福建建成兩岸區域物流重要通道

福建的地理位置與港口條件均十分有利於其成為台灣對大陸貿易的集散地及大陸東南地區對台貿易的主要出海口。福建應及時抓住目前兩岸形勢造成的難得時機，全力推動對台貿易，進一步強化對台通商口岸的地位，改變過去閩台經貿合作中重投資、輕貿易的傾向。首先，積極創造條件，主動利用現有「金馬直航」等渠道，一方面擴大與金馬乃至台灣本島的人員往來，使之成為兩岸人員往來的便捷通道；另一方面開展對金馬的貨運直航，爭取大陸貨物直接進入島內市場，同時爭取台貨從金馬中轉運往福建，以解決在閩台資企業急需的模具、樣品、零配件等供應問題，進而透過建立大型倉儲和配送中

心，把福建與金馬之間建成兩岸區域物流重要通道。第二，放寬台商設立商貿企業的條件，吸引台灣貿易商、經銷商、代理商及倉儲企業進入福建。第三，根據台灣島內市場供求狀況，有規劃地建立對台出口生產基地，同時，大力鼓勵與扶持台資企業產品返銷島內，保證對台出口規模不斷擴大的後勁。第四，繼續辦好每年一度的「台交會」與「投洽會」，想方設法將其辦得更有特色、更有成效。

（二）大力發展港口經濟，把福建發展成為大陸對台航運基地

閩台貿易能否順利發展擴大，物流能否通暢，相當程度上取決於閩台交通狀況。而目前兩岸這種局部直航實現而全面直航尚需時日的情況，確實為福建發展成對台航運基地創造了極為有利的條件。為此，福建除了積極擴大攬貨渠道，增加閩台通航的貨源外，要加快福州、廈門港口軟硬設施的建設，擴大港口吞吐能力，加快陸路、水路、航空等基礎設施的建設，使之形成海、陸、空相配套的便捷通達的立體交通網絡，努力使福建的經濟腹地向長江三角洲、珠江三角洲以及江西等內陸地區拓展，使福建成為兩岸經貿交往、人員往來和貨物流通的集散地。在此過程中，要充分發揮台資的力量發展福建港口經濟，大力吸引台資從事港口基礎設施建設，引進台資發展港口企業。

（三）積極拓展閩台產業合作，建立有特色的區域產業結構

1.促進高層次的閩台農業合作。農業合作不僅是閩台經貿關係中較具優勢與特色的項目，而且已有良好基礎。今後要抓住「入世」後

台灣農業將加快外移的機遇，把重點放在引進台灣農產品加工技術上，以加快提高福建農產品的附加價值及出口的擴大。同時，加強閩台農業科技交流與合作，促進福建農業現代化與產業化的進程。

2.盡快啟動閩台海洋產業合作。閩台兩地共同擁有資源豐富的台灣海峽，一起開發台灣海峽的生物資源、礦物資源及海水資源等，對兩地經濟發展都具有積極的戰略意義。在台資加快流向大陸的過程中，福建應積極鼓勵引導台商共同勘探海底資源，共同海上捕撈以及發展民間傳統貿易，加快福建海洋產業的發展。

3.大力發展特色閩台旅遊業。福建擁有獨特的對台旅遊資源，如能加以充分開發與利用，將很有希望使旅遊業成為國民經濟的新增長點。現階段「金馬直航」實施後，金廈兩地的旅遊經商已有限度地開放，台灣當局進一步開放大陸人士赴台旅遊經商也勢在必行。這些均為福建開發對台旅遊資源提供了極好的機會。福建應抓緊推動相關工作：（1）加強對台宣傳促銷力度，大力拓展台灣客源市場。（2）把握政策先機，引導台商投資高層次旅遊業，吸引台商投資或合資開發有較大影響的旅遊項目，如金廈海峽旅遊觀光線等。（3）突出區域特色，大力開發「台」字特色旅遊項目。

（四）逐步推進廈門經濟特區轉型為自由貿易區

廈門是海峽西岸中心城市之一，過去20多年中在全省對外開放與對台經濟合作中發揮了十分重要的「窗口」與「基地」的作用。在新形勢下若能適時推進廈門特區轉型為自由貿易區，無疑會對福建實施海峽西岸經濟區戰略產生十分重要的帶動作用。

廈門港口具有設立自由港的自然條件與社會經濟條件，經過20多年的努力建設，廈門經濟特區已形成了一套較為完善的經營和管理模

式,為轉型成自由貿易區奠定了較好基礎。如果廈門能夠逐步轉型為自由貿易區,不僅可以有效帶動全省的對外開放,還能在新形勢下繼續發揮廈門在對台經濟合作中的獨特作用。(1)實質推動兩岸直接「三通」的進程。廈門原來就有金馬「小三通」與直航試點口岸等局部性的兩岸直接經貿往來渠道。高雄自由貿易港區的設立將進一步增加廈門與台灣直接經貿往來的機會。如果及時設立廈門自由貿易區與高雄相對接,必將加快兩岸「三通」進程,並擴大兩岸經貿直接、雙嚮往來的範圍。(2)可作為建立兩岸「CEPA」的實驗區。構建類似大陸與港澳CEPA的兩岸經貿合作機制是當前加強兩岸經濟合作的有效措施,但台灣當局出於政治立場採取拒絕態度。因此,兩岸建立類似CEPA的合作機制難以一步到位,需要一個由點到面、由小到大的長過程。如果廈門建成自由貿易區,就可以逐步與高雄自由貿易港區以及金門島聯接起來,建立區域性自由貿易區,試行「CEPA」相關的措施,而後再逐步擴大到大陸其他地區與全台灣島,最終建成類似CEPA的海峽兩岸自由貿易區。

(原載《亞太經濟》)

入世後閩台農業面臨的挑戰和對策

趙玉榕

加入世界貿易組織給福建和台灣農業的發展都帶來了不同程度的影響,但同時也為福建與台灣的農業發展和交流合作提供了良好的契機。福建應該明確和牢牢抓住自身的現實優勢和潛在優勢,透過在對台農業交流中準確定位,把閩台農業合作推上新的水平,實現農業經濟的更快發展。

一、台灣農業應對入世的承諾和對策

（一）關稅減讓和市場開放

加入WTO後，台灣的農產品市場將更為開放，具體的承諾體現在逐年削減關稅、非關稅和境內補貼等農業保護措施關稅化以及按照WTO的規範儘可能大地開放農產品市場。台灣農產品的平均名目關稅入世前為20.06%，入世後第一年調至14.1%，後逐步調至12.9%，除137項「敏感產品」在2004年以前採取關稅配額方式外，大多數農產品將在2002年底完成降稅。原先採取管制進口和限制地區進口的41種農產品將分別採取限量進口和關稅配額方式進口，此外還有包括水果、蔬菜和禽畜產品在內的18種產品開放自由進口。與WTO規範相悖的各項農產品補貼措施也將逐漸削減。

入世給台灣農業所帶來的影響是大範圍的。農產品進口量的增加和農業失去以往的保護，使台灣農業面臨前所未有的衝擊。在1000多種農產品中，受影響較大的有稻米、花生、紅豆、椰子、香菇、乾金針、大蒜、茶葉、豬肉、雞肉、蛋、乳品以及水產品。據估計，即使排除大陸農產品進口的影響，入世後5年內台灣農業產值將減少12%（740億元新台幣）；估計有8萬公頃農地將轉向非農業用途或閒置；3年內每年將有2至3萬農民面臨轉業，5年內這一人數將達到10萬。目前農業就業人口呈現高齡、低學歷的特點，55歲以上者占40%，中學以下學歷者占80%，加上其他產業同樣受到入世的影響，農業就業人口到非農業部門再就業的機會有限。農業勞動力的出路問題是當前台灣農業的主要憂慮。

（二）應對政策

入世後，台灣將大幅度地放開市場，不具競爭力的產業和產品存在極大的生存危機，要想在強大的競爭環境下維持農業的增長，透過調整農業的產業結構和產業升級轉型來增強農業的整體競爭能力成為必然。綜合產業、農地資源和勞動力資源三方面進行規劃，台灣農業部門制定出一套詳細的政策，主要內容有：

1. 產業調整對策

農業的產業政策從以提升生產力為核心轉變為以提升競爭力為主軸，農業的發展方向界定為「以知識的市場化與商品化，提高農產品的附加價值，增加農民收入」。具體包括以下八個方面：

——透過推動農業策略聯盟，以基層農民團體為核心，輔導農業產銷班企業化經營，配合先進的資訊技術，達到提高農業規模經濟效應的效果。同時利用農業特有的生產、生活和生態多功能優勢增進農業與其他產業間的聯盟，將農業知識、資訊及文化作有效的整合，達到有效利用資源的目的。

——以市場為導向，著力發展高附加價值的食品工業，使農民從食品加工、運銷和外銷等方面獲得更多的利潤。

——發展有潛力的精緻農業來提升農業的競爭力，選擇市場潛力大，具有技術優勢和本土特色的農產品項目進行重點開發。例如種苗、花卉、有機米、熱帶水果、觀賞魚、土雞和肉豬。

——健全農業資訊體系，將先進的資訊科技應用到農業的管理和服務之中，台灣已建立農產品行情報導資訊系統，設立有72處的行情報導站，及時提供蔬菜、水果、毛豬、水產品家禽及花卉等六大農產品的批發市場交易行情及市況分析，同時還建立了查詢系統，方便農戶瞭解最新的農業生產動態，獲得最新的訊息。

——透過落實商品條碼化、分級標準化和包裝規格化，建立農民團體運銷策略聯盟等措施，拓展更多元化的農產品行銷通路，促進農產運銷現代化。

——根據農、漁、牧各項產品因進口增加可能發生的價格波動的程度，實施相應的價格穩定措施。

——透過強化疫情檢測和風險評估、減少畜禽產品農藥殘留，加強動植物防疫檢疫。

——對14種敏感農產品（花生、東方梨、蔗糖、大蒜、檳榔、雞肉、液態乳、動物雜碎、紅豆、乾香菇、柚子、柿子、乾金針及豬腹肉）採取特別防衛措施，即當該產品當年的進口量超過基準數量或進口價格低於基準價格10%以上時，課徵額外關稅。

2.農業生產資源調整對策

因部分不具競爭力的農產品在入世後要減少種植面積，以及農業勞動力的大量轉業，估計至少會有10萬公頃以上的農業用地將不再作為農業用地。對這部分土地進行有效的管理和合理的運用，台灣目前採取的是「總量管制，開發許可」的原則，即按土地生產力的大小進行區位規劃，分別劃定農地的主要用途，既確保農業用地的需要量，又能使有限的農地資源得以允分利用。針對農業勞動力的問題，台灣將重點加強培育來提高農業勞動力的素質，對農民進行農業經營的技術指導，推廣企業化管理理念，同時建立農民社會安全制度，將老年農民福利津貼納入國民年金管理，讓老年農漁民在離農後生活有保障。

台灣農產品的國際競爭力較為薄弱，入世後，向外轉移土地和勞動密集型產業是大勢所趨。大陸在勞動相對密集的產品上有比較優

勢；國際市場對兩岸農產品的限制減少將拉動兩岸經濟的增長，同時也將創造更多的商機；大陸市場的全面開放，迫使台灣及時把握投資時機，這些因素使得兩岸合作的機會明顯增加。

二、入世後福建在對台農業合作中面臨的挑戰

（一）福建在對外開放格局下面臨的壓力越來越大

近年來，福建農業透過依靠資源優勢，進行農業綜合開發，著重發展外向型農業，推進農業產業化經營，農業進入了快速發展的時期。2001年全省農業總產值達1065.7億元，是1978年的28倍，農民人均純收入3380.7元，是1978年的23倍，全省農產品及其加工品出口值達到20億美元。但是福建尚處於傳統農業向現代化農業轉型的初始階段，人均資源不足，農業基礎比較薄弱，現代生產要素，主要是科技的注入不足，產業整體素質不高。福建的一部分產品的生產成本高於全國平均水平，像糧食、油料、乳品、果汁飲料、飼料、化肥、農藥等都屬於弱勢產業，另外果樹品種普遍存在品種退化，水果的加工質量和貯存技術水平偏低，畜牧業尚未形成規模化生產，農產品加工、保鮮、包裝等環節的技術也有待於提高。總的來說，面對入世對農業的衝擊，抵禦能力有限。

（二）福建的對台優勢有弱化的趨向

從目前來看，福建在吸引台灣農業資金方面依然占有絕對的優勢，但近年來台商農業投資呈現向西向北拓展的趨勢，黑龍江、海南、陝西、山東等地以各具特色的投資環境成為福建省利用台灣農業資金的主要競爭對手。例如，在海南，最大的農業企業租地已超過萬

畝，台灣近年培育的良種中，90%已被引入海南，種植面積超過60萬畝。黑龍江與台灣地理位置相距遙遠，又屬於不同氣候帶，在農產品上存在很大的互補，可向台灣供給的有玉米、馬鈴薯、大豆、豆腐、黃豆油、豬肉、牛肉等，黑龍江已將農工貿一體化作為與台灣開展進一步合作的切入點，利用當地2400萬畝未開墾的荒地，建立農副產品加工園區，透過建立雙方的協調機構和聯絡機構以及一系列的優惠政策，開展與台灣的農業合作。山東平度有豐富的農產品資源，有極大的開發潛力，台資在用地、稅收方面享有優惠，投資企業可以透過出讓、租賃、承包或大陸方投資者以土地使用權作資入股等方式取得土地使用權，並給投資期長的企業以資金上的扶持，將經營期在10年以上的企業前2年交納的增值稅地方留成部分和第3至5年交納增值稅的地方留成部分的50%用於支持企業發展。相對於福建來說，這幾個農業合作實驗區各具特色，發展重點也不相同，重疊性不高，其發展的潛力不可低估。

（三）兩岸農業競爭問題變得日益突出

隨著兩岸經貿關係的深入，特別是加入世界貿易組織，台灣兩岸農業政策的走向更多地加入了競爭的因素，使兩岸的農業關係變得較為複雜化。兩岸農業的競爭問題，是近來人們比較關注的問題之一。這種競爭包括兩岸農產品在國際市場上的競爭、台資企業的產品與島內產品的競爭以及大陸農產品與台灣島內農產品在台灣農產品市場的競爭。在目前已經形成的這些競爭關係中，台灣處於劣勢地位。從國際市場來看，兩岸農產品在出口的市場和產品都有一定的趨同性，而大陸與台灣在產品價格上的差異決定了大陸農業的明顯優勢。在日本、香港和美國市場上，大陸農產品正在逐漸取代台灣產品的地位，1995年台灣出口到日本市場的農產品總值為31億美元，2000年已減少

為12億元，而大陸向日本出口的農產品卻由1990年的19.7億美元增加為62.6億美元。大陸出口大幅增加的調製鰻、冷凍雞肉、已調製的雞肉雜碎、冷凍魚片和冷凍蔬菜等產品正是這幾年來台灣在日本市場迅速減少的產品。從台灣農產品市場來看，目前，台灣已經開放的進口大陸農產品項目還基本控制在台灣不生產或非敏感性產品，對於島內市場和生產影響力也還有限，但是，依照WTO的規則，逐步加大市場的開放程度，直至基本或者完全開放市場只是時間的問題，大陸相對廉價的農產品包括台資企業回銷的農產品進口到台灣市場的機會也將大大增加。出於保護島內農業和安全的考慮，目前台灣在農產品貿易相對放寬的同時，對農業投資卻採取了更為保守的態度。2002年1月，台灣行政院通過「WTO兩岸經貿政策調整執行計劃」，並在2月25日開放包括901項農產品之內的入會後第一波大陸農工產品進口，經過此次開放，可進入台灣的大陸農產品項目已累計達1376項，占農產品總項目的61.5%，隨後，被定為「須有一定調適時間」和「敏感性及管制性」的產品也將陸續開放。但幾乎與此同時，將禁止赴大陸投資的產品由原先的13項增加為436項。雖然此類擔心台灣經濟「空洞化」的政策是落後於現實的政策，兩岸經貿關係的發展終究會回歸市場機制，但在一定的時期內，其將對兩岸農業交流的進一步發展帶來一定的消極影響。

三、加強閩台農業合作的對策建議

（一）加強與台灣的科技交流

科技交流歷來是兩岸農業交流的重要組成部分，但是受台灣當局人為因素的制約，由台灣「政府」投資研究開發以及可能影響台灣安全和對經濟發展有負面影響的農業科技始終沒有開放與大陸的交流，

造成兩岸間的科技交流落後於產業間的合作。台灣和大陸的科技存在很大的互補，台灣科學研究經費較為充裕，且絕大部分來自政府預算，大陸農業科學研究經費僅有部分由政府預算支出，其餘由研究單位自酬，科學研究經費量相對較缺乏；台灣以應用科技研究見長，而大陸的基礎研究成果豐碩，隨著現代技術的迅速發展，科技對農業的支撐作用日益增強，在加入WTO後，依靠科技進步來提升農業產品的競爭力，是實現農業持續增長的重要保障，要有重點的吸引台灣農業高新技術，依靠台灣優良的品種和技術來建立我省品牌產品，增強產品抵禦變幻莫測的市場的能力。如果獲得名牌的產品能夠得到資金、稅收、市場等方面實行政策傾斜，將會使名牌產品的帶動效應得到更充分的發揮。

（二）拓展溝通渠道

充分利用每年一次的廈門的台交會、國際果蔬產業博覽會、福州的海交會和漳州的花卉博覽會以及到金門舉辦商品展銷會的機會，與台灣進行多方位、多層次的交流。繼續透過民間的渠道，加強與台灣農會、農民聯盟、農民產銷班等農民團體的聯繫。建立農業合作論壇，採取不定期舉行研討會或協調會的形式，增進閩台從事農業投資和貿易的企業家之間的溝通，探討共同關心的農業話題，解決兩岸農業交往中出現的諸如企業與農民在利益分配中的矛盾、農產品走私等農業糾紛。

（三）共同開發漁業資源，促進兩岸漁業健全發展

福建的沿海岸線長，具有豐富的海洋資源，與台灣僅一水之隔，且漁場重疊，兩地已有漁業勞務方面的合作和漁產品的小額貿易，但

在合作、開發漁業資源方面尚在初級階段,兩岸可以透過聯手對漁業資源進行調查、評估和研究,共同開發利用漁業資源,建立兩岸對重疊漁場的漁業資源共管模式,減少漁事糾紛。據瞭解,台灣方面對此已有意向,福建可以開始著手進行這方面的可行性研究。

(四)加強動植物檢疫、防疫方面的交流

兩岸加入WTO後,兩岸之間以及兩岸與國際間的農產品貿易往來將更加頻繁,國外疫病害蟲隨農產品入侵的風險也將增加,因此,提高動植物的免疫能力,是確保農業安全的重要手段。雙方官方檢疫人員進行互訪,有利於實地瞭解對方進出口檢疫作業程序,就相關問題交換意見,達到爭取共同維護雙方利益的目的。

(五)充分發揮農業合作實驗區的作用

福建的兩個兩岸農業合作實驗區在運作的過程中,還存在一些問題,如有明顯的計劃經濟痕跡,行政干預較多,技術成果轉化率低等。實驗區要將重心放在提高技術轉化率上,真正達到科技興農的目的,以此來推動農業產業化的優化。

(原載《開放潮》)

廈台農業交流的可行性與合作領域探討

趙玉榕

福建是大陸與台灣農業交流的重要地區,由於多方面的原因,廈門與台灣的農業交流與漳州等地區相比明顯滯後。當前在廈門經濟、

科技和社會發展的進程中，現代農業具有重要的地位和作用，如何利用與台灣農業的交流來加快廈門農業現代化的實現，是我們需要研究的課題。

一、廈台農業合作現狀及存在問題

近幾年廈門對台農業經濟與技術交流與合作也有了長足的發展。據不完全統計，至2003年8月，全市台資農企業105家，累計總投資1.31億美元，利用台資1.15億美元。範圍涉及種植、養殖（畜牧）、農產品加工等行業。其中農產品加工業35家，總投資6437萬美元，利用台資6263萬美元，占全部農業投資的54.5%；種植業企業27家，總投資2092萬美元，利用台資1992萬美元，占17.3%；養殖業22家，投資1565萬美元，利用台資1272萬美元，占11.1%；水產品加工業4家，總投資1010萬美元，利用台資316萬美元，占8.7%；畜牧業企業8家，投資695萬美元，利用台資592萬美元，占5.1%；其他9家，投資1268萬美元，利用台資980萬美元，占8.5%。從台灣引進的農業優良品種287種，先進技術78項。其中有苦瓜、白菜、紅薯、毛豆、番茄等十幾種農作物推廣面積達萬畝以上。台商到廈門發展農業，已經獲得了明顯的效益。首先豐富了廈門的農產品市場，高檔優質的反季節蔬菜種植技術、龍眼高接換種技術得到推廣以及優良農作物種類的增加，豐富了廈門農產品市場，滿足了廈門市民的消費水平。其次，提高了廈門農副產品的品質，農產品出口增加。廈門市農科所引進台灣的早生綠慧西蘭花已成為廣東等地競相組織出口的搶手貨，一些外國商貿企業也紛紛拋來訂單。廈門市外貿冷凍廠每年加工出口100多噸，創匯近20萬美元；農科所引進的台灣毛豆，經過篩選推廣的「廈引一號」品種，每年可供出口100多噸。第三，推動了廈門農業產業結構的調整、優化，無公害農產品、綠色食品、有機食品為代表的優質安全農產品生產發展迅

速，例如廈門這幾年花卉業異軍突起，發展迅速，台資進軍廈門農業，為廈門農村剩餘勞動力提供就業機會。據統計，台商在廈門農村投資辦廠（場），吸納農戶子女近2萬人，約占廈門農業富餘人員的1/5，年可增收1億多元。台資對廈門農業發展的促進作用已明顯的顯現出來。

目前廈台農業合作存在的主要問題有：

第一，總量不大。與其他行業相比，農業引進台資的總量比重偏少，比重偏低，台資農業企業占全市外商投資企業總數2.3%，投資總額僅占0.7%。

其次，引進的項目以勞動密集型企業為主，絕大多數是一般的種、養、加工企業，高科技、高附加價值的企業少。小型企業為主，75.8%的企業投資規模在100萬美元以下。

第三，品種引進較為單一。引進的種養業品種，主要集中在蔬菜、水產和部分花卉上。

第四，合作領域有待擴大。綜合型、高新技術示範區或城郊型的園林觀光休閒農業方面還比較薄弱。

廈台農業交流之所以存在這些問題，主要的客觀原因首先是廈門地價高，在吸引台資的條件方面先天不足，鄰近的漳州市，氣候等自然投資條件與廈門相似，又占據了地價便宜的優勢，自然成為台灣農業資本的主要流向地；其次，廈門城市居民生活環境較好，城郊型的園林觀光休閒農業相對較沒有吸引力，而且雖然島內城市化較高，但城市人口偏少，客源不夠充分，加上用地難，建設休閒農業相關配套設施多、投資大，影響了觀光旅遊農業的發展；第三，因廈門市投入農業科技的財力有限，農業技術開發和推廣體系也不夠健全，影響了農業科學研究的創新和推廣。

進一步加大對台農業經濟與技術的交流力度，推進廈門市農村城市化和工業化的進程，是廈門海灣型城市建設和海峽西岸經濟區建設對廈門提出的要求。我們應立足廈門的實際，從廈門土地資源少的實際出發，因地制宜探索與台灣進行農業交流與合作的途徑。

二、進一步拓展廈台農業交流的可行性分析

（一）廈門具有明顯的對台優勢

　　廈門是中國最早實行對外開放政策的經濟特區之一，又是唯一經中央批準實施自由港某些政策的城市，已經形成了全方位的對外開放格局，具體體現在：開闢了台商投資區、保稅區、火炬高技術產業開發區等多層次、多功能開發區域，被開闢為首批海峽兩岸客貨運直航試點口岸，每天有航班往返於廈門與金門之間，福建居民金門旅遊也即將開放，形成了突出的對外開放政策優勢。目前廈門正在加快構築海峽西岸中心城市。省委代書記、省長盧展工對廈門提出了要求：做好「特、港、創、帶、建」五篇文章。加強廈台合作，共同營造祥和的氛圍，是廈門建設海灣型城市必不可少的條件。特殊的區位，決定了廈門是對台工作的前沿和窗口，在廈門建設海灣型城市進程中，對台是獨特的優勢，開展對台對金工作是廈門發揮對台優勢的重要步驟。廈門海灣型城市和海峽西岸經濟區的建設，要將廈台和廈金間各個方面的因素考慮進來，進行整體布局規劃，這是使廈門發展成為中國東南沿海地域性中心城市的需要。

（二）對外開放在廈門現代農業發展中具有重要的

地位和作用

從廈門的過去來看，農業與廈門的發展都有密切的關係，當前，廈門正在加快推進海灣型城市建設，農業在國民生產總值中的比重會不斷下降，但農業在廈門經濟發展中的地位不會因此而削弱，隨著農業與非農業產業之間聯動性的增強，農業將繼續受到重視。廈門在加快海灣型城市建設的新形勢下，對農業的發展提出了新的要求，即打破農業和農村作為城市附屬和服務區域的陳舊觀念，要求農業由單純的基礎作用向現代基礎產業轉變，按照現代基礎產業的要求來發展現代農業，把發展現代農業確立為城鄉一體化、城市輻射農村、農村趨向城市、城鄉經濟相輔相成共同發展的戰略地位。要實現這些轉變，加大農業對外開放的力度是必要的。近十餘年來，廈門農業的對外開放在農業和農村經濟的發展中發揮了重要的作用：實行了對外開放，農村逐步從封閉、僵化的經濟體制中解脫出來；確立了市場經濟體制，外向型經濟迅速發展；鄉鎮企業蓬勃發展，成為農村經濟的重要支柱；透過引進先進技術，推動了科技進步，農業效益大大提高。入世給廈門農業的對外開放帶來了新的機遇，有利於加快引進國外市場的經濟機制、價格機制和管理機制，推動農業和農村的深層次改革；有利於發揮農業的比較優勢，面向大陸外市場進行農業產業結構的調整；有利於引進外資和台資、優良品種和技術發展農業；促進廈門農產品出口市場盡快實現多元化。

（三）福建省建設海峽西岸經濟區和廈門建設東南沿海中心城市給廈門發展對台農業交流與合作提供了契機

在中國區域經濟發展勢頭強勁的大背景下，福建省於今年初提出

建設「海峽西岸經濟區」的發展構想，廈門提出要「領先、領跑海峽西岸經濟區建設」，造成充分發揮樞紐口岸的輻射作用、擴大開放的橋樑作用、體制創新的示範作用、產業集群的帶動作用、對台工作的基地作用和統籌發展的表率作用。儘管廈門市20多年改革開放的實踐取得舉世矚目的成就，但至今仍然面臨著城鄉發展不協調、島內外發展不平衡、資源制約日益嚴重、農村社會事業發展滯後等一些困難和問題。建設海峽西岸經濟區，給廈門發展帶來了新的機遇，創造了新的平台。加入WTO後，福建農業面臨農業全球化的挑戰，為了進一步提升農產品的國際競爭力，福建提出建立閩台農業合作五大體系，即：良種引進繁育體系、閩台農業產業合作體系、動植物保護和農產品加工體系、農產品市場與流通體系以及農業科技培訓與訊息服務體系。在發展兩岸農業合作的大背景下，廈台的農業交流有望提升到一個更高的層次。

（四）入世後與大陸農業開展合作與交流仍然是台灣農業持續發展的選擇

　　入世以來，台灣農產品進口量有顯著增加，引起農產品價格下跌。但農業生產和貿易沒有明顯惡化。其中的原因有國際農產品價格大幅上揚，為台灣農產品的出口創造了有利條件；入世至今台灣尚沒有讓大陸比照其他WTO會員國開放所有台灣承諾的農產品項目進口以及台灣農業產業政策和貿易政策的調整對緩解入世給農業帶來的衝擊造成了一定的作用。但是台灣農業所固有的「頑疾」並沒有消失，一些影響農業發展的因素也會隨著時間的推移逐漸顯現出來。儘管台灣當局對兩岸的交流尚有諸多限制，但開展海峽兩岸的農業合作，畢竟對台灣來說是利大於弊，在高生產成本和貧乏的自然條件下，而選擇來大陸投資，可以以最低的交易成本和運輸成本換取最大的經濟利

益，因此台灣當局仍將兩岸交流作為「推動國際農業合作」的重要策略之一，採取「積極開放，有效管理」的指導原則，循序漸進，調整兩岸農產品貿易和投資項目，開展兩岸農業資訊、技術交流，擴大人員往來交往，尋求更為廣闊的合作領域，促進雙方的產業分工。希望透過兩岸農業經貿關係的調整，減少加入WTO對台灣農業產生的負面影響。

三、未來廈台農業合作的方向和領域探討

（一）拓展廈台農業合作的基本思路

認真貫徹中央對台工作方針，按照「優勢互補，共同發展」、「同等優先，適當放寬」的原則，根據廈門市改革開放和經濟發展的需要，用足、用活優惠政策，以農業良種、資金、技術、設備引進及農業科技交流為重點，全方位推進廈台農業交流與合作，為建設海峽西岸經濟區和促進祖國和平統一大業做出積極貢獻。科學地制定廈台農業交流與合作的規劃，根據廈門的實際情況從區域和行業選擇上定位廈台農業合作的方向。在區域上，重點抓好「一所五場」的對台合作項目，即閩台農業高新技術園區、第一農場水果及其加工區、第二農場工貿開發區、鳳南農場農工貿開發區、白沙侖農場水果和工業開發區以及大帽山農場果茶、畜禽開發區；建設好「兩大區」，即同安閩台高優農業示範區和海滄東孚農業綜合開發區，鎮辦工業小區，即各區規劃並已動工的17個鎮辦鄉鎮企業小區。在行業選擇上確立引進交流的重點，儘量選擇用地少、科技含量高、帶有示範作用、貿工農一體化的項目，重點發展蔬菜、畜牧、水果和花卉等支柱產業的良種引進和繁育、農產品加工和相應的旅遊觀光業。當前廈台之間農業合作渠道還比較窄，應在鞏固、發展現有渠道的基礎上，積極開闢各種

可能的渠道和領域，促進農業合作內涵和規模的擴大。在思維觀念上要注重競爭和創新，在合作的同時提高自身的科技水平和管理水準，實實在在的使雙方的合作向更高層次邁進。

（二）具體設想與建議

1. 加強廈台都市農業的交流與合作

都市農業是一種新型的農業產業形式，它是在社會經濟結構的變化和農業生產發展到一定程度後產生的。都市農業不僅能夠改善生態環境，而且創造了大量的就業機會，是一個蘊涵了巨大贏利的經營空間。結合廈門市推進海灣型城市建設的產業布局和結構調整，培育發展都市型農業是廈門產業發展的重點之一。廈門近幾年開發了一些休閒果園、草莓園、觀光農園處在都市農業發展的萌芽期，主要表現是設施簡陋、規模小、投資少、層次低。廈門的城市建設發展較快，不能少了都市農業生態旅遊項目，因此應該積極地加以規範和引導，應把都市農業的發展納入城市規劃與生態環境建設中，納入建設農村「寬裕型小康」的重要內容，建立良好的運行機制。台灣的都市農業起步於70年代末，經過20餘年的發展取得了明顯的效果，成為發展前景良好的新興產業之一，在理論和實踐方面都積累了豐富的經驗，廈門應該充分利用特殊的地緣和人文優勢，加強與台灣都市農業的合作，可採取派人到台灣進行研修和培訓；吸引台資來廈進行觀光農園、休閒農場等多種主題的都市農業的開發；聘請台灣有關專家來指導或協助進行都市農業的規劃。

2. 抓住台商高優農業、養豬業、食品加工業和倉儲營銷業向外轉移的時機，有針對性地開展招商活動

根據同安區、海滄區、集美區和翔安區四個農業區的特點和現有的基礎，加強可供開發農業資源的調查，爭取每年都要推出招商引資的項目。利用一年一度的「九.八中國（廈門）投資貿易洽談會」和「四.一二廈門台商企業產品交易會」開展對台的招商引資工作，爭取大資金、大項目，每個項目要事先作好可行性研究和項目投資概算，提高招商的命中率。鞏固和發展廈門與台灣農村法人財團基金會的密切合作關係，加強與台灣閩籍鄉親的交流，爭取台灣農會和漁會直接來廈投資，透過「廈門閩台農業高新技術園區」、「海峽農業科技交流培訓中心」等窗口，繼續推動民間交流活動。

3. 進一步營造和完善台商投資開發農業的環境

政府應該對台商農業生產項目和企業，從地方稅費、土地出讓金與使用費、增值稅等方面實施優惠；在融資上給予傾斜；對台商投資基建項目要簡化審批程序；加大對重點項目的資金扶持力度。農業管理部門，在種子種苗引進、植保植檢等審批手續方面要提供更加便捷優質的服務，使台資企業引得進、留得住。各級有關部門應抓緊制定兩岸農業交流與合作的總體規劃，根據廈門市情，應把良種的引進與改良、園藝情致設施農業、畜牧水產養殖、食品加工為主的農產品和加工業作為現階段廈台農業合作重點。要儘可能取得台灣農業方面的民間或半官方組織的配合，有計劃、有目標地引進合作項目。積極吸引台商和農業社團從事既能發揮地方的資源優勢，又對發展農村經濟有利的農業項目，諸如種植、養殖、農產品加工、農業科學研究、推廣服務等，尤其對投資規模大，技術含量高，綜合能力強，輻射範圍廣和效果顯著的項目，要加大吸引力度。進一步健全、完善有關政策，增加必要資金投入，同時，中國農業銀行及其他相應的金融機構也應對引進台灣的某些農業項目，特別是大型項目，提供一定的配套

資金。

4. 發展廈門設施農業

廈門地區自然條件原本適宜多種熱帶、亞熱帶作物生長,然而由於季風盛行,氣候變化大,一些帶危害性的惡劣氣候往往導致作物產量和品質的不穩定,使一些農產品的生產和價格大起大落。相關作物中以蔬菜、花卉受影響最大。隨著生活水平的提高,人們對農產品供應,在滿足數量基礎上,對品質要求越來越高。為穩定產量,提高品質,利用設施進行以蔬菜、花卉為主的農作物栽培生產將逐漸成為本市農作物生產發展的重要方向。廈門現有塑料大棚面積約60公頃,占全省的44%以上,現雖擁有荷蘭達爾森公司現代化玻璃溫室,國產普通玻璃溫室量少,約僅有3000平方米,尚不成規模,與大陸先進省市設施農業相比仍較落後,台灣設施園藝業發達,技術源於歐美、日本,經過不斷研究改良,已基本本地化。全省設施栽培面積達6500公頃。台灣與福建省及廈門地區氣候相似,宜種性幾乎相同。台灣的設施農業發展經驗,值得我市借鑑。應充分發揮廈門的對台區位優勢,加強閩台、廈台農業交流合作,大力引進其先進設施栽培技術、設備和經營管理方法,促進廈門市設施農業的發展。

5. 合作發展無公害蔬菜生產

無公害蔬菜的種植在廈門已經有成功的例子,集美區雙嶺、李林村的無公害蔬菜生產示範基地和灌口仙景芋無公害蔬菜生產基地,共有4000畝,引進高效、低毒、低殘留的農藥,實施無公害蔬菜的種植,今年上半年產量達1400噸,水果510噸。廈門每年的蔬菜種植面積在30萬畝左右,已建成的無公害蔬菜基地僅有6900畝,可見達到無公

害標準的蔬菜生產比例很小，不能滿足市民需求，能夠打開國際市場的品種也很少。蔬菜是人類不可缺少的生活資料，如何促使蔬菜無公害生產，是蔬菜業亟待解決的問題。發展無公害蔬菜即能增加農民的收入，又能使蔬菜生產與國際市場接軌，是目前蔬菜生產的趨勢，也是未來廈門蔬菜生產發展的目標。生產無殘毒蔬菜是台灣發展「精緻農業」目標中的一項重要內容，台灣無公害蔬菜的生產除了培育抗病蟲品種及合理的栽培措施、先進的設施栽培外，主要的措施是安全用藥和生物技術紡織技術的運用。廈門在發展無公害蔬菜生產方面與台灣合作，可從以下幾個方面著手：一是加大引進台灣高產、優質、抗逆性強、抗病毒性強的優良蔬菜品種，例如小果型西瓜，耐濕厚皮甜瓜、花椰菜、耐熱大白菜，結球萵筍，耐寒苦瓜以及豌豆等，改良和更換廈門部分蔬菜品種，增加蔬菜的抗病蟲行，減少農藥的使用。二是引進台灣畜牧廢棄資源共同處理系統。將畜牧業產生的糞便經粗糠吸附後進行堆肥無害化處理，生產出有機質肥料，不僅減少環境污染，還能解決生產無公害蔬菜有機肥缺乏的問題。三是與台灣合作開展蔬菜蟲害生物防治技術研究，利用生物技術和作物天敵來防治病蟲害，能有效降低農藥對農作物和土地的污染。

6. 加強廈門與金門的經貿合作

金門自古隸屬同安，與廈門僅一水之隔，現在金門菜市場上銷售的蔬菜、肉類，大多來自福建，主要是廈門。海峽兩岸加入世貿組織後，金門農業將受到很大的挑戰，因此，金門有關方面真誠尋求與福建進行農業合作途徑。目前廈門與金門已經建立起了良好的溝通渠道，廈金航線經過幾年的發展，旅客吞吐量持續創高，至2004年6月底旅客吞吐量累計達172998人次，今年初，中共福建省委和省人民政府提出了建設海峽西岸經濟區的戰略構想，決定近期開放福建居民赴金

馬旅遊，這是廈門發展與金門的經貿往來的契機。廈門與金門隔海相望，具有與之發展緊密協作關係的獨特優勢，最近金門高粱酒已在廈門、福州和泉州設置銷售點，隨著市場的不斷擴展，金門高粱酒的原料高粱的需要量也將急增。以往原料高粱長期以來都是從東北進口，運費貴。廈門應該抓住這一契機，利用金門的資金和農業技術，發展高粱種植，在廈門建立起金門高粱酒的原料基地，給廈門農民提供發展機遇。福建與金門的交流合作的前景是廣闊的。廈門與台灣隔海相望，是大陸距台灣最近的地區，又有豐富的鮮活農產品資源，有條件作為台灣鮮活農產品的供應基地。

7. 加強對農業管理技術和實用技術的引進工作

農業要發揮特區的「窗口」作用，突出對台優勢，努力改善農業招商引資環境，透過創辦廈台農業合作園區等形式，多渠道開展對台對外招商工作。與此同時，要加強對台對外農業交流與合作。由於台灣與大陸體制不同，不能生搬硬套，一方面，要引進先進農業管理技術。學習台灣「產銷一體化的農業合作體」的產業化組織模式，組建如「農會」或健全現有的「經濟合作社」，使其逐步成為為農戶提供全方位服務、多元化經營的公益性社團法人組織，透過其運作來保障農民權益、提高農民生產技能、促進農業現代化建設、增加生產效益、改善農民生活、發展農村經濟。另一方面，要加強農業先進實用技術的引進。在加強農業生產適用技術引進的同時，要根據我市農業生產的實際需要，重點引進農產品加工保鮮技術，特別是龍眼、蔬菜等農產品的深加工和保鮮技術，解決我市大宗農產品產後銷售的突出問題，不斷提高農產品附加值。此外，還要加強對新品種、無公害農資和動植物疫病防治等技術的引進工作。

8. 積極促進兩岸農業科技交流與人員的雙嚮往來

繼續辦好廈門閩台農業高新技術園區。廈門閩台農業高新技術園區充分利用廈門對台、對外的區位優勢，加快高新技術的引進和開發，透過設施農業科技示範區、蔬菜花卉工廠化種苗繁育基地建設，逐步成為全市、全省乃至全國農業開放、引進、合作交流的窗口、農業高新技術科學研究基地及其商品化、產業化的搖籃、現代設施農業科技示範點和農業科技培訓交流中心。在已成立的海峽兩岸農業高新技術開發園區的基礎上，建立兩岸農業科技交流中心，著重研究、吸收、消化、推廣台灣和國外的農業新技術、新品種、新產品和先進管理方法。爭取海峽兩岸農業方面的科技交流和學術討論會到廈門來舉辦；同時有計劃地選擇一些廈台兩地都需要的項目，在廈台兩地以召開研討會、懇談會的形式加以推進。透過舉辦兩岸農業科技交流與成果展鑒各種類型的培訓班、農業經貿洽談以推動農業科技人員的雙嚮往來。同時，廈門還應有計劃地多組織一些技術專家赴台訪問、考察，汲取更多的先進的農業科技和訊息，提升廈台農業合作的層次。

（原載《台灣農業探索》）

從試點直航看廈台經貿合作的前景

趙玉榕

廈台海峽兩岸試點直航已經運作了近四年，步入了良好的發展軌道，不僅對兩岸實現直接「三通」起了積極的推動作用，為兩地商品物資流通業的合作開闢了廣闊的前景，同時也為廈門的經濟發展創造了更好的條件。但是定點直航並非真正意義上的直接通航，其所能給廈門帶來的影響也是有限的。當前，直接「三通」已是大勢所趨，廈

門對台經貿合作的前景十分廣闊,廈門應該把握住時機,以直航試點為基礎,在兩岸實現直接「三通」的進程中發揮自身的對台優勢,帶動廈門整體經濟的發展。

一、廈台試點直航的現狀

(一)試點直航的現狀

1996年8月,交通部、外經貿部相繼公布了《台灣海峽兩岸間航運管理辦法》和《關於台灣海峽兩岸間貨物運輸代理業管理辦法》,交通部同時確定廈門、福州為兩岸間船舶直航的試點口岸。1997年4月9日,廈門輪船總公司的「盛達號」集裝箱船從廈門海天碼頭起航,開赴台灣高雄港,中斷了48年的兩岸航運終於翻開了嶄新的一頁。四年來廈門與台灣高雄之間的航運發展勢頭良好,1997年為9.96萬標箱,1998年為23.1萬標箱,1999年為32.7萬標箱,截止2000年底,廈門港試點直航集裝箱吞吐量累計突破了100萬標箱,到2001年3月底累計營運航次達5458個,集裝箱吞吐量132萬標箱,占大陸對台直航集裝箱吞吐量的70%以上,占廈門港集裝箱吞吐量的三分之一強,「台灣支線」已成為廈門港集裝箱運輸最繁忙的航線。以1999年為例,其占全港集裝箱吞吐總量的38.57%,比位於第二位的「香港支線」多了9.79個百分點。廈門港在對台直航中的地位日益凸顯。目前,經有關部門批準參與試點直航運營的共有兩岸10家航運企業的10艘集裝箱班輪,大陸方面有廈門輪船總公司、福建外貿中心船務公司、福建省輪船總公司、中遠集團、福州市馬尾輪船公司、中外運福建公司等6家航運企業的盛達、文昌河、珠峰山、麗漣、閩台88、楚天集裝箱班輪;台灣方面的有立榮海運、中國海運、陽明海運、南泰海運等4家航運企業的立峰、集遠、金冠、新海利集裝箱班輪,其中9家航運企業的9艘班輪從事廈

門—高雄航線運營，總運力達3966個標準箱位。參與營運的船公司大部分在不到一年的時間基本實現保本，進而盈利，此後進入良性循環，兩岸直航的航次和運量逐月、逐年上升，企業的經濟效益不斷提高，目前，兩岸試點直航的月平均船運量已從開通時的14934個標箱猛增到41388個標箱，這些航運企業已經進入了全面盈利的階段。充分說明兩岸試點直航已經步入了穩定發展的時期。

廈門港是一個傳統的通商口岸，1980年創辦經濟特區前，全港貨物吞吐量僅190.2萬噸，1999年貨物吞吐總量達到了1773.4萬噸，港口發展是經濟發展的縮影，而港口軟、硬體設施的不斷改善又是兩岸試點直航得以順利進行的必要保障。1990年廈門只有一個集裝箱泊位，一台日產集裝箱吊橋。經過十年的發展，目前廈門港區已擁有生產性碼頭70多個，萬噸級深水泊位16個，可容納第三代集裝箱船舶，並配有最大起卸能力為30.5噸的集裝箱運輸橋。新開闢了日本、新加坡、韓國、地中海及歐美等遠洋集裝箱航線；開通了與台灣的試點直航。1999年全港貨物吞吐量在全國沿海港口中排名第13位，集裝箱吞吐量連續6年排名全國第6位，世界集裝箱百強港第58位，最近廈門港在全國「最佳集裝箱港口」的評選中名列第五，廈門港已逐漸成為一個以外貿運輸和沿海工業為主，兼有旅遊、客運、國際中轉過境貿易、商貿等多功能、配套設施較為齊全的國家大型一類港口。

在加強硬體設施建設的同時，廈門港還注意改善軟環境，將「一關四檢」等口岸聯檢單位，外代、報關、航運等港口相關單位以及保險、銀行、郵電等港口業務服務單位共49家，集中於聯檢報關中心大樓，採用現代化辦公手段，大大簡化了通關手續，深受船東、貨主的歡迎。

優越的港口條件吸引了世界大船公司，1999年上半年增闢了至地中海、菲律賓的集裝箱班輪航線，使全港集裝箱班輪航線達到8條，目

前廈門與4 0多個國家和地區的60多個港口建立了海運往來，並與140多個國家和地區有貿易聯繫，有力地推動了海峽兩岸的試點直航。

（二）試點直航存在問題分析

兩岸試點直航以來發展平穩，船舶航行安全順利，雙方在船公司、聯檢、船代和裝卸等環節，配合得比較默契，未發生任何糾紛；所有的航運企業經營逐漸朝著贏利的趨勢發展，兩岸海上通航已經取得了階段性的成果。廈台試點直航也存在一些問題，主要有：

1.尚未實現真正意義上的直航。台灣將兩岸航線視為特殊航線，既非大陸航線又非國外航線，境外轉運作業限外籍船舶（包括兩岸航商的權宜船）經營，貨物不通關，人員不入境，只裝第三國或第三地的貨櫃，貨物卸船以後直接裝上靠泊「境外航運中心」的國際航線母船，運抵除台灣以外的目的港。此種航線具有明顯的弊端，不符合運輸經濟原則，只是在無奈的情況下的一種權宜之計。兩岸航商無法為直航船舶攬取或運送兩岸貿易貨物，極大地制約了兩岸試點直航貨運量的增長，使直航給兩岸的經濟帶來的效益無法得到充分的發揮，人為地增加了貨主和船公司的負擔。

2.經營其他航線的船公司受到影響。受高雄比香港具有較優惠的中轉費所吸引，一些貨主將中轉集裝箱轉至直航班輪上，致使廈門—香港的班輪失去了較大一部分貨源；另外，一些較大型的船公司在獲得與有權直航的船公司的合作後，停止了廈門—香港之間的運作，一些較小的船公司因此不得不停止香港班輪航線的經營。

3.直航船舶的實際貨源少影響效益。以1999年為例，廈門港「台灣支線」貨物量共32.7萬標箱，總實載率為69.8%，其中進口的實載率僅34.7%。造成這一結果的主要原因在於實際貨源不足。因為直航線只能

運載中轉貨,使得直航船及其經營公司與二班程公司的合作受到限制,只能與少數二班程公司接軌;另外,由於台灣方面堅持「不入關,不入境」,使兩岸之間的貨物大部分仍需經由香港中轉,無法直接往來,極大地限制了直航航線的貨源,競爭力也因此受到削弱。

4.缺乏統一管理,監控與管理力度不夠。由於未對直航公司及船舶實行艙位管制,難以解決由於貨源少,艙位過剩的現象普遍存在而造成的運價因競爭而普遍降低的局面,未建立起一個公平競爭的市場環境。

5.港口的經營管理尚不能適應集約化經營要求,經濟增長方式仍帶粗放型特徵,港口設施建設跟不上經濟增長的需要,尤其是對外航線開通不多,港口各項服務也尚待改進。

二、現階段廈門對台經貿合作的優勢和劣勢

廈門和台灣之間的定點直航是廈台經貿合作的重要組成部分,它為廈台進一步拓展經貿往來打下了堅實的基礎。在進入新世紀之際,兩岸即將加入WTO,同時也將立即面臨直接「三通」的問題,隨著大陸改革開放的進一步深入,廈門所面對的經濟環境也發生了變化,在新形勢下,如何清楚地認識自己在對台經貿合作中的優勢和劣勢,更進一步將廈門特區發展成為海峽兩岸的重要通道,是當前擺在廈門面前的一項緊迫的任務。

(一)廈門對台經貿合作的優勢

1.廈台經貿合作已打下良好的基礎。廈門作為大陸最早創辦經濟特區之一和開展兩岸經貿交流與合作具有獨特區位優勢的城市,經過20年的發展已打下良好的基礎,廈門已成為兩岸交流與合作的焦點地

區之一。截至2000年底，台商在廈門的投資項目已達1769項，總投資39.14億美元，協議金額36.47億美元，實際到資24億美元，平均投資規模206萬美元，項目數、協議投資額、到資額三項指標分別占中國大陸引進台資的3%、7%和8%。到資率（63.9%）、開業率（80.13%）和台資率（93.19%）在五個特區中均居首位。廈門對台進出口近幾年也呈高速增長勢頭，2000年廈門對台進出口總額達11.9億美元，比上一年增長19.86%，其中對台出口1.97億美元，比上年增長40.6%，增幅高於全市出口平均水平9個百分點；高於全大陸對台出口增幅12個百分點；目前，對台出口占廈門市外貿出口總額的3.4%，台灣已成為廈門第三大貿易夥伴。台商在廈門投資行業結構趨於合理，生產性項目占批準項目的71.9%，其中工業項目占70%；台商投資從勞動密集型向資金和技術密集型發展，大、高、新技術項目逐年增加，投資1000萬美元以上的企業已有50家，投資1億美元以上的企業有2家，有20多家台資企業進入高科技園區；2000年台商投資企業產值、涉外稅收、出口創匯，均占外商投資企業的50%以上，2000年廈門10家全國最大500強（以銷售收入計）外商投資企業中，台資企業有4家，占40%，其中翔鷺滌綸紡織有限公司、正新橡膠工業有限公司、燦坤電器有限公司、TDK公司等企業的銷售額、稅前利潤、總資產額、出口額均在全國排列百名之內。

　　2.廈門具有巨大的潛在的航運市場。經過十餘年的經貿往來，廈門和台灣的經貿交流令人矚目，廈門已成為台商投資的密集區，廈門的海滄發展以石化、機械為重點的現代化重化工業，杏林建成了以開發電子、機械、化工、紡織為主的綜合性工業基地，集美以輕型加工業為重點，吸引了大批台商。台商投資企業經濟效益良好，贏利率達80%以上，其中利潤在上千萬元的企業達30家，上億元的有3家，有300多家企業增資，累計增資額達5億多美元，大部分台資企業進入擴大再生產階段，大量的機械設備、半成品、原料需要進口；同時，台商投

資規模的不斷擴大也直接帶動了廈門的對台出口，利用兩岸直航試點口岸和「9.8」中國投資貿易洽談會及廈門對台出口商品交易會，廈門的對台貿易發展前景將更加廣闊。廈台經濟合作正進入一個新的歷史階段，隨著產業合作的逐步深入，貿易的不斷發展，對航運的需求必將越來越大。廈門市政府與中國遠洋總公司已簽署了該集團《美東、地中海航線掛靠廈門港意向書》，對廈門港的運力投入將增加，航行美東、地中海的大型幹線船舶加掛廈門港，將有助於廈門港躋身幹線大港，航運市場將更繁榮。

3.廈門正在努力實現社會主義現代化國際性港口風景城市的發展目標。廈門是一個港口城市，港口是廈門過去、現在和將來經濟與社會發展最為基礎的優勢，「以港興市」是廈門市經濟的發展戰略，在廈門市「十五」計劃綱要中，廈門仍將發展港口作為廈門經濟發展的重要組成部分，廈門港口及海運遠景規劃以實現「現代化國際性港口風景城市」的戰略目標為方向，充分利用廈門港的自然環境和區位優勢，對港口資源進行合理配置，進一步完善硬體設施建設，許多大、中型港口項目正在規劃和建設之中，有海滄港區一期工程（1#、5#、6#泊位）分別設計年吞吐能力為25萬標箱、11萬標箱和40萬噸件雜貨；東渡港區17#、18#泊位分別為2萬噸級多用途泊位和2萬噸級滾裝船泊位；海滄港區7#、8#泊位設計年吞吐能力為60萬標箱；海滄港區9#、10#泊位，設計年吞吐量達200萬標箱；和平客運碼頭的改造；廈門——劉五店滾裝碼頭以及高崎多用途碼頭的建設等，到2005年港口基本建設投資將達40.8億元，新增碼頭泊位23個，其中萬噸級深水泊位17個，完成港口貨物吞吐量3300萬噸，集裝箱吞吐量達250萬標箱。預期在新世紀的前十年，初步形成區域性國際航運中心和兩岸航運的重要口岸。

4.廈門的區位優勢在一定時間內仍能發揮作用。廈門的政策優勢雖已減弱，但環境優勢和對台優勢仍然是廈門的強項。廈門面對台

灣，廈台間有著史源久、地緣近、血緣親、語緣同的特殊關係，擁有3個台商投資區，已成為台商投資密集地區，投資領域從工農業向房地產、學校、娛樂、運輸業等第三產業發展，台資企業工業總產值已占全市工業產值的40%以上，納稅大戶中台資也占40%以上。更為重要的是，廈門在交通運輸方面已經形成海、陸、空立體交通網絡。廈門的港口條件特別是海滄港區是中國沿海屈指可數的深水良港，廈門港現有大、小碼頭泊位80多個，廈門港集裝箱吞吐量2001年1至6月達60.78萬標箱，保持在全國主要港口集裝箱吞吐量排名第六的位置，和平碼頭已建成作為兩岸「三通」的專用碼頭。隨著廈台試點直航取得階段性成果，廈門港的主導地位日益凸顯。廈門國際機場是華東地區的航空樞紐之一，現已開闢50多條大陸外航線，2000年貨物吞吐量近10萬噸，具有良好的貨運發展前景。目前大陸航空市場正處於快速發展階段，「入世」後，機場面臨著不可多得的發展良機，廈門機場由於所處的特殊地理位置，未來發展前景十分看好，激起了台灣航空界的投資興趣。今年8月16日，由台灣航勤、中華航空、長榮航空、遠東航空組成的台灣航勤（澳門）有限公司與廈門國際航空港集團有限公司聯合投資2.2億元的廈門國際航空港空運貨站有限公司奠基，標誌著兩岸在航空領域的合作開始啟動。台灣的航空界人士稱，在未來20年中，廈門國際航空港的運貨量的增長速度將達到年均15%，比世界航空貨運量的年均6.4%的增長速度和內地航空貨運量年均增長13%都要快①。加入WTO後，國際貿易額和客貨運輸量都將出現大幅增長，交通運輸業是「入世」受益最大的行業之一，廈門航空港的發展前景十分廣闊。此外，廈門還具有四通八達的公路和鐵路網線，又是處理涉台事件的前沿陣地。總之，兩岸關係的任何緩和改善都將給廈門以新的發展機遇，都將大大增強廈門作為兩岸交流基地的地位，尤其是在兩岸全面「三通」之前，這種優勢更有較大的發揮空間。

（二）當前廈門對台經貿合作的劣勢

　　兩岸政治關係解決的基礎是兩岸經濟貿易關係發展，而兩岸經貿關係的深化又取決於政治障礙的排除。目前台灣當局在兩岸關係的政策主張上沒有實質性的突破，從大環境上看廈門與台灣的經貿關係的深入發展會受到制約。此外，廈門對台經貿合作還有以下兩點：

　　1.對台的優勢地位面臨挑戰。對台是廈門的主要區位優勢，幾年來，廈門憑藉著經濟特區的政策優勢和地緣優勢，在對台經貿上取得了顯著的成績。然而當前廈門吸引台商投資的優勢已經弱化。首先，隨著兩岸關係的發展變化，以及大陸開放區域的逐漸擴大，特區優惠政策優勢已基本喪失，內地交通設施和投資環境的日益完善也使廈門原有的地緣優勢逐漸弱化，兩岸不能直接「三通」又使廈門與台灣距離短的優勢難以發揮應有的作用。在最近的一份祖國七大地區總體競爭力排名中，包括廣東、福建、海南在內的東南沿海地區的總體競爭力已落後於長江三角洲和環渤海灣位居第三[2]，台灣世華銀行等八家銀行向大陸的投資意向也選定上海、蘇州、北京、深圳和崑山，可見，廈門乃至福建的投資環境已不再具有絕對的優勢。第二，廈門在港口設施和吞吐量上尚沒有形成絕對的優勢，無法與上海、廣州、天津、青島等港口相比，即使直接「三通」實現，廈門所能發揮的地緣優勢也十分有限。第三，其他沿海開放城市加大了吸引台資的力度，上海浦東、崑山、蘇州等城市的引資速度發展很快，知名度已遠遠超過了廈門，截止2001年6月，台商在蘇州投資的企業已達2500家，總投資額超過100億美元，是廈門吸引台資強有力的競爭對手。第四，廈門的工業基礎較差，配套能力較弱，可供台灣大企業選擇的合資載體、合作夥伴以及能提供配套零件以及相關服務的企業少，很難成為台灣大企業投資的首選對象。由此可見，廈門的對台區位優勢面臨嚴峻的挑戰。

2.港口軟硬體設施不夠完善。廈門本身經濟規模小，且偏離大陸中心市場，市場輻射能力較弱，海上對外航線開通不多，港口貨源不足，使港口優勢得不到充分發揮。此外，港口的管理法規不夠健全，管理手段也還處在較低的水平，港口現代化指標僅為標準值的五分之一。廈門港要成為廈門市經濟發展的立足地，承擔支撐經濟發展的大梁，使廈門成為現代化港口風景城市，任務還很艱巨。

三、廈台經貿關係發展前景

廈門與台灣的經貿關係發展已經有了良好的基礎，尤其是作為全國兩個對台試點直航口岸之一，廈門在與台灣的試點直航實踐中也積累了一些經驗，兩岸加入WTO已指日可待，「入世」後，作為WTO的成員，兩岸都必須相互減少甚至消除貿易與投資障礙，全方位地開放市場，這將給兩岸的經貿關係發展帶來機遇。如果說試點直航給廈門帶來的影響更集中地是體現在促進了廈門對外貿易和航運業的發展上，那麼兩岸「入世」和全面「三通」給廈門所帶來的影響則將是全方位的和更為深刻的。

（一）貿易投資關係前景分析

兩岸「入世」後，不僅將有利於兩岸經貿交往實現正常化，而且還將創造台商對大陸貿易和投資的商機。

從貿易方面來看，大陸加入WTO後，外貿體制改革將進一步加快和深化，兩岸貿易往來將進入一個新的互動時期。其一，關稅降低不但有利於台灣相關產品輸往大陸，也有利於大陸的台資企業進口生產資源，大陸產品進入台灣的機會也會大為增加；其二，由於大陸經貿體制逐漸與國際慣例接軌，減少經營環境的不確定性，因而勢必增強

台灣大、中型企業的投資誘因，由此而帶動大量的貿易；其三，「入世」後，「三通」問題有望得到解決，海峽兩岸一旦實現了直接「三通」，不僅可以降低兩岸的貿易成本，由於貿易形態由單向、間接轉為雙向、直接，兩岸的貿易額將增大；其四，廈門處於對台貿易的前沿，具有對台貿易的區位優勢，廈門又位於大陸東南地區的中部，與福建毗鄰省份的出口產品可以透過廈門港轉到高雄港，進而運往世界各地，世界各地的貨物也可經高雄港轉到廈門港運往大陸東南方向省市，廈門港轉口貿易的地位和作用將得到加強和提高。

從投資方面來看，「入世」後，兩岸雙向投資的障礙將不復存在，廈門憑藉區位和改革開放較早的優勢，必將吸引更多的台資。

首先，廈門正在營造更加良好的投資環境。投資環境的優化是吸引台資的必要條件之一。廈門設有像嶼保稅區、火炬高科技園區、思明軟體開發園區、杏林出口加工區和三個台商投資區，享有便捷的進出口監管模式，並有鼓勵台商投資的優惠政策，在審批環節、進出口通關等方面，建立有配套的服務體系和機制，為台商提供優質的服務。今年以來，中國國民經濟保持良好的發展勢頭，全世界越來越多的投資者看好中國的發展前景，無疑為廈門的招商引資提供了一個寬鬆的外部環境，廈門正在營造更加良好的投資環境，新成立了招商中心、外商投資審批項目服務中心和建設管理服務中心，海關等口岸部門採取了一系列改革，更進一步提高了審批效率，加快了通關速度，強化了投資促進。

第二，台商對廈門的投資總量將增加。兩岸都成為世貿組織成員後，現行「間接、單向」的經貿關係格局可望突破，台商對大陸的投資額必然上升。兩岸「入世」後，直接「三通」有望得以實現，這將使台商用於投資的原材料、機器設備和所需貨幣不必再輾轉第三地，經營成本將減少，有利於台商增大對廈門的投資，使廈門的區位優勢

得以更充分的發揮。目前境外投資者在廈門投資的興趣和信心正在不斷增強。今年第三季度廈門全市共新批外商投資項目97個,合約外資、實際利用外資分別達到3.58億美元和5.3億美元,這是廈門實際利用外資在歷經兩年多的下滑後出現的恢復性增長。截至9月底,全市共批準外資項目254個,合約外資9.89億美元,實際利用外資9.14億美元,分別比增24%、19%和31%③。但是由於對特區優惠政策的淡化以及兄弟省市招商引資競爭力的加強,廈門吸收台資的比重可能會有所下降。

　　第三,台商對廈門的投資領域將拓寬。兩岸「入世」後,一方面台灣將開放台商對大陸投資的行業限制。另一方面,大陸也將在更多的領域進一步開放外商和台商投資,這將有利於廈門拓展台資的投資領域。發展高科技產業是當今世界經濟發展的趨勢,也是各國各地區的產品能否在國際市場競爭中取勝的關鍵因素。引進技術密集、科技含量高的台資企業是廈門近期引資的重點。現已有跡象表明,台灣石化業、訊息電子業、機械行業都將進一步加快對大陸的投資,根據廈門產業結構調整的規劃,這些產業也是廈門目前提出的鼓勵台商投資的方向。此外,目前兩岸的金融關係遠遠落後於整體經濟合作的步伐,兩岸關係快速發展,龐大的經貿業務迫切要求兩岸銀行業提供配套服務,台灣金融機構出於自身發展的需要,對拓展大陸業務也有迫切要求,這些已經逐步成熟的客觀條件表明,兩岸金融業的合作有望得到逐步拓展。最近台灣「財政部」批準8家銀行到大陸設辦事處④,廈門現有外(合)資銀行12家,辦事處7家,已具備與台開展金融合作的條件。廈門目前將鼓勵台商來廈設立為台商服務的銀行代表處或直接設立銀行,投資金融服務業、投資中介服務機構、舉辦投資性公司、投資教育事業和醫療機構作為招商引資的重點之一。未來台資的投資領域將逐步向原材料工業、開發性農業以及基礎設施方面拓展,技術層次也將由勞動密集型產業向技術與資本密集型產業轉移。

（二）「三通」直航對廈門旅遊業的可能影響

兩岸「三通」給廈門帶來的最直接的影響之一是在對旅遊業發展的促進方面。從1987年台灣當局開民眾赴大陸探親後，來廈門旅遊的台胞大幅增加，1988年至1998年10年間就達121萬人次，每年遞增7%以上，來廈門的台灣遊客占廈門海外遊客的1/3至2/3。「三通」直航後，交通成本的降低和來大陸投資台商的大幅增加將使來廈的觀光客和商務客大大增加，而目前這兩類遊客占台灣來廈遊客的80%以上，由此可見，未來兩岸通航，來廈門的台灣遊客將大幅增加，廈門的消費額也必然相應地增長，這對帶動廈門相關產業的快速發展無疑會是一個極大的促進。

（三）廈門港有望成為直航「三通」的首選口岸

直接「三通」是兩岸經濟發展的客觀需要，是兩岸人民的共同心願。廈門具有一定的環境優勢和對台區位優勢，並具有成為兩岸直航「三通」口岸的實力。目前兩岸的貨運模式有兩岸雙邊貿易貨繞第三地運輸、試點直航和兩岸三地航線，但各條航線均存在著明顯的弊端。由於不確定因素的存在，全面「三通」在一定的時期內估計還難以實現，但是在台灣民間、工商業界的強大壓力和經濟利益驅使下，一些變通的做法如有條件地局部性「直航」是有可能的，廈門特區憑藉區位優勢，在海峽兩岸航運現行的框架下，如果能以試點直航為基礎，率先實現與高雄港在兩岸貿易貨物方面的直接通航，不僅能大大地增加貨運量，也可為兩岸「三通」打開局面。據報導，最近台灣計劃放寬「小三通」人員雙向中轉及貨物單向中轉大陸等政策，並將增加金門水頭港作為與廈門港直航的商港。如果該項政策通過，台商可以透過金、馬地區轉運貨物到大陸，未來，如果台灣當局的政策能夠

進一步放寬，兩岸直航企業得以從事廈門與金門兩地貨物運輸的經營權，使試點直航船舶通過金門報關後，直接將大陸貨物運往台灣本島，兩岸經貿往來上就將取得新的突破。

廈門港同大陸大港和發達國家港口相比還有很大的差距。國際上對港口城市「港口條件」的評價指標為年吞吐量達到1億噸；年集裝箱運輸量7400萬標箱，廈門這兩項指標都不及國際標準的20%，存在明顯的差距。中國一旦加入WTO，交通運輸服務業，特別是圍繞國際貿易在港口、航運方面的競爭也將越來越激烈，航運業必須調整優化經營結構，提高科技含量，增強港口的整體素質和競爭力，在經營思想、管理方法、服務水平、技術裝備等方面縮小與國際水平的差距，使廈門港不僅具備運輸、工業、商貿等多種功能，還要成為商品流、資金流、人才流、和訊息流的綜合物流中心。當前廈門應該從多方面著手，進一步完善與兩岸「三通」相關的軟硬體設施，提高航運業的綜合實力和國際競爭力。具體來說，一是完善港口基礎設施，把建設全國主樞紐港和集裝箱幹線港作為廈門港近期戰略發展目標，抓緊港口設施的建設；二是推進港口的現代化和訊息化管理，盡快完善港口的集裝箱碼頭EDI（電子數據交換）和MIS（管理訊息系統），實現兩岸港口之間的電子數據交換，這不僅是進一步推動兩岸航運業往來的需要，也是降低成本，提高效率，適應加入WTO，與國際接軌以及增強集裝箱樞紐港競爭力的需要。三是擴大運量，集中力量擴大港口的內陸貨源腹地，增加港口吞吐量，同時加快廈門港深水航道的建設，以滿足日益繁忙的海上運輸的需要。

（四）開展兩岸城市間的經貿交流，尋找對台關係的突破口

進入新世紀以來，兩岸間的城市交流悄然興起，為兩岸經貿關係

的發展增添了新的渠道。廈門要抓住當前的時機，在與台灣的城市之間建立緊密關係上做文章。台灣歷史上政治經濟的中心都是在北部，中南部的經濟相對較不發達，在與大陸交往中，台灣中南部城市表現出相當的誠意。高雄是一個國際性的港口風景城市，是台灣重化工業中心，高雄港港區遼闊，港口設施先進，是台灣第一大商港，航線遍及全世界，集裝箱吞吐量居世界第四位。但高雄傳統產業多，科技人才缺乏，商業機能有待提升，因此期望兩岸「三通」帶來的經貿、物流、觀光、轉運等商機，希望與大陸沿海港口結成「港口策略聯盟」，並選擇了廈門作為城市間交流的對象。由於種種原因，廈門和高雄雙方市長的互訪未能成行，但是作為兩岸交流的一種突破性嘗試，其意義已經凸顯出來了。無論從歷史還是現實來看，廈門和高雄都是海峽兩岸往來最密切的城市，高雄人80%的祖籍是廈門所在的閩南地區，高雄到廈門投資的大企業就有30多家，投資額2.3億美元，到目前為止，來廈門考察的高雄商社就已有26團次，內容涉及電腦、建築、海運等各個層面。廈門應力爭與高雄市建立制度化的聯繫機制，建立友好的經濟貿易和文化交往關係，開展行業之間、工商團體之間、公司之間的合作，推動兩市的經濟發展，為兩岸全面「三通」做出貢獻。

（原載《台灣研究集刊》）

註釋：

①香港《經濟導報》2001年9月17日。

②中國台灣網，www.chinataiwan.org。

③《廈門日報》2001年10月26日。

④台灣《經濟日報》2001年9月29日。

國家圖書館出版品預行編目(CIP)資料

大陸對台研究精粹. 兩岸篇 / 李非 主編. -- 第一版.
-- 臺北市：崧燁文化，2019.01
　面；　公分
ISBN 978-957-681-764-9(平裝)
1.兩岸關係
573.09　　　　107023433

書　　名：大陸對台研究精粹：兩岸篇
作　　者：李非 主編
發 行 人：黃振庭
出 版 者：崧燁文化事業有限公司
發 行 者：崧燁文化事業有限公司
E-mail：sonbookservice@gmail.com
粉絲頁　　　　　網　　址：
地　　址：台北市中正區重慶南路一段六十一號八樓815室
8F.-815, No.61, Sec. 1, Chongqing S. Rd., Zhongzheng
Dist., Taipei City 100, Taiwan (R.O.C.)
電　　話：(02)2370-3310　傳　真：(02) 2370-3210
總 經 銷：紅螞蟻圖書有限公司
地　　址：台北市內湖區舊宗路二段121巷19號
電　　話：02-2795-3656　傳真：02-2795-4100　網址：
印　　刷：京峯彩色印刷有限公司（京峰數位）

　　本書版權為九州出版社所有授權崧博出版事業股份有限公司獨家發行電子書繁體字版。若有其他相關權利及授權需求請與本公司聯繫。

定價：650元
發行日期：2019年 01 月第一版
◎ 本書以POD印製發行